Lebenswelten und Technologien

Philosophie und andere Künste

LEBENSWELTEN UND TECHNOLOGIEN

herausgegeben von Günter Abel,
Renato Cristin, Wolfram Hogrebe,
Andrzej Przyłębski

PARERGA

Bibliografische Information der Deutschen Bibliothek

Die Deutsche Bibliothek verzeichnet diese Publikation in
der Deutschen Nationalbibliografie; detaillierte
bibliografische Daten sind im Internet über
http://dnb.ddb.de abrufbar.

Gedruckt mit Unterstützung der
Alexander von Humboldt-Stuftung

www.parerga.de

Erste Auflage 2007
© Parerga Verlag GmbH, Berlin
Alle Rechte vorbehalten – Printed in Germany
Satz: work:*at*:BOOK / Martin Eberhardt, Berlin
Umschlaggestaltung: work:*at*:BOOK, nach dem Tagungsflyer von *propaganda b*
Herstellung: buch bücher dd ag, Birkach
ISBN 3-937262-46-6
ISBN 978-3-937262-46-8

Inhalt

Vorwort 7

Grußworte 9

Renato Cristin
Die Technologie gegenüber der Ethik. Phänomenologische
Vorschläge für die Lebenswelt des XXI. Jahrhunderts. 15

Wolfram Hogrebe
Orientierungstechniken: Mantik 25

Franco Volpi
Im Widerstreit zum Humanismus: Die »Techno-Wissenschaft«
in unserer kulturellen Selbstdarstellung 35

Sergio Belardinelli
Leiden und Sterben im Zeitalter der Technik. 49

Zdzisław Krasnodębski
Lebenswelt, Rationalisierung und Religion. 61

Günter Abel
Technik als Lebensform? 81

Oswald Schwemmer
Das Bild in der Bilderflut. Zur Rolle der Kunst
in einer Welt der Vervielfältigungen 107

Francesco D'Agostino
Wie ist Wissenschaft zu denken? 129

Andrzej Przyłębski
Das Problem der Lebenswelt
als Geburtsort der hermeneutischen Philosophie 135

Giuseppe Cantillo
Die Aufgaben der Philosophie im Zeitalter
der Technik: Philosophie und Weltanschauung bei Karl Jaspers . . 151

Paweł Dybel
Lebenswelten und Technologiewelten 179

Marek J. Siemek
Technische Vernunft als »Herrschaftsrationalität«:
Kritik oder Sozialmythos? .191

Ferdinand Fellmann
Europäische Lebenswelten – Ende der Kolonialisierung? 205

Hans Poser
Teleologie der Technik. Über die Besonderheiten
technischen Wissens 217

Autoren 235
Personenregister 239

Vorwort

Zusammen mit dem Institut für Philosophie der Technischen Universität Berlin veranstaltete das Italienische Kulturinstitut Berlin vom 3.–4. Februar 2005 die Internationale Tagung *Lebenswelten und Technologien*. Teilnehmer der Tagung waren Philosophen aus Deutschland, Italien und Polen.

Die Einschätzungen des Verhältnisses von Lebenswelten und Technologien reichen von Technikeuphorien und technologischen Utopien bis hin zu apokalyptischen Szenarien der Versklavung des Menschen durch die modernen Technologien. Einerseits sind Wissenschaft und Technik schöpferische Hervorbringungen, Produkte des menschlichen Geistes und aus Lebenswelten hervorgegangen. Andererseits bestimmen sie, zumal in Form der heutigen modernen Technologien, unsere alltäglichen Lebenswelten in einem historisch bislang nicht gekannten Ausmaß. Man denke nur an Informations- und Kommunikations-, Verkehrs-, Mikrosystem-, Nuklear- bis hin zu Bio- und Psychotechnologien. Wir leben in technisch-wissenschaftlichen Welten.

Mit dem Titel ›Lebenswelten und Technologien‹ knüpfte die Tagung zum einen an Husserls kritische Zeitdiagnose an. Zum anderen stellte sie sich explizit in den Horizont einer philosophischen Bewertung der heutigen technisch-wissenschaftlichen Entwicklungen und der aktuellen Fragen im Blick auf das Verhältnis von Lebenswelten, Wissenschaften und modernen Technologien. Angesichts des Potentials zur Veränderung der Lebenswelten bis hin zur Modifikation der genotypischen Struktur des Menschen, angesichts des Einflusses von Medien und digitalen Techniken und hinsichtlich des unbestrittenen Fortschritts und Erfolgs der Wissenschaften und Technik stellt sich für die Philosophie die Frage nach dem Menschenbild und der symbolischen Selbstdarstellung des Menschen unter den Bedingungen avancierter Wissenschaften und Technologien in neuer Form.

Für vielfältige Unterstützung sei an dieser Stelle ein herzlicher Dank gerichtet an die Technische Universität Berlin für die Möglichkeit der Ausrichtung der Tagung in ihren Räumlichkeiten, an die Universität

Bonn, das Wissenschaftskolleg zu Berlin, die Akademie der Wissenschaften zu Warschau und die Alexander von Humboldt-Stiftung. Ohne die Unterstützung seitens dieser Institutionen wäre die Tagung nicht möglich gewesen. Karen Frey und Ute Feldmann vom Institut für Philosophie der Technischen Universität Berlin ist für die freundliche Mithilfe bei der Organisation der Tagung ebenso zu danken wie Carla Capurso, Chiara Floreano und Arnold A. Oberhammer vom Italienischen Kulturinstitut Berlin; letzterer hat auch den Tagungsband redaktionell betreut. Nicht zuletzt geht unser herzlicher Dank an die Alexander von Humboldt-Stiftung und das Italienische Kulturinstitut Berlin für die Gewährung eines großzügigen Druckkostenzuschusses.

Berlin, im August 2006
Die Herausgeber

Grußworte zur Eröffnung der Tagung

Prof. Dr. Kurt Kutzler
Präsident der Technischen Universität Berlin

Exzellenz Fagiolo, Botschafter der Republik Italien, Exzellenz Byrt, Botschafter der Republik Polen, sehr geehrte Vertreter des Italienischen Kulturinstituts Berlin, der Akademie der Wissenschaften zu Warschau, der Alexander von Humboldt-Stiftung, des Wissenschaftskollegs zu Berlin, der Universität Bonn, des Instituts für Philosophie unserer Universität, meine Damen und Herren!

Ich freue mich sehr, Sie heute anläßlich der internationalen Tagung *Lebenswelten und Technologien* in der Technischen Universität Berlin begrüßen zu können.

Ihre Tagung ist aus mehreren Gründen und in mehreren Hinsichten bemerkenswert: Die Thematik *Lebenswelten und Technologien* ist im Blick auf die zukünftigen Entwicklungen moderner Gesellschaften von hoher Relevanz und Aktualität. Denn mehr und mehr sind die modernen Gesellschaften wissens- und technikbestimmte Gesellschaften.

Die Tagung wird von den eingangs genannten hoch renommierten Institutionen als eine gemeinsame Veranstaltung durchgeführt. Dies ist ein wichtiges Zeichen der Kooperation in mehrfacher Hinsicht: zwischen den Botschaften Italiens sowie Polens und der Universität; zwischen der Universität und außeruniversitären Forschungseinrichtungen, in Zusammenarbeit mit Institutionen, die den internationalen Austausch von Wissenschaftlern fördern.

Die Thematik *Lebenswelten und Technologien* hat auf geradezu natürliche Weise ihre Verortung an der Technischen Universität. Themenstellungen dieser Art mögen auch signalisieren, daß die Technische Universität Berlin die Fragen der Lebensbedingungen in technisch-wissenschaftlichen Welten in ihr natur- und technik-wissenschaftliches Tun, in ihre Forschung und Lehre, konstitutiv einbezieht.

So darf ich auch dem Institut für Philosophie unserer Universität für dieses erneute Beispiel der Ausrichtung der Philosophie an unserer

Universität auf die Schnittstellen zu den modernen Wissenschaften und Technologien danken. In diesem Sinne ist Philosophie unverzichtbarer Bestandteil unserer Universität.

Inhaltlich ist das Thema der Tagung von höchster Aktualität. Noch nie zuvor in der Geschichte haben Wissenschaften und Technologien das Profil und den Charakter menschlicher Lebenswelten so sehr bestimmt wie heute, – jedenfalls in den hoch technisierten und postindustriellen Gesellschaften. Kommunikations- und Informationstechnologien, Verkehrstechnologien, Medizintechnologien, Computertechnologien sind, um nur einige Beispiele zu nennen, allgegenwärtig und bestimmen die Abläufe in vielen Bereichen unseres alltäglichen, individuellen und institutionellen Lebens.

Die einzelnen Themen Ihrer Tagung versprechen anregende, lebendige Diskussionen. Unter anderem wird es um die Möglichkeiten und Grenzen der Technisierung von Lebenswelten gehen, um Fragen, bei denen Sie, so vermute ich, in heftige, weil ganz aktuelle Diskussionen geraten werden.

Übrigens wird an der Technischen Universität in diesem Jahr noch eine große Philosophie-Veranstaltung stattfinden, auf die ich bei dieser Gelegenheit hinweisen und zu der ich Sie alle, auch im Namen von meinem Kollegen Abel, dem Präsidenten der *Deutschen Gesellschaft für Philosophie*, jetzt bereits herzlich einladen darf. In der letzten September-Woche 2005 findet der *XX. Deutsche Kongreß für Philosophie* unter dem Thema *Kreativität* an der TU Berlin statt. Auch dort wird die Schnittstelle von Philosophie, Wissenschaften und Technologien eine besondere Rolle spielen.

Ich wünsche Ihrer Tagung einen guten und ertragreichen Verlauf und hoffe, daß Sie sich während der beiden Tage in unserer Universität wohl fühlen. Seien Sie noch einmal herzlich willkommen!

S.E. Silvio Fagiolo
Botschafter der Republik Italien

Magnifizenz, lieber Kollege, sehr geehrte Damen und Herren, verehrtes Publikum!

Es ist mir eine Freude, gemeinsam mit meinem polnischen Kollegen an der Eröffnung dieses Symposiums über *Lebenswelten und Technologien* teilzunehmen. Ich danke den an dieser Initiative beteiligten Institutionen und insbesondere der Technischen Universität, die für uns einen ganz besonderen Ort, ein berühmtes Symbol der Wissenschaft und der Forschung in Deutschland und in Europa darstellt. Gemäß den Vorgaben unseres Außenministeriums sind Wissenschaft und Forschung die Themen, an denen sich dieses Jahr die Programme der Italienischen Kulturinstitute weltweit orientieren. Wissenschaft und Technologie sind die Faktoren einer modernen Welt, auf die sich die Europäische Union bei der Schaffung einer reicheren und gerechteren Gesellschaft stützt. Auf diese Weise will sie als Beispiel im Kontext einer mittlerweile globalen Wirtschaft fungieren, in der die nationalen Grenzen all ihre Bedeutung verlieren.

Die Struktur des Symposiums – dies sehe ich an den Titeln der verschiedenen Vorträge und an dem Veranstaltungsort, dem Institut für Philosophie der Universität – berührt die wissenschaftliche Dimension genauso wie die humanistische und befaßt sich, glaube ich, mit ganz aktuellen Fragen. Dabei denke ich an die Forschung, die heute ganz neue Gebiete – die Quellen des menschlichen Lebens – betritt und die sowohl ethische als auch politische Probleme von großer Bedeutung aufwirft. Gerade diese Fragen stehen im Zentrum teilweise heftiger Auseinandersetzungen zwischen den politischen Kräften und unserer öffentlichen Meinung. Die Grenzen sind dabei weniger klar als bei den alten, klassischen sozialen Konflikten, welche die Geschichte Europas in dem gerade abgeschlossenen Jahrhundert geprägt haben. Es sind schwierige, komplizierte Fragen, weil sie oft eher Werte als Interessen berühren.

Begegnungen wie diese sind von großer Bedeutung, weil sie Gelegenheit bieten, mit einem Ansatz, der nicht ausschließlich wissenschaftlich sein darf, über die Kernfragen des Lebens nachzudenken. Sie ermöglichen es, die Zukunft entlang des Weges der europäischen Geschichte zu errichten, in der gemäß der besten Traditionen die Technik auch weiterhin ein Instrument im Dienste des Menschen und der

Gesellschaft bleiben wird. Solche Begegnungen stellen den Menschen in seiner Gesamtheit ins Zentrum der Forschung entsprechend der Vorstellung, die mit der Renaissance entstand und den Beginn der modernen Welt prägte. In Deutschland und in der Welt wird in diesem Jahr Albert Einstein gefeiert, der wie kein anderer die Erfordernisse der Wissenschaft, der Ethik und der Politik zusammenfügte. In diesem Sinne hat es seine Bedeutung, daß gerade in dieser Woche auf dem Kanzlergebäude hier in Berlin für alle lesbar in großen Buchstaben seine folgende Behauptung geschrieben wurde: »Der Staat ist für die Menschen und nicht die Menschen für den Staat«.

Allen Teilnehmern und insbesondere den aus Italien angereisten wünsche ich eine interessante Arbeit und viel Erfolg.

S.E. Dr. Andrzej Byrt
Botschafter der Republik Polen

Sehr geehrter Herr Prof. Kutzler, Präsident der TU Berlin, sehr geehrter Herr Fagiolo, Botschafter der Republik Italien, sehr geehrte Damen und Herren!

Ich habe die Ehre und Freude zugleich, die Tagung *Lebenswelten und Technologien* mitzueröffnen und als Dritter an der Reihe stelle ich mit Genugtuung fest, daß wir es hier mit einem begrüßenswerten italienisch-deutsch-polnischen wissenschaftlichen Dreieck zu tun haben. In meiner Eigenschaft als Botschafter hatte ich es meist mit dem deutsch-französisch-polnischen Weimarer Dreieck zu tun.

Ich freue mich, daß an der heute an der Technischen Universität Berlin beginnenden Tagung auch namhafte polnische Wissenschaftler mitwirken. Erlauben Sie mir bitte, meine Landsleute in der alphabetischen Reihenordnung herzlich zu begrüßen: Herrn Prof. Dybel, Herrn Prof. Krasnodębski, Herrn Prof. Przyłębski und Herrn Prof. Siemek.

Als Wirtschaftswissenschaftler von Beruf werde auch ich in meiner Lebenswelt mit Technologien konfrontiert. Das griechische Wort *téchne* heißt so viel wie »systematisches Anwenden einer Fähigkeit«. In der Tat habe ich von meiner Fähigkeit, das Internet zu bedienen, Gebrauch gemacht und die folgende Definition von Technologie gefunden: »Technologie ist eine Wissenschaft vom Einsatz der Technik im engeren Sinne, in der es um die Umwandlung von Roh- und Werkstoffen in fertige Produkte und Gebrauchsartikel geht, aber auch im weiteren Sinne, in dem es um Handfertigkeiten und Können geht.«

Durch Computereinsatz ging meine Wiederholungslektion rasch voran: Der Begriff der Lebenswelt geht auf Edmund Husserl zurück und besitzt eine eigentümliche Doppeldeutigkeit. Er meint einerseits »das Universum des Selbstverständlichen(…) und bezeichnet andererseits die praktische, anschauliche und konkrete Lebenswelt.« Alfred Schütz greift auf den Lebensweltbegriff Husserls zurück und definiert seinen Alltagsbegriff. Der Alltag ist nach ihm »als die ›ausgezeichnete Wirklichkeit‹ zu verstehen, in der jeder Mensch lebt, denkt, handelt und sich mit anderen verständigt.«

Die Fähigkeit des Menschen, sich mit anderen verständigen zu können, halte ich persönlich für außerordentlich wichtig. Wer von uns – Wissenschaftlern, Diplomaten, Bürgern dieser Welt – würde nicht davon träumen, militärische Konfrontation durch Dialog ersetzen zu können?

Der internationale wissenschaftliche Disput leistet einen wichtigen Beitrag zur Erkennung, und – infolge der Erkenntnis – zur Veränderung der Welt. Daher möchte ich dem italienisch-deutsch-polnischen wissenschaftlichen Dreieck von Philosophen, also *philos - sophia*, Freunden der Wahrheit, eine erfolgreiche Tagung mit aufschlußreichen Diskussionen über Lebenswelten und Technologien wünschen. Dem Italienischen Kulturinstitut Berlin gebührt herzlicher Dank für die in Zusammenarbeit mit der Universität Bonn, der TU Berlin, der Akademie der Wissenschaften zu Warschau und der Alexander von Humboldt-Stiftung vorbereitete Tagung.

Erlauben Sie mir bitte, zum Schluß auf eine neue deutsch-polnische Initiative aufmerksam zu machen: Ein Jahr nach dem Beitritt Polens zu der Europäischen Union beginnt im Mai 2005 unter der Schirmherrschaft des polnischen Staatspräsidenten und des deutschen Bundespräsidenten das Deutsch-Polnische Jahr 2005/2006. Das Ziel ist, Bürger und Bürgerinnen der beiden Nachbarländer Polen und Deutschland diese Nachbarschaft bewußter wahrnehmen zu lassen und sie anzuregen, am deutsch-polnischen Dialog, an den gutnachbarlichen Beziehungen auch selbst mitzuwirken.

Das Jahr 2005 veranlaßt zum gemeinsamen Gedenken so wichtiger Daten aus der miteinander verflochtenen deutsch-polnischen Geschichte wie der 60. Jahrestag des Endes des Zweiten Weltkrieges und der 25. Jahrestag der Entstehung der »Solidarność«-Bewegung, die den demokratischen Transformationsprozeß in Europa eingeleitet, zur Aufhebung der Teilung Europas und zur Wiedervereinigung Deutschlands beigetragen hat.

Ich würde mich sehr freuen, wenn Sie, sehr geehrte Damen und Herren, sich dem im Mai 2005 beginnenden Deutsch-Polnischen Jahr anschließen und das Programm mit Ihren Projekten, mit neuen Ideen und Initiativen bereichern würden. Ich möchte alle herzlich mit den Worten des weltberühmten polnischen Aphoristikers S. J. Lec aufmuntern: »Blasen wir selbst in unsere Segel!«

Renato Cristin

Die Technologie gegenüber der Ethik
Phänomenologische Vorschläge für die Lebenswelt des XXI. Jahrhunderts

Für das Italienische Kulturinstitut, das zu leiten ich die Ehre habe, ist es von besonderer Bedeutung, diese philosophische Tagung mitorganisiert zu haben, nicht nur wegen der kulturellen Wichtigkeit des Themas und der Qualität der hervorragenden hier anwesenden Referenten, denen ich meine herzlichsten Grüße übermittle, sondern auch, weil sich das Thema dieser Tagung mit dem Rahmenthema der Italienischen Kulturinstitute im Jahr 2005 deckt, und zwar das Thema *Wissenschaft und Technologie*. Darüber hinaus ist es mir eine Genugtuung in zweifachem Sinn: Neben meinem institutionellen Auftrag freut es mich nämlich auch als Philosoph von Beruf außerordentlich, daß ich an dem angesehenen Ort der Technischen Universität Berlin eine Reihe hochqualifizierter Beiträge philosophischer Reflexion zu einem Thema von großer ethischer, politischer und wissenschaftlicher Aktualität präsentieren darf, von Referenten aus drei Nationen der Europäischen Union, drei unterschiedlichen Nationen, die aber für das Entstehen und die Definition der kulturellen Identität Europas alle gleichermaßen wichtig sind.

In meinem Vortrag beabsichtige ich aus naheliegenden Gründen der Zeit und Zweckmäßigkeit nicht, einen vollständigen Katalog über all die Themen vorzulegen, die eine Betrachtung des Verhältnisses von Lebenswelt und Technologie bieten und hervorrufen kann. Vielmehr möchte ich die Beweggründe dieses Zusammentreffens darstellen, einige hervorheben, die der weiteren Vertiefung dienen können und aus einer spezifisch theoretischen und persönlichen Sicht auf einige Probleme aufmerksam machen.

I

Meines Erachtens sind *Lebenswelt* und *Technologie* nicht als zwei Begriffe zu denken, die im Widerspruch zueinander stehen. Sie müssen vielmehr als eine ergiebige Synergie sowohl in erkenntnistheoretischer als auch ethischer Hinsicht zusammen erfaßt werden. Die Lebenswelt in all ihren inneren Deklinationen und der ganzen Pluralität ihrer Formen ist der vitale Lebensraum jeder technischen Hervorbringung und jedes Gebrauchs, den der Mensch von dieser macht.

Wir sind heute an einem Punkt angekommen, an dem die Entwicklung der Technik die natürliche Ordnung aufgehoben hat, sei es der der Natur als auch der des Menschen selbst; an einem Punkt, an dem die technischen Hervorbringungen die Risikoschwelle bis zur Gefahr der Zerstörung der Natur und der Menschheit angehoben haben. Die Rettung kann, wie schon Heidegger klar festgestellt hat, nur von der Technologie selbst kommen. In diesem Sinne müsste man heute zu Leibniz Sichtweise zurückkehren und diese wieder aufwerten. Er wußte nicht nur die theoretische Sphäre mit der praktischen in Einklang zu bringen: Seine berühmte Äußerung »theoria cum praxis« kann noch heute als ein authentisches programmatisches Manifest gelten. Sondern er stimmte darüber hinaus sowohl den politischen als auch wissenschaftlichen Handlungsraum mit der moralischen und religiösen Verantwortung des Individuums aufeinander ab. Man müsste auch den humanistischen Impuls wieder aufnehmen, den Leonardo da Vinci angeregt hat – auf dem Buchumschlag sind Ausschnitte seiner Skizzen abgebildet –, in dem Wissenschaft und Meditation, Technologie und Theologie, Kunst und Natur in sublimer Form miteinander verschmelzen.

Weiter möchte ich eine grundlegende Differenz zwischen Technik und Technologie hervorheben. Die Technik birgt, wie es schon der Gebrauch des Begriffes *téchne* bei Platon und im antiken Denken zeigt, eine Finalität und eine Begrenzung in sich, während die Technologie keine vorbestimmten Ziele und inneren Grenzen hat und sich heute mehr denn je in einer Vielfalt von Verwendungen entfaltet, die in ihrem Wesen leer und undifferenziert sind.

In formal-gnoseologischer Betrachtungsweise hat Technik nicht nur eine höhere Bedeutung und einen höheren Rang als Technologie, weil sie einen autonomen und kreativen Bereich darstellt, sondern stellt auch insofern einen positiven Wert dar, sofern sie ein in sich geschlossenes Ganzes ist, das auf den Fortschritt der Menschheit ausgerichtet ist.

In ethisch-praktischer Sicht ergibt sich jedoch eine andere Situation: Die Technik ist eine operative Sphäre, die sich vom Moment ihrer Verselbständigung an in Konkurrenz zu der Sphäre der Kultur setzt, und so eine Rolle einnimmt, die nicht authentisch und legitim ist, und sich eine negative Kehrseite aneignet. Die Technologie jedoch, die im Gegensatz zur Technik nicht anstrebt, die originäre instrumentale Dimension zu überschreiten, zeigt sich als ein offenes Ganzes von Möglichkeiten, die je nach Absicht derjenigen, die sie gebrauchen, zu verschiedenen Zwecken dienen können, in einem Anwendungsspektrum, das von absolut positiv bis absolut negativ reicht und mit einer Unendlichkeit von Zwischentönen.

Nach Klärung dieses Punktes können die beiden Begriffe *Lebenswelt* und *Technologie* als eine gegenwärtige Deklination des antiken Begriffpaars *physis* und *téchne* betrachtet werden, die manchmal binomisch vereint sind, sehr oft aber als Gegensatz dargestellt werden. Wenn also, zumindest aus philosophiegeschichtlicher Sicht, die Verbindung dieser beiden Worte unproblematisch ist, macht deren Gebrauch im Plural dennoch einige weitere Klärungen notwendig.

Daß von Lebenswelt im Plural gesprochen werden kann, ist keineswegs gesagt. Dennoch widerspricht in unserem Zusammenhang der Gebrauch dieses Begriffs im Plural nicht seinem engeren und präziseren theoretischen Zugehörigkeitsbereich, nämlich dem der phänomenologischen Philosophie; es verneint auch nicht die Einzigartigkeit der Welt als dem universellen historischen Horizont des menschlichen Lebens (in der Tat kann eine hypothetische Zukunft einer Pluralität der Welten in einer philosophischen Herangehensweise nicht in Betracht gezogen werden). Damit unsere Welt »die eine Welt« bleibt, nennen wir die Lebenswelten im Zusammenhang mit unserer Tagung diejenigen, die im strengen phänomenologischen Sinne *Sonderwelten* wären, oder besser jene besonderen Lebenshorizonte, in die man jede Form von Sedimentation und von Intentionalität, sowohl in individueller als auch in kollektiv-historischer Hinsicht, eintragen kann. Die Gesamtheit dieser ergibt im strengen Sinne die Lebenswelt als absoluten Horizont. Bei dieser Gelegenheit erinnere ich daran, daß Husserl von »konkreten Lebenswelten« spricht, die er als »kulturelle Umwelten« begreift: wir leben in »der selben allen gemeinsamen Natur«, was jedoch »nicht wie a priori noch faktisch ausschließt, daß die Menschen einer und derselben Welt [...] verschiedene kulturelle Umwelten konstituieren.«[1] In dieser Hinsicht können wir daher hier den Begriff der Lebenswelten in seiner gewöhnlichen und, bezogen auf die Phänomenologie, nebensäch-

---

1 Edmund Husserl: *Cartesianische Meditationen*, Den Haag 1954, § 58.

lichen Bedeutung gebrauchen. Und formal gesehen sprechen wir im selben Sinne von Technologien, weil die Verwendungsvielfalt der Technik als solcher den Gebrauch des Begriffs im Plural notwendig macht.

Heute hat die technische Beschleunigung der letzten Jahrzehnte Situationen und Objekte hervorgebracht, die für das moderne Selbstverständnis des Menschen wahrhaftig konzeptionelle und existenzielle Ungeheuer sind. Mittels der Technologie hat der Mensch sein eigenes allgemeines und spezifisches Wesen im Guten wie im Schlechten bis auf das Fundament erschüttert. Ein Beispiel ist der Bereich der medizinisch-biologischen Forschung, wo die Entwicklung der Technologie sowohl absolut positive Resultate hervorgebracht hat, wie den Einsatz von künstlichen Organen, als auch Ergebnisse mit unabsehbaren Folgen, wie die Produktion von Zellen zur künstlichen Erzeugung menschlichen Lebens. Wie für die Datenströme, ein anderes technologisches Produkt, so stellt sich auch für die Biotechnologien die Frage nach Kontrolle und Verantwortung.

Vor diesem Szenarium müssen wir uns einige Fragen theoretischer, ethischer, ästhetischer und politischer Natur stellen. In der Situation einer wahrhaften »Umkehrung der Werte«, in der wir gerade leben, werden wir weiterhin die Notwendigkeit verspüren, Bezugspunkte hervorzubringen, die uns auf der Suche nach einem guten und glücklichen Leben hilfreich sind, was schon Aristoteles als Ziel der menschlichen Existenz bestimmt hat und was uns auf der Erkundung unserer historischen Zukunft unterstützen soll. Welche nun sind heute die Grenzen der Technik und welche die der Kultur, der Kunst, der Poesie, des menschlichen Seins als konkretem Ausdruck transzendentaler Subjektivität? Welche Rolle kann die ethische Reflexion gegenüber der technologischen Durchdringung einnehmen? Welche Grenzen müssen die politische Theorie und Praxis setzen, um Würde und Freiheit der Person im Wirbel des Technologiezeitalters zu behaupten? Welchen Platz kann eine Ästhetik des Technologieschocks einnehmen, die Idee einer Entmenschlichung der Kunst? Vor allem aber müssen wir auf noch greifbareren aber weniger bekannten Ebenen die positive Potenzialität in Bereichen wie der Biotechnologie oder der vorangeschrittenen Weltraumforschung beachten.

II

In der gegenwärtigen Zeit hat das Paradigma des Postmodernismus – als extreme Form eines schwachen Nihilismus, der auf die Dekonstruktion der modernen Rationalität und auf die Liquidation des Subjekts abzielt – eine antihumanistische Weltsicht hervorgebracht, in der der Bezug auf das menschliche Wesen unwiderruflich durch den Bezug auf Informations- und Kommunikationssysteme und -strukturen relativiert wird (wenn die Affinität zwischen Postmodernismus und Strukturalismus auch gut bekannt ist, so wäre diejenige zwischen den begrifflichen Angelpunkten des Postmodernismus und der Systemtheorie z.B. Luhmanns meiner Meinung nach noch zu vertiefen).

In postmoderner Perspektive wird die Ethik aus Gründen funktionaler Bequemlichkeit, vor allem aber aus ideologischer Notwendigkeit auf ein Miteinander von Praktiken und Gebräuchen reduziert; Kultur wird als eine Konstruktion begriffen, die, unabhängig von ihren Fundamenten, in ihren unterschiedlichen Konfigurationen gleichermaßen Wert hat; und Wahrheit wird relativiert und in zweckmäßiger Weise manipuliert, je nach den Absichten, die es zu erreichen gilt.

In dieser kulturellen Konstellation, die eine große Medieneffizienz und eine große Wirkung auf die öffentliche Meinung in der Welt hatte und noch immer hat, wie auch auf die Wissenschaft und auf die Erkenntnis allgemein und sogar auf die Philosophie, nehmen die Technik und die Technologie eine Position von absoluter Zentralität ein. Im Gebrauch, den der Postmodernismus davon macht, finden sich alle die Charakteristika, die wir soeben im Einzelnen herausgestellt haben: sie sind zu Instrumenten geworden, die der Auslöschung des Subjekts dienen, einer Verabschiedung der Rationalität, der Relativierung von Ethik, Kultur und Wahrheit. Phänomenologisch ausgedrückt, Technik wird entleert von jeglicher Spur von Intentionalität und jeglicher Präsenz von Subjektivität.

Ob nun die Postmoderne ein positiver oder auch nur akzeptabler Zustand sei, mag Ansichtssache sein. Ich meine, daß dieses Szenario zum mindesten fragwürdig ist und einer rigorosen Kritik unterzogen werden muß, welche die negativen Konsequenzen aufzeigt, die daraus entspringen und die das in Gefahr bringen, was wir mit Lévinas den Humanismus des Ich und der Anderen nennen können.

Die Perspektive eines Technologie-Gebrauchs, der über das Humane völlig hinausgeht, ist weder eine reine Phantasievorstellung, noch eine bloße Forschungshypothese. Der Schritt, der vom Cyborg zu einem *authentisch künstlichen* Menschen führt, ist heute in seinen wesentlichen Strukturen und in philosophischen Ursachen gut bestimmbar. Die Kritik der Metaphysik und die Preisgabe der Transzendenz bringen eine Überschreitung des Humanismus als existentielles Projekt des menschlichen Wesens mit sich. Wenn wir hingegen meinen, daß dieses Projekts wiederaufgenommen werden sollte, ist eine *Rehabilitation der Ethik des Subjekts* notwendig, analog zu der vor dreißig Jahren erfolgten »Rehabilitierung der praktischen Philosophie«. Eine Ethik für das dritte Jahrtausend muß sich daher einer doppelten Verantwortung stellen: und zwar der Welt gegenüber und dem Menschen gegenüber. Im Hinblick auf eine neue Verantwortung gegenüber der Natur muß die Position des Menschen rekonstruiert werden, muß das Subjekt redimensioniert werden, ohne ihm die Rolle als Motor der Verantwortung selbst zu entziehen. Es geht also darum, menschliche Rechte und Pflichten zusammen zu denken, unter Wiederherstellung der Zentralität des Menschen im Rahmen einer, wie Prigogine sagen würde, »neuen Allianz« zwischen Mensch und Natur, zur Errettung der Erde und für die Kontinuität der Geschichte.

Es handelt sich mit anderen Worten darum, eine neue philosophische Anthropologie auszuarbeiten, in der die *Reflexion über die Lebenswelten sich mit derjenigen über die Lebenswerte vereinigt*. Dies ist weder eine ganz selbstverständliche noch natürliche Aufgabe, sofern der Prozeß des Selbstbewußtseins des Menschen im technologischen Zeitalter nicht automatisch mit dem Anwachsen des Humanismus Schritt hält. Plessner erinnert uns daran, daß »hominitas nicht mehr gleich humanitas« ist. In diesem Sinne ist der Humanismus, den die Welt im dritten Jahrtausend braucht, nicht einfach nur das Resultat einer Integration von Kultur und Natur, von Philosophie und Wissenschaft, von Ethik und Technik, sondern eine weit komplexere und nicht so leicht greifbare Aufgabe. Es müssen alle Möglichkeiten des menschlichen Wesens im Horizont seiner Verwurzelung in der Geschichte offengehalten werden. Ein Humanismus, der sich die Würde der Person in der Erhaltung der Natur zum Ziel setzt, muß die Freiheit zum obersten Grundsatz erheben, aber zugleich muß er auch die Wahrung der eigenen ontologischen und ethischen Voraussetzungen gewährleisten. Dieser Humanismus entzieht sich nicht nur jeder ideologischen Mystifizierung, sondern auch jeglicher Einflüsterung seitens der Wissenschaft und Technik; und vor allem engagiert er sich für den

Einsatz der Technologien als Instrumente der Bestätigung der fundamentalen menschlichen Werte. In diesem Bemühen um Wahrheit und Authentizität gilt, was Helmuth Plessner in den Fünfziger Jahren schrieb: »Der homo absconditus, der unergründliche Mensch, ist die ständig jeder theoretischen Festlegung sich entziehende Macht seiner Freiheit, die alle Fesseln sprengt, die Einseitigkeit der Spezialwissenschaft ebenso wie die Einseitigkeiten der Gesellschaft«.[2]

Den Platz des Menschen im Kosmos neu zu denken – wie Max Scheler sagte –, bedeutet heute, nach dem Prozeß der Säkularisierung und inmitten des Prozesses der Globalisierung, die Rolle des menschlichen Wesens und seiner individuellen Subjektivität neu abzuwägen, indem man ihm sowohl eine größere und höhere Verantwortung *in Bezug auf* die Welt zuteilt, als auch eine erneuerte Zentralität *in der* Welt. Ich versuche zu erklären: wenn wir die Husserlsche Konzeption vom Paradox des Subjekts wieder verwenden sollen, welches Subjekt *für die* Welt ist und zugleich Subjekt *in der* Welt (selbstverständlich kann ich hier nicht weiter in diese sehr verwickelten Auffassungen vorstoßen), und wenn wir versuchen, dieses Paradox in der gegenwärtigen Zeit handeln zu lassen, sehen wir, daß diese phänomenologisch konzipierte Subjektivität – gerade weil sie in der Lage ist, ihre eigene Persönlichkeit zu behaupten und ihre eigene Identität zu formulieren –, die Kraft hat, für die eigene Person die Verantwortung gegenüber der Welt anzunehmen, sowohl in biologisch-natürlicher als auch in historisch-sozialer Hinsicht.

Trotz oder vielleicht gerade wegen der Beschleunigung der Technik, die alle kulturellen und sozialen Paradigmen unserer Zeit umgewälzt hat, nimmt die Frage nach dem Ich weiterhin eine zentrale Stellung in der philosophischen und kulturellen Besinnung ein. Wir finden ein Beispiel für diese Notwendigkeit in einem Brief von Hermann Broch an Hannah Arendt: »Ohne Ich-Theorie keine Werttheorie, ohne Werttheorie keine Ethik und Ästhetik. Und nachherüberzurück keine Anthropologie. Auf diesen simplen und dabei radikalen Sachverhalt muß man immer wieder hinweisen«.[3]

---

2   Helmuth Plessner: *Über einige Motive der Philosophischen Anthropologie*, in: Gesammelte Schriften, Frankfurt a.M. 2003, Bd. VIII, S.134.
3   Hermann Broch: *Brief an Hannah Arendt vom 21. 2. 1949*, in: Briefe, Frankfurt a.M. 1981, Bd. III, S.301–302.

Um diese allgemeine ethische Aufgabe in einer spezifischeren Dimension anzuwenden, möchte ich einen Vorschlag phänomenologischer Art machen. Wenn der Vorgang einer subjektiven Identifikation der Welt die Voraussetzung für jedwede Erkenntnis nicht rein objektivistischer Art ist, und wenn die nicht versachlichende Praxis die Bedingung für die Möglichkeit einer Technologie ist, die sich an dem Wohlergehen der Menschheit orientiert, bedeutet die Zentralität des Subjekts nicht nur die Garantie im Hinblick auf jede antihumanistische Drift der Wissenschaft und der Technologie, sondern auch – und vor allem – ihre ethische Selbstverantwortlichkeit im Hinblick auf die Welt in ihrer Gesamtheit.

Im Zusammenhang unserer Gedanken über die Beziehung zwischen Lebenswelt und Technologie schließt sich die Zentralität des Subjekts also an die Verantwortung gegenüber den anderen an. Husserl polemisiert nicht gegen die Wissenschaft oder gegen die Technik, sondern sorgt sich um den Verlust des Sinnes und der Verantwortlichkeit, die die totale Autonomisierung der Technik impliziert. Er stellt dieses Risiko heraus, ohne jemals die moderne Technik in einen »Schandwinkel« zu verbannen. Dieser Besorgnis folgt eine positive Betrachtung der Technologie: wenn der Gebrauch der Technologien in ihrer Finalität fortwährend auf die Leistungen der phänomenologisch bestimmten Subjektivität bezogen wird, überwindet man die Barriere dessen, was wir als *teleologische Gleichgültigkeit* der technologischen Vorgänge bezeichnen könnten. Es eröffnet sich ein neuer Horizont im Inneren der universellen Lebenswelt, ein Horizont der Harmonisierung zwischen der menschlichen Existenz und dem Wesen der Technik.

Die Ontologie der Lebenswelt, die letzte imponierende Aufgabe, die Husserl sich gestellt hatte, ist eine Lebenswelt der Beziehungen, eine phänomenologische Interpretation der originären Intersubjektivität. Die Grenzen der Lebenswelt sind die Grenzen unseres Horizonts, sie stellen immer unsere Intentionalität dar. Der Horizont der Welt ist das Profil der Intentionalität und die Widerspiegelung der Vielfältigkeit der Beziehungen. Die Verflechtung zwischen Welt und Geschichte, auf der sich die gesamte Ontologie der Lebenswelt gründet, ist der Ort, an dem die Intentionalität und ihre Erzeugnisse, die Beziehungen, sichtbar werden. Die Geschichte, im Sinne der konkreten Sichtbarwerdung der Intentionalität, schließt in sich das Rätsel der Welt als relationaler Struktur ein, und die phänomenologische Wissenschaft der Geschichte und der Lebenswelt löst es in seiner Prozeßhaftigkeit und

Faktizität, und entfaltet es in seinem Wesen. Die Geschichtlichkeit der Welt ist die Geschichte der Beziehungen, jenes unterirdischen Flusses, der unter den Tatsachen verläuft. Unter diesem Licht betrachtet, ist es möglich, wie sich in der universellen Ontologie der Lebenswelt der Rationalismus in einen *phänomenologischen Relationismus* verwandelt.

Die Geschichte wird also als progressive Sedimentation von konstitutiven Handlungen der Subjektivität und der transzendentalen Intersubjektivität aufgefaßt. Auch die Wissenschaft, die Technik und die Technologie finden in dieser Perspektive ihren Platz: wenn man ihre konstitutive Schichtung aus dem Blick verliert, schaffen sie sich einen von ihren Fundamenten losgelösten abstrakten Raum und werden schlechthin zu »Substruktionen«, die nicht in der Lage sind, Sinn zu schaffen, weil sie unfähig sind, ihn aus den Wurzeln zu schöpfen, die für ihn konstitutiv sind. Dieser Appell, die Wissenschaften, die technischen Ausarbeitungen und die technologischen Verfahren auf die Grundlage der Lebenswelt zurückzuführen, ist als Versuch zu verstehen, den Lebensformen einer durch die Technik immer stärker virtualisierten Welt ihre konkrete Form zurückzugeben. Aus diesem Grund, gerade weil die gesamte menschliche Geschichte ein Raum der intersubjektiven Interaktion ist, und weil die Philosophie keine private Angelegenheit ist [4], ist es notwendig, daß der Philosoph die Verantwortung für das eigene Denken und für seine Konsequenzen übernimmt. Die Verantwortlichkeit besteht darin, den genauen historischen Sinn aufzuzeigen, nach dem die wissenschaftliche Forschung verläuft, verlaufen kann und verlaufen muß.

---

4   Siehe Husserl: »da Philosophie nicht eine private Sache ist«. Edmund Husserl: *Die Krisis der europäischen Wissenschaften* (1936/37), hrsg. v. W. Biemel, Husserliana Bd. VI, 2. Aufl., Den Haag 1976, S. 439 (Beilage XIII zu Krisis III A).

Wolfram Hogrebe

Orientierungstechniken: Mantik

Orientierungstechniken sind im technischen Zeitalter z.B. Ortungssysteme per Radar oder Sonar. Beide Techniken haben im Laufe des 20. Jahrhunderts eine rasante Entwicklung genommen. Schrittmacher für diese Entwicklung waren zwar nicht nur, aber doch deutlich und schubweise militärische Erfordernisse. Unter den radarbasierten Ortungssystemen (*R*adio *D*etection *a*nd *R*anging) finden sich solche für Bodenortungen, mit denen sich z.B. Metalle auffinden lassen. Diese Technik ist für Archäologen wie für Schatzsucher gleichermaßen interessant. Die heutige Generation solcher Ortungstechniken sind zumeist auch mit Zurichtungen für bildgebende Verfahren verbunden (Imaging Radar), die dem Nutzer Informationen über die Gestalt der gesuchten Gegenstände bieten. Radartechniken werden natürlich auch für Wettererkundungen eingesetzt, für die Ortung von Niederschlagsgebieten, von Gewitterfronten und Blitzeinschlägen. Die geläufigste und heute in der Regel satellitengestützte Verwendung des Radars ist aus dem Verkehrsbereich bekannt, aus dem Flug-, Schiffs- und Autoverkehr. Bei letzterem haben wir es zu unserem Leidwesen bisweilen mit Radarkontrollen der Polizei zu tun, zu unserer Orientierungsentlastung und damit zu unserem Freudwesen auch mit dem satellitengestützten Navigationssystem (GPS). Spektakulär ist darüber hinaus der Einsatz des Galileo-Systems in der von der Siemens Tochter Toll Collect verzögert funktionsfähig gestellten Technik zur Erhebung von Maut-Gebühren auf deutschen Autobahnen. Wie wichtig solche Navigationstechniken sind, läßt sich auch daran ermessen, daß die Deutsche Gesellschaft für Ortung und Navigation (DGON) mit Sitz in Bonn vom 19. bis zum 22.Juli 2005 eine *European Navigation Conference* nach München einberufen hat, die unter Schirmherrschaft des Bayerischen Ministers Dr. Otto Wiesheu steht.

Technisch gesehen, und zwar elementartechnisch, basieren Radarsysteme auf zwei Phänomenen, die uns auch aus dem Alltag geläufig sind: auf dem Echoeffekt und dem sog. Dopplereffekt. Per Echo kann man messen, wie weit eine Instanz entfernt ist, die eine emittierte

Welle zurückwirft. Dagegen sorgt der Dopplereffekt, d.h. musikalisch gesprochen, das *sonare* Crescendo und Decrescendo eines bewegten Körpers bezogen auf eine registrierende Instanz dafür, daß wir die Geschwindigkeit der Körper messen können. Eines der wichtigsten Publikationsorgane für Ortungstechniken ist die Zeitschrift *Journal of Navigation*, herausgegeben von dem *Royal Institute of Navigation*. Im Jahre 2005 erscheint hier der 58. Band.

Unter Wasser wird auf der Basis derselben Prinzipien sozusagen ein Ton-Radar eingesetzt, der also nicht Gebrauch von Radiowellen oder neuerdings auch Laser, sondern von Tonwellen (*sonus*) macht. Bei dieser Technik spricht man in Anlehnung an das Wort Radar vom Sonar. Die unter Wasser emittierten Tonimpulse sind bisweilen so stark, daß sie wiederum das biologische Ortungssystem z.B. von Walen stören, ja zerstören können, worauf mit Recht Naturschützer hingewiesen haben. Sonarsysteme sind uns von U-Booten her geläufig, aber auch von Minensuchbooten und von Expeditionen für die Vermessung und Kartierung von Meeresböden. In der Sonartechnik ist Deutschland übrigens weltweit führend und die am Kap Horn vor Afrika eingesetzten Minensuchboote der Bundesmarine haben auch dann zum Glück noch Minen ausfindig gemacht, als die Amerikaner entsprechende Schiffspassagen schon freigegeben hatten. Ferner werden Sonarsysteme auch eingesetzt für die Erkundung von Sedimenten unter dem Meeres- oder Gewässerboden. In diesem Segment, und das wird Naturschützer wieder freuen, hatte ich in meiner Zeit in Jena Gelegenheit, Dr. Klaus Storch kennenzulernen, dessen Firma SOSO-Sondersonar/Jena avancierte Techniken entwickelt hat, die sich, was ich vermitteln konnte, auch für Abfallbeseitigungsmaßnahmen in Gewässern von Berlin, und zwar im Auftrag des Berliner Senats, eigneten.

Ohne solche Navigations- und Ortungssysteme, ohne solche digitalisierten Orientierungstechniken ist die heutige Welt der bewegten Gesellschaften nicht denkbar. Aber natürlich standen sie nicht immer in dieser hochspezialisierten Technik zur Verfügung. Ältere Navigations- und Orientierungstechniken mußten mit Karte, Kompaß, Sextant und Sternen vorlieb nehmen, noch ältere mit Sternen allein.

Und schon befinden wir uns in einer Zeit, in der wir die Flotte des griechischen Heeres an die Küsten Trojas navigieren müssen. Wem sollen wir dieses verantwortungsvolle Geschäft anvertrauen? Die griechische Generalität wußte es: unser Admiral und Navigator kann nur Kalchas sein, der Seher, von dem es in der *Ilias* heißt: er sei der weiseste Vogeldeuter, der erkannte, was ist, was sein wird und was zuvor war.[1]

Machen wir uns nichts vor, diese Auskunft klingt befremdlich. Ausgerechnet einem Seher, einem μαντις, soll die Navigation überlassen werden? Doch Homer duldet in dieser Frage keinen Zweifel. Sicher war Kalchas auch derjenige, der als Seher zu Rate gezogen wurde, als es galt, eine Erklärung für das Wüten der Pest im Heer der Griechen vor Troja zu liefern. Und er konnte es, da er eben als Seher mantischen Einblick in den Götterwillen hat und den Ausbruch der Pest als Strafaktion von Apoll identifizieren kann: Agamemnon hatte Apoll beleidigt und erzürnt, weil er die gefangene Tochter eines Priesters des Apoll nicht freigelassen hatte. Zufolge dieser Erklärung des Kalchas muß es Agamemnon wohl oder übel dann doch tun und das macht ihn wütend und er hält sich an einer gefangenen Trojanerin, an der Achill sein Wohlgefallen gefunden hatte, schadlos. Aber genau das macht wiederum Achill wütend und er verspürt nicht mehr die geringste Lust, am Kampf gegen die Trojaner teilzunehmen. Und eben deshalb kann die *Ilias* mit ihrem Musenanruf beginnen: »Singe Göttin, den Zorn des Peleiaden Achill ...«

Der Seher Kalchas ist also in der Lage, solche Erklärungen widriger natürlicher Ereignisse im Rückgang auf den strafenden Götterwillen zu liefern. Aber gleichwohl ist er auch derjenige, der die Flotte der Griechen an die Küste Trojas navigiert hatte (ηγεσατ'). Das sagt Homer ganz unzweideutig. Und er ergänzt noch, und da gibt es keinen Ausweg mehr: er navigierte oder führte die Flotte der Griechen an die Küste Trojas ›kraft seiner Wahrsagekunst‹ (δια μαντοσυνην). Manche Übersetzungen geben das griechische Verb ηγεισθαι mit ›begleiten‹ wieder, also im Sinne von ›Kalchas begleitete die griechische Flotte‹. Das ist gewiß falsch. Ηγεισθαι heißt nun einmal ›militärisch führen‹. Ein spätes Echo haben wir heute noch in dem Adjektiv ›hegemonial‹. Wenn es also so ist, daß Kalchas als Seher in der Lage ist, eine ganze Flotte zu navigieren, dann kann seine Sehergabe nicht so beschaffen gewesen sein, daß er als Kaffeesatzleser oder Spökenkieker auf der Brücke stand. Als Seher mußte er offenbar über das seinerzeit verfügbare nautische und navigationstechnische Wissen verfügen, d.h. in Zeiten ohne Karte, Kompaß und Sextant über das nötige Sternstandwissen.

---

1 Cf. Homer: *Ilias*, I, 70; cf. auch Hesiod: *Theogonie*, 38.

Die Seherkunst, die Mantik, wurde also damals ganz unzweideutig als Orientierungstechnik eingesetzt. Allerdings in einem differenzierten Sinne: einmal als avanciertes Wissen, das ein nautisches Können per Navigation in Orientierung am Sternenstand möglich macht und dann, wenn ein Können trotz dieses Wissens scheitert, als ein Wissen um den Bestrafungscharakter von Widerfahrnissen im Rückgang auf einen wirksamen Götterwillen. Die Flotte der Griechen hätte ja trotz der Navigation des Kalchas in schweres Wetter geraten können. Dann gibt es eben einen zusätzlichen Erklärungsbedarf. Ich möchte es hier als ein Prinzip formulieren: Menschliches Verhalten wird in dem Maße divinatorisch relevant, als es, für uns heute, in die Dimension des Zufälligen hineinragt. Und dies gilt auch für unser wissensbasiertes Können. Denn auch jedes Können mündet exerzit in ein Gelingen oder Mißlingen. Jemand kann zwar navigieren und trotzdem muß eine Schiffahrt auch gelingen, d.h. ungestört ihr Ziel erreichen, oder kann auch mißlingen, d.h. in schwere See geraten. Das Gelingen ist nicht ganz auf das Können zurückzuführen, die Umstände, z.B. das Wetter, müssen mitspielen. Wer reiten kann, dem kann es trotzdem widerfahren, daß er vom Pferd fällt. So ragt auch jedes Können in die Dimension des nach unserem Verständnis Zufälligen hinein. Ein solches Verständnis des Zufälligen gibt es aber bis spät ins 19. Jahrhundert nicht, genau genommen bis zu Clausius und Boltzmann nicht. Es gibt zwar das Zufällige im Sinne von τυχη und *fortuna*, aber via Zufall ist immer eine höhere Macht, ein schicksalhaftes oder göttliches Geschehen wirksam.

Das besagt: Mündet ein Können im Gelingen, haftet ihm ebenso etwas Belohnendes und damit nur divinatorisch Zugängliches an wie einem Können, das in einem Mißlingen endet, dem gewiß ein Bestrafendes und damit ebenso ein nur divinatorisch Zugängliches anhaftet.

Insofern kann die im Gelingen endende Navigation der griechischen Flotte durch Kalchas durchaus seinen divinatorischen Fähigkeiten gutgeschrieben werden, obwohl sein Können vielleicht nur *fortune* hatte. Daß Kompetente auch *fortune* haben müssen, um Erfolg zu haben, ist dann die neuzeitliche *façon de parler* eines ehedem von Göttern begünstigten Handelns.

Insofern fällt Homers Charakterisierung des Admirals Kalchas keineswegs aus dem Rationalitätsprofil heraus, sondern bestätigt es, weil die Verhältnisse damals anders gar nicht formulierbar waren. Kalchas würde heute Orientierungs- oder Ortungstechniken wie das Radar oder Sonar für seine Navigation ebenso benutzen wie seinerzeit sein alternativloses Sternstandwissen. Auf diesem Fuße ist Mantik als Orientierungstechnik jedenfalls nichts Irrationales.

Das erklärt sich daraus, daß die Mantik, und zwar je älter ihre Zeugnisse sind, desto deutlicher, durchaus eine epistemische Rendite erwirtschaften konnte. Im allgemeinen unterscheidet man eine ›intuitive‹ oder natürliche Mantik, die aus Traum, Rausch und Exstase ihre Botschaften extrahiert, von einer ›interpretativen‹ oder künstlichen Mantik, die ihre Botschaften aus der rechten Deutung natürlicher Zeichen bezieht, aus Zeichen wie Vogelflug, Eingeweide, dem Rauschen heiliger Haine und Quellen, aber auch Blitz und Donner, Mond, Sonne und Sterne und auffällige Naturereignisse oder Tierverhalten.[2] Beide Formen der Mantik finden sich bei allen alten Völkern der Erde, bei manchen Naturvölkern bis heute. Das Repertoire der mantischen Deutungskunst ist dabei stets auf das Milieu zugeschnitten, in dem es um Leben und Überleben ging. Wenn man annehmen darf, und man darf es, daß in sehr frühen Zeiten tiefergehende Kenntnisse über Kausalverhältnisse, die natürlichen Ereignissen zugrunde liegen, noch nicht zur Verfügung standen, konnte es nicht unnütz sein, sich zunächst um die Kenntnis von Ereigniskorrespondenzen zu bemühen. Wenn man weiß, welche Ereignisse im allgemeinen zusammen auftreten, ist das ein Erkenntnisgewinn. Wie immer die Kausalitäten dieser Ereignisse geknüpft sein mögen, die Korrespondenz ihres Auftretens gibt Anlaß, mit dem Auftreten eines Ereignisses schon dann zu rechnen, wenn man nur Kenntnis von dem korrespondierenden hat. Der Ruf des Eichelhähers verrät dem kundigen Jäger, daß ein Tier, das er nicht sehen kann, in der Nähe ist. Im Stile einer solchen ›Naturkunde‹ führt auch Cicero die Mantik im ersten Teil von *De divinatione* durch seinen Bruder Quintus positiv ein, selbst wenn er die Argumente im zweiten Teil wieder destruiert. Auch Ärzte, so Quintus, können ja häufig nicht sagen, *warum* gewisse Kräuter heilen, aber *daß* sie es tun, wissen sie. Das heißt, Nichtwissen um die zugrundeliegenden Kausalverhältnisse hindert nicht die erfolgreiche Prognose oder Therapie. ›Non quaero cur, quoniam quid eveniat intelligo.‹[3] Auf dieser durchaus

---

2 Cf. dazu ausgreifend Wolfram Hogrebe: *Metaphysik und Mantik,* Frankfurt a.M. 1992.
3 Cf. Cicero: *De divinatione,* I, 15.

fragilen induktiven Basis operiert in der Tat die frühe interpretative Mantik. Das bekundet auch Herodot von den Ägyptern: »Wenn nämlich etwas Merkwürdiges geschieht, geben sie acht und schreiben den Ausgang der Sache auf. Bei einem ähnlichen Vorfall in späterer Zeit glauben sie dann, es müßten wieder die gleichen Folgen eintreten.«[4] Trotz dieser Mitteilung hat man sich in der Literatur darüber mokiert, daß aus dem alten Ägypten keine Prodigiensammlungen, wie wir sie von den Babyloniern zuhauf kennen, erhalten sind. Die Gelehrten, die mit dieser Materie befaßt waren, haben offenbar eine gesonderte Überlieferung von Prodigien erwartet. Diese stecken aber in den durchaus überlieferten Messungen des Wasserstandes des Nil, deren Ergebnisse für die Ägypter hauptsächlich prognostisch relevant waren. Man muß hier also immer mit den historischen und kulturellen Einbettungen des Existierens rechnen, die den Ausschnitt mantisch relevanter Prognosen definieren, der epistemisch effektiv gebraucht wurde. Nomadenkulturen in der Wüste sind auf andere deutungsrelevante Anzeichen spezialisiert als die Indianer am Amazonas. Besonders deutlich spricht in diese Richtung auch die chinesische Überlieferung der Mantik. Hier war es von alters her geboten, ganz so wie es Herodot von den Ägyptern behauptet hat, alle auffälligen Ereignisse zu registrieren und zu notieren, um warnende Anzeichen dafür zu erhaschen, »daß«, wie De Groot bemerkt, »im Tao der Menschheit irgend etwas in Unordnung geraten ist und somit im Tao der Welt etwas aus den Fugen gebracht hat. Dieser Störung wäre dann ohne Verzug durch Beseitigung der Ursache abzuhelfen und so die aus ihr drohende Gefahr abzuwenden.«[5]

Hier erkennt man sehr deutlich, daß die Orientierungsfunktion der Mantik von Anfang an im Dienste des Sicherungsverhaltens des Menschen stand. Sie waren, hineingehalten in eine riskante Umgebung, seit Urzeiten einfach gezwungen, im Horizont ihres kausalen Unwissens auf Zeichen zu reagieren, die als anzeigende Instanzen für eine sinnlich noch nicht zugängliche, aber eventuell bedrohliche Realität stehen. Wo der *homo sapiens* auftritt, registriert er die Welt als ein anzeigendes Geflecht von Zeichen, weil er aus Sicherheitsgründen ständig gezwungen war, mit mehr zu rechnen, als ihm sinnlich präsent sein

---

4 Herodot: *Historien*, lib. II, 82.
5 Johann Jakob Maria De Groot: *Universismus. Die Grundlagen der Religion und Ethik, des Staatswesens und der Wissenschaft Chinas*, Berlin 1918, S. 331.

konnte. Aus diesem ›Mehr‹ ist im Prinzip der *homo sapiens* geboren und um dieses ›Mehr‹ intellektuell zu verwalten, hat er die Metaphysik als Teil seiner Selbsterfindung erfunden. Das haben wohl Platon und Aristoteles, aber schon Denker wie Epikur und erst recht Lukrez nicht mehr verstanden. Damit begann die Periode der Selbstvergessenheit des *homo sapiens*, die heute, ob wir das wollen oder nicht, in die Phase seiner Selbstauslöschung getreten ist. Man benötigt nicht mit Heidegger Drohausdrücke wie ›Seinsvergessenheit‹, es genügt, und das ist der eigentliche Kern, die ›Selbstvergessenheit‹ des *homo sapiens*. Er erkennt sich heute als das, was er mehr als Physis ist, nicht mehr an. Das ist Pisa von oben. Es ist aber dennoch in geeigneter Umgebung, und das ist der performative Widerspruch zu dieser Nichtanerkennung, zweifellos nicht unnütz, die Bewegung hoher Gräser als Anzeichen für eine sinnlich ansonsten noch nicht registrierbare Bestie zu deuten. Und wir tun das auch, ob wir wollen oder nicht. Die Angst vollzieht gewissermaßen automatisch, was Epikur und Lukrez nicht wahrhaben wollten. Und Lust macht erst auf diesem Hintergrund der Angst ihren vollen Sinn. Das ist auch die Botschaft des Gartens von Bomarzo. Wir dürfen solche Überlegungen in die Feststellung bündeln, daß die Mantik als Orientierungstechnik geboren wurde aus dem, was man bei Tieren die Witterung nennt. Wann immer in der Dämmerung ein Hirschrudel auf die Lichtung tritt, dann tun dies, und das wissen erfahrene Jäger, zuerst die weiblichen Alttiere des Rudels, nicht die Hirsche, um zunächst die Situation auf der Lichtung zu inspizieren, indem sie ›witternd‹ nach allen Seiten ›sichern‹. Aus dieser nützlichen Attitüde eines spezialisierten Sicherungsverhaltens unter Einsatz zugänglicher Orientierungstechniken ist später die sapientia des *homo sapiens* geboren.

Aus einiger Entfernung betrachtet handelt es sich in solchen Situationen aber auch stets darum, mit einem kontingenzdurchsetzten Milieu zurechtzukommen. Wer noch nicht viel weiß, muß vorsichtig sein. ›Vorsichtigkeit‹ gebiert die ›Vorsehung‹ und unsere semantische Sensibilität. Diese ist uns durchaus auch heute noch angeboren. Bloß regt sich diese Sensibilität erst dann, wenn die sinnliche Kulisse schwierig wird und wir dann das ›mulmig‹ genannte Gefühl haben, uns in einer riskanten Situation zu befinden, also z.B. im Dunkeln in unbekannter Umgebung. Hier gewinnen auch für uns heute noch die kleinsten Geräusche eine ungewöhnliche Valenz, deren Registratur unser Sicherungsverhalten bis zur panischen Stimmung aktiviert. Mantik ist als Deutungskunst ursprünglich auf genau solche Situationen zugeschnitten. Sie war seit Urzeiten stets die Fertigkeit, mit einer Zufälligkeit umzugehen, die wir situativ noch gar nicht erkennen können. In solchen Situationen taten unsere Vorfahren besser daran, noch mit einer Gesetzmäßigkeit zu rechnen, die höherer Art ist, aber dafür steht, daß der Ereigniskontext epistemisch geschlossen bleibt. Mantik als Kunst des Fernwissens und Magie als Kunst des Fernwirkens sprengen nicht unsere Rationalität, sondern dehnen sie nur, wie wir heute sagen würden, unzulässig aus. Dafür steht aus dem Bereich der Magie auch ein schlagendes Beispiel, das wir Evans-Pritchard verdanken.[6] Im Land der Zande in Afrika stürzt bisweilen ein alter Getreidespeicher ein. Die Zande wissen auch, warum: Termiten haben im Laufe der Zeit die Stützbohlen zernagt. Genau das ist die Kausalerklärung für den Einsturz, die den Zande ebenso bekannt ist wie uns heute. Nun verhält es sich aber so, daß zur Zeit der größten Mittagshitze einige der Dorfbewohner häufig unter einem solchen Getreidespeicher sitzen und plaudern. So kann es passieren, daß beim Einsturz desselben tatsächlich einige von ihnen, die unter ihm vor der Mittagssonne Schutz gesucht hatten, verletzt werden. Nun stellen sich für die Zande weitergehende Fragen: Warum mußte der Getreidespeicher gerade dann einstürzen, als Leute unter ihm saßen; und warum mußte er einstürzen, als gerade diese Leute und keine anderen dort saßen? Solche Fragen sind für uns heute unzulässig, weil wir hier mit der kontingenten Kreuzung voneinander unabhängiger Kausalketten rechnen. Der Einsturz des Getreidespeichers hatte seine Ursachen, die Termiten. Daß Leute unter ihm sitzen hatte sicher auch Ursachen, die Mittagshitze. Sogar der Umstand, daß es heute gerade die sind oder morgen jene, hat seine Ursachen. Aber diese Kausalreihen sind voneinander unabhängig, ihre Kreuzung gerade zu dem Punkt des Einsturzes ist für uns heute eine Sache des Zufalls. Nicht so für die Zande oder unsere Vorfahren. Für sie steht ein ›inklusives Kausalverständnis‹ zur Verfügung, in das Verursachungen aller Art, also auch mantisch oder magischer Art integriert sind. Das mag für die Erklärung natürlicher Ereignisse im Wortsinne ›bezaubernd‹ sein. Im Falle von Schuldzuweisungen kann das allerdings verheerende Konsequenzen haben, wie es noch die Hexenprozesse eindrücklich belegen.

---

[6] Cf. Edward E. Evans-Pritchard: *Hexerei, Orakel und Magie bei den Zande*, Frankfurt a.M. 1978, S.65.

Die Akzeptanz von Zufällen ist den Menschen immer schwer gefallen. Bevor man vor zufälligen Ereignissen das Handtuch der Rationalität zu werfen bereit war, bemühte man lieber höherstufige Gesetzmäßigkeiten, die hier ihre Hand im Spiel haben mußten, z.B. mythische Instanzen wie Götter oder sonstige, nur mantisch erreichbare Schicksalsmächte (Themis, Moira etc.). Diese sind also gerade kein Dementi der Rationalität, sondern ihre ultimative, ja überschwängliche Selbstbehauptung. Der Satz Albert Einsteins ›Gott würfelt nicht!‹ ist noch ein spätes Echo dieses Rationalitätsverständnisses.

Neuerdings hat sich der Zufall aber nicht nur in der Physik, sondern sogar in der Mathematik festgesetzt. So hat der Freund von Stephen Wolfram Gregory Chaitin unabhängig von Andrej N. Kolmogorov gezeigt, daß es in ihr in Form von kognitiv nicht penetrierbaren Komplexitätsschranken wahre, aber unbeweisbare, d.h. in diesem Sinne zufällig wahre Sätze gibt.[7] Eine erkenntnistheoretische Würdigung solcher Ergebnisse der mathematischen Komplexitätsforschung steht noch aus, aber hier verläuft die gegenwärtige Front. Es möchte sein, daß unsere Ausgriffe in solche Zonen vor allem in der gentechnischen und in der Hirn-Forschung auf solche Komplexitätsschranken stoßen, die kognitiv impenetrabel sind und die zu ignorieren einer neuen Form von epistemischer Hybris ähnelt, deren alte Varianten im Bestrafungsprofil der griechischen Tragödien zu studieren sind. Aber um hier zur Klarheit zu kommen, müßten wir die genetische und neuronale Komplexität überhaupt erst einmal in ihrer mathematischen Eigenart verstehen und davon sind wir, worauf der Mathematiker Reinhard Olivier hingewiesen hat, noch weit entfernt.[8] Wir können die Natur heute jedenfalls für ihre Unberechenbarkeit nicht einfach mehr züchtigen, wie es in mantischen Zeiten vorgekommen ist.

Unvergeßlich der Befehl des Xerxes, der um 480 vor Chr. eine Brücke über den Hellespont von Abydos in Kleinasien nach Sestos auf dem griechischen Festland bauen ließ, die aber postwendend durch die aufgewühlte See zerstört wurde. Wie Herodot berichtet, gab der erzürnte Xerxes den Befehl, das Meer auspeitschen zu lassen. Und He-

---

7 Cf. Gregory Chaitin: *On the intelligibilty of the universe and the notion of simplicity, complexity, and irreducibility*, in: Grenzen und Grenzüberschreitungen, hrsg. v. Wolfram Hogrebe, Berlin 2004, S.517–534. Hier weitere Literatur.
8 Cf. Reinhard Olivier: *Wonach sollen wir suchen? Hirnforscher tappen im Dunkel*, in: Frankfurter Allgemeine Zeitung vom 13.11.2003.

rodot fügt noch hinzu: »Ich habe sogar gehört, daß er zugleich Henker mitschickte, um dem Hellespont Brandmale aufzudrücken.«[9] Größer ist der nicht beherrschbaren Komplexität der Elemente nie begegnet worden. Xerxes adelt die Elemente als personalen Gegner, den man für seine Launen auch abstrafen kann. Diese Möglichkeit steht einem Naturforscher heute natürlich nicht mehr zur Verfügung. Wir sind heute vielmehr immer zuerst vor die Aufgabe gestellt herauszubekommen, was wir beweisbar nicht wissen können. Xerxes ließ noch ein widerspenstiges Meer auspeitschen. Wir sollten heute umgekehrt nicht das Risiko eingehen, selbstverschuldet von der Natur ausgepeitscht zu werden. Auf eine *vis major* in den zu verantwortenden Forschungsfolgen kann sich heute keiner mehr berufen. Aber worauf kann man sich heute überhaupt noch berufen, wenn gilt, was die letzte Zeile des letzten Gedichtes von Stephan Mallarmé behauptet: *Toute Pensée émet un Coup de Dés/Jeder Gedanke emittiert einen Würfelwurf*.[10]

---

9 Herodot: *Historien*, VII, 35.
10 Stéphane Mallarmé: *Sämtliche Gedichte*, hrsg. v. und Übersetzung Carl Fischer, Heidelberg 1957, S.175/195. Fischer übersetzt mit ›…*ist ein Würfelwurf*‹. Im Original bei Mallarmé steht allerdings ›émet‹ von ›émmettre‹/›ausstrahlen‹, ›von sich geben‹, ›äußern‹, ›emittieren‹; dafür ist ›ist‹ zu schwach. Mallarmé will sagen, daß Gedanken einen ›Würfelwurf‹ gleichsam ›generieren‹, d.h. zu einer wahr/falsch-Entscheidung gleichsam aufrufen, die zu vollziehen nicht in unserer Hand liegt, sondern zufällig ist, aber, wie in seinem Gedicht vom Siebengestirn des Großen Bären, manchmal a parte mundi getroffen wird, d.h. per *intervention du surnaturel*.

Franco Volpi

Im Widerstreit zum Humanismus: Die Techno-Wissenschaft in unserer kulturellen Selbstdarstellung

> La máquina moderna es cada día más compleja,
> y el hombre moderno cada día más elemental.
> *Nicolás Gómez Dávila*

1. Zu einer Philosophie der Technik

Daß Wissenschaft und Technik nunmehr zu einer Einheit verschmelzen, tritt zunehmend ins allgemeine Bewußtsein. Manche Diagnostiker bezeichnen dieses Faktum mit einer sprachlichen Neubildung als *Techno-Wissenschaft*. Der erste, der diesen Ausdruck benutzte, war wohl in den siebziger Jahren der französische Rechtshistoriker und Kulturkritiker Jacques Ellul, der von *techno-science* sprach und die systematische Einführung des Terminus durch Gilbert Hottois inspirierte.[1] In der Zwischenzeit sind Wissenschaft und Technik zur treibenden Kraft der Globalisierung geworden, zu einem der Hauptfaktoren, die unsere Welt prägen.

Mit dem wachsenden Bewußtsein dieser Verschmelzung sind jedoch allenthalben auch Bedenken entstanden bezüglich des Stellenwerts, den Wissenschaft und Technik in der gegenwärtigen Welt und für die heutige Menschheit einnehmen. Man fragt sich: Welche Bedeutung haben sie in unserer kulturellen Selbstdarstellung? In welchem Maße bestimmen sie unser kollektives Bewußtsein und unsere Weltanschauung?

Mit der Anerkennung ihrer außerordentlichen und unverzichtbaren Errungenschaften kommt die Sorge um ihr eigentliches Wesen auf, um ihre uneingeschränkte Entwicklung und um die Möglichkeit ihrer Lenkung und Kontrolle. Bezüglich dieser und weiterer Probleme

---

1 Vgl. Jean-Pierre Séris: *La technique*, Paris 1994, S. 215–17.

hat sich eine eigenständige philosophische Reflexion entwickelt, die unter einer inzwischen geläufigen Benennung kursiert: Philosophie der Technik.

Betrachtet man, wie es damit in anderen Kulturbereichen steht, in denen die Technikphilosophie sich bereits mit eigenen Einrichtungen, Zünften, Zeitschriften und Kongressen ausgerüstet und als wissenschaftliche Disziplin ihre institutionelle Anerkennung erlangt hat, so wittert man doch eine Gefahr: Es hat sich zwar eine Reflexion und Diskussion entfacht, die verdienstvoll auf das Phänomen der Technik eine selektive Aufmerksamkeit gelenkt hat, doch all diese theoretischen Bemühungen üben eine bloß untergeordnete und kaum orientierende Dienstfunktion aus. Statt der Theologie frönt nun die Philosophie sozusagen als Magd der Technik.

Gewiß, die Philosophie hat sich seit alters her unter verschiedenen Schirmherrschaften entwickelt. Am Anfang unter derjenigen von Religion und Theologie, später unter derjenigen von Politik, heute vor allem unter derjenigen der Wissenschaft. Also: es ist weiter nicht so schlimm, wenn heute auch Wissenschaft und Technik ihre Fragen und Probleme unterbringen. Doch die Gefahr einer solchen Disziplinarisierung – und überhaupt die Gefahr der zahlreichen Philosophien im Genitiv, die heute allenthalben dort entstehen, wo nur ein Problem als gesellschaftlich relevant empfunden wird: Philosophie der Medizin, Philosophie des Sports, Philosophie der Mode, Philosophie des Design, Philosophie des Films, Philosophie von diesem und jenem – ist, daß man die Philosophie zu einer edlen Anabasis, will sagen: zu einem strategischen Rückzug aus den traditionellen Fragen der großen Philosophie reduziert, um sich in Detailprobleme zu flüchten.

Seit jeher hat sich die Philosophie allerdings als Querdenken par excellence ausgezeichnet. Als Fähigkeit, radikal zu fragen, auf das Ganze zu gehen und Gründe zu erfinden, um das Evidente in Zweifel zu ziehen. Man fragt sich demnach: Ist denn eine Philosophie der Technik im Nominativ möglich? Kann man Wissenschaft und Technik zu einem philosophischen Grundproblem machen und darüber nachdenken, was sie mit den von ihr herbeigeführten grundlegenden Weltveränderungen für den heutigen Menschen und dessen kulturellen Selbstdarstellung bedeuten?

Wir alle kennen die bunte Vegetation von Gegenständen und Apparaten, mit denen uns die Technik tagtäglich umringt. Wir kennen den Lärm, mit dem der Fortschritt den zeitgenössischen Menschen betäubt, und das Gefühl der Verlorenheit und Sinnlosigkeit, das man sonntags spürt, wenn die Maschine stillsteht. Wir alle sehen, wie geschickt der heutige Mensch beim Einrichten von Industriehallen ist, und wie unfähig er zugleich ist, einen Tempel, einen Palast oder eine Kirche aufzubauen. Er hat den Traum vom vergangenen Zeitalter des Goldes mit demjenigen des künftigen Zeitalters des Kunststoffes ersetzt. Wir fragen: Kann man die techno-wissenschaftliche Veränderung der Welt durch eine gemeinsame, konsensfähige symbolische Erfahrung auffangen? Oder bildet die Technik ein asymbolisches und an-ethisches System, das sich der Souveränität unserer Einbildungskraft entzieht? Ist sie eine *Machenschaft*, über die wir beim besten Willen nicht mehr verfügen, sondern von der wir beherrscht werden?

Wollte man eine Geschichte der neuzeitlichen und modernen Technikphilosophie rekonstruieren – wie man es zu tun pflegt, wenn man neugeborene Wissenschaften mit einer Ahnengalerie ausstatten will –, so ließe sich als Geburtsurkunde der Technikphilosophie Rousseaus berühmte Antwortrede von 1750 auf die zum Wettbewerb gestellte Frage der Académie von Dijon angeben: *Discours sur cette question: le rétablissement des sciences et des arts a-t-il contribué à épurer les moeurs?* Rousseaus Rede ist ein ausgezeichnetes Vorbild für eine Technikphilosophie im Nominativ. Doch ohne so weit zurückzugreifen, reicht es, wenn man die Hauptdokumente der Technikphilosophie des 20. Jahrhunderts in Erwägung zieht: sie haben oft diesen Fundamentalcharakter.

Ich meine etwa Werner Sombarts Betrachtungen zu *Technik und Kultur* (1911), die *Gedanken über Technik*, die Romano Guardini als *Briefe vom Comer See* (1927) konzipierte. Oder *Den Arbeiter* (1932) von Ernst Jünger sowie auch *Die Perfektion der Technik* (1949) seines Bruders Friedrich Georg. Dann die *Meditación de la técnica* (1939) von Ortega y Gasset und *Das Kunstwerk im Zeitalter seiner technischen Reproduzierbarkeit* (1936) von Walter Benjamin. Und weiter – nach dem Zweiten Weltkrieg – Adornos und Horkheimers Kritik der technologischen Rationalität und die komplementäre Technikdiagnose des späten Heidegger. Dann *Die Seele im technischen Zeitalter* (1949, 1957) von Arnold Gehlen, *La technique ou l'enjeu du siècle* (1954) des bereits erwähnten Jacques Ellul, *Die Antiquiertheit des Menschen* (1956–1980) von Günther Anders oder *Das Prinzip Verantwortung* (1979) von Hans Jonas. Bis zu *Techne. Le radici della violenza* (1979) von Emanuele Severino. Ein vielfältiges und überaus reiches Panorama: All diese Zeitdiagnosen haben mit ihrer Schärfe und Radikalität das Aufkommen des Problems von Wissenschaft und Technik wenigstens signalisiert.[2]

2. Der Widerstreit zwischen Techno-Wissenschaft und Humanismus

Die Folgen der technowissenschaftlichen Weltveränderung waren in zahlreicher Hinsicht freilich schon mit der ersten und der zweiten industriellen Revolution angekündigt. Statt einer wachsamen Haltung setzte sich jedoch damals der Optimismus des Fortschritts durch. Also eine zuversichtliche Weltanschauung, die der Wissenschaft und Technik vorbehaltlos eine tragende Funktion in der Menschheitsentwicklung zuwies – samt der Überzeugung, daß Wissenschaft und Technik durch ihre rasanten Fortschritte prinzipiell fähig seien, jeglichen angestrebten Erfolg theoretisch und praktisch zu erzielen, und daß sie alle gegenwärtigen und künftigen Probleme des Menschen lösen würden. Wissenschaft und Technik wurden als Beschleuniger von Fortschritt, Emanzipation und Entzauberung, als ein den Humanismus fördernden Faktor gutgeheißen. Die ersten Reaktionen auf die moderne Wissenschaft fassen sie als das oberste, treibende Prinzip in der letzten Entwicklungsphase der Menschheit auf. Ja – etwa bei Comte – als neue Religionsform.

Trotz des Alarms, den die eben genannten Werke schlugen, hat sich die Haltung der Philosophie seitdem nicht wesentlich geändert. Man kann wohl sagen, die Philosophie sei angesichts des Phänomens der modernen Techno-Wissenschaft im Grunde unvorbereitet gewesen. Sie hat auf das Problem der außerordentlichen, jedoch unkontrollierten Entwicklung der Techno-Wissenschaft nicht sonderlich aufgepaßt. Im Gegenteil, sie hat naiv die technowissenschaftliche Rationalität

---

[2] Zu einer ersten Dokumentation vgl.: Robert C. Scharff, Val Dusek (Hg.): *Philosophy of Technology. The Technological Condition*, Oxford 2003; Susanne Fohler: *Techniktheorien*, München 2003. Zu einer ersten kritischen Orientierung vgl.: Umberto Galimberti: *Psiche e techne. L'uomo nell'età della techne*, Milano 1999; Roland Benedikter (Hg.): *Italienische Technikphilosophie für das 21. Jahrhundert*, Stuttgart 2002.

weiterhin als einen Bestandteil unter anderem des fortschrittlichen Humanismus angesehen.³

Dieser optimistischen Sichtweise lag die Überzeugung zugrunde, Wissenschaft und Technik seien prinzipiell verschieden und gehörten zu zwei verschiedenen Tätigkeitstypen: zum theoretischen und zum praktischen Bereich. Wissenschaft ziele auf Aufstellung und Akkumulation von Theorien, d.h. auf reines Wissen. Technik auf Erfindung und Verwirklichung von praktischen Anwendungen. Wissenschaft wäre demnach etwas Positives an sich, Technik ihrerseits nur ein neutrales Instrument. Als solche enthalte Technik keine Tücke oder Perversität; ihr Wert hänge allein von ihrer richtigen Verwendung ab. Als solche sind Wissenschaft und Technik bis dahin als wesentlicher Bestandteil der menschlichen Kultur verstanden worden, als ein unentbehrliches Instrument, dessen sich die Menschheit im Kampf *gegen* den Obskurantismus und die Entfremdung des Menschen, *für* Aufklärung und Emanzipation bedient. Sie tragen dazu bei, den Prometheus aus seinen Fesseln zu befreien und dem Menschen das gute Leben – oder jedenfalls eine bessere Lebensqualität – zu gewähren. Sie werden als *Werte* aufgefaßt, die mit einem zweifachen Zweck geschützt werden: denn sie sollen nach dem Grundprinzip der Freiheit der Forschung ohne Begrenzungen praktiziert und entwickelt werden, und alle sollen an den Vorteilen des technowissenschaftlichen Fortschritts teilhaben.

In der Perspektive dieses optimistischen Humanismus ist freilich das kritische Bewußtsein der Philosophie angesichts der Entwicklung von Wissenschaft und Technik nicht sonderlich wachsam gewesen. Auch dort, wo man eine radikale Kritik an dem technologischen System entwickelt hat – etwa in Adornos und Horkheimers *Dialektik der Aufklärung* oder in Marcuses *Eros and Civilisation* und *One-Dimensional Man* –, hat man weniger die Techno-Wissenschaft als solche ins Visier genommen, sondern eher ihre politische Organisation kapitalistischer Art.

Seit etlicher Zeit steht es jedoch nicht mehr so. Allmählich, insbesondere in diesen letzten Jahrzehnten, hat sich die Stellung von Wis-

---

3 Vgl. Gilbert Hottois: *Le signe et la technique. La philosophie à l'épreuve de la technique*, Paris 1984; ders., *Entres Symboles et technosciences*, Champ Vallon, Seyssel 1996.

senschaft und Technik in unserer kulturellen Selbstdarstellung tiefgreifend verändert. Zunächst hinsichtlich ihrer Bedeutung: Wissenschaft und Technik erscheinen immer weniger als einfacher Bestandteil unter vielen anderen unserer Welt. Sie werden zunehmend zu einer allgegenwärtigen, allenthalben wirksamen Macht und Kraft, die vorherrschend und ausschließlich waltet. Wissenschaft und Technik sind planetarisch geworden. Sie sind die einzig geglückte und vollzogene Globalisierungsform. Sie haben die Eingriffsmöglichkeiten des Menschen gegenüber der Natur ins Äußerste vergrößert und zugleich ein Streben nach grenzenlosem Wachstum hervorgerufen.

Diese Entwicklung ist im Namen des Fortschrittes und des Besseren vorangetrieben worden, und sie hat tatsächlich zahlreiche, bis vor kurzem undenkbare Errungenschaften gebracht. Sie hat eine wachsende Fähigkeit herbeigeführt, die fehlerhafte Naturausstattung des Menschen auszugleichen. Wie schon Herder im Zusammenhang seiner Geschichtsphilosophie bemerkte, und Arnold Gehlen es im Rahmen seiner anthropobiologischen Begründung der Institutionen weiter ausführte, ist der Mensch ein *Mängelwesen*: Er verfügt über keinen sicheren Instinkt, um sein Verhalten und sein Handeln zu orientieren, so daß er die Situationen seines Lebens dementsprechend als Problem erfährt. In solcher Problemerfahrung ist er der Freiheit ausgesetzt, d.h. dem Zwang, die Welt seiner Möglichkeiten erfinden und gestalten zu müssen, die sich zwischen zwei ebenfalls bedrohenden Extremen auftut: der schrecklichen Natürlichkeit seiner Triebe und der Unendlichkeit seines Räsonierens.

Wissenschaft und Technik kompensieren also die mangelhafte Naturausstattung des Menschen, indem sie ihm bei der Lösung von allerlei Problemen helfen und seine Lebensführung erfolgreich orientieren. Das betonte schon Ortega y Gasset in seiner Auseinandersetzung mit Heidegger, als er die *Physis* weniger als hospitale Stätte menschlichen Wohnens ansah denn vielmehr als feindselige, hostile Macht, die der Mensch nur dank der Technik entgegentreten kann.[4]

Die Techno-Wissenschaft ist jedoch ihrerseits mit der wachsenden Fähigkeit verbunden, das natürliche Wesen des Menschen zu manipulieren. Das Universal *Mensch*, die abstrakte Wesenheit, über die einst

---

4 José Ortega y Gasset: *Meditación de la técnica y otros ensayos sobre ciencia y filosofía*, Madrid 1982, S.127–133.

Philosophen in ihren Studierstuben spekulierten, ist heute im Labor in Gestalt des Genoms als konkreter Gegenstand verfügbar, mit dem man beliebig verfahren kann. Die Techno-Wissenschaft kennt keine anderen Grenzen als das technisch Mögliche, und sie wird als solche in ihrem Recht, einen *ständigen Versuch des Möglichen* zu betreiben, insofern geschützt, als sie zum einen dem Prinzip der Freiheit der Forschung Folge leistet, zum anderen deshalb, weil sie unsere individuelle und kollektive Freiheit unglaublich erweitert und steigert. Sie droht aber den durch sie möglich gewordenen und erschlossenen Freiheitsraum durch die Sinnleere des Nihilismus zu verwüsten.

3. Die Techno-Wissenschaft als Gefahr

An diesem Punkt beginnen Wissenschaft und Technik in Konflikt mit dem traditionellen Symbolbestand des Humanismus zu geraten, unter dessen Schutz sie sich entwickeln konnten. Sie treten insbesondere in einen Konflikt mit der moralisch und religiös gefärbten Transzendenz der Idee und der Natur des Menschenwesens. Die bislang fröhliche Allianz von Wissenschaft und Technik einerseits und Fortschritt andererseits ist nicht mehr so selbstverständlich. Man wird sich dessen gewahr, daß die Techno-Wissenschaft einige Tücken enthält, da sie immer stärker – sogar in der Grundlagenforschung – einen manipulierenden Charakter annimmt und den *Naturalismus* und *Essenzialismus* der humanistischen Kultur unterminiert. Als asymbolisch und an-ethisch ist sie außerstande, Bausteine zu einer alternativen Anthropologie zu legen, die den durch sie verursachten Umwälzungen und aufgeworfenen Problemen gewachsen ist. Auch die beschwichtigenden Formeln, zu denen man gegriffen hatte – die Rede vom Bündnis der zwei Kulturen oder von der glücklichen Harmonie zwischen dem humanistischen Denken und dem wissenschaftlichen und technischen Wissen – erweisen sich von nun an als leere Worthülsen. Die kognitive Reinheit und Neutralität der Techno-Wissenschaft versteht sich nicht mehr von selbst. Die mögliche Gefahr wird selbst auf der Ebene der reinen Forschung, und nicht erst auf derjenigen der Anwendungen, gewittert, und es stellt sich sogar die Frage, ob nicht ein Moratorium eingeführt und gar gewisse Forschungen untersagt werden sollten, wodurch man freilich einer grundlegenden Errungenschaft der Neuzeit Abbruch tut, nämlich dem Prinzip der Freiheit der Forschung.

In wessen Namen darf man den Faustischen Geist der Moderne aufhalten?

Wenn also während des XIX. und in der ersten Hälfte des XX. Jahrhunderts der Fortschritt des wissenschaftlichen und technischen Wissens weithin als förderlich für das Fortschreiten der Menschheit zum Besseren interpretiert wurde, so kommen heute allenthalben Zweifel an der unmittelbaren Gleichsetzung von technisch-wissenschaftlichem Wachstum und kultureller und geistiger Verwirklichung der Menschheit auf. Wenngleich sie zweifellos im Stande sind, uns immer mehr Mittel zur Kontingenzbewältigung bereitzustellen, erscheinen Wissenschaft und Technik doch prinzipiell unfähig, menschliches Handeln und Leben insgesamt, also im Hinblick auf letzte Zwecke, zu orientieren. Sie haben ihre Lebensbedeutsamkeit verloren. Das Bedürfnis, das Leben in eine Sinnperspektive einzuschreiben, ist ihnen geradezu fremd. Gegenüber dem für unsere Endlichkeit typischen Bedürfnis, einen Schlußstein, ein Endaxiom, eine autotelische Selbstverwirklichung zu finden, erweisen sie sich immer mehr als grundsätzlich heterotelisch, an-ethisch und asymbolisch. Ja, sie nagen mit der von ihnen vollzogenen Entzauberung der Welt an der prinzipiellen Möglichkeit solcher Perspektiven, an der Stellbarkeit von philosophischen Grundfragen überhaupt. Man braucht nicht Heideggerianer zu sein, um die besorgte Feststellung des Meisters aus Deutschland zu teilen: »Das eigentlich Unheimliche ist nicht dies, daß die Welt zu einer durch und durch technischen wird. Weit unheimlicher bleibt, daß der Mensch für diese Weltveränderung nicht vorbereitet ist.«[5] Diese Behauptung geht mit einer zweiten, ebenso signifikanten einher: »Die planetarische Bewegung der modernen Technik ist eine Macht, deren geschichtsbestimmende Größe kaum überschätzt werden kann. Es ist für mich heute eine entscheidende Frage, wie dem heutigen technischen Zeitalter überhaupt ein – und welches – politisches System zugeordnet werden kann. Auf diese Frage weiß ich keine Antwort.«[6]

Wichtig ist – unabhängig von Heideggers Denkperspektive – das von ihm aufgeworfene Problem: die Technik und ihre Regierbarkeit durch den Menschen. Zumindest ist zuzugeben, daß wir uns in der

---

5 Martin Heidegger: *Gelassenheit,* Pfullingen 1959, S.20.
6 Martin Heidegger: *Nur noch ein Gott kann uns retten*, in: Antwort. Martin Heidegger im Gespräch, Pfullingen 1988, S.96.

heutigen Welt bezüglich der Orientierung unseres Handelns und Lebens in einer paradoxen Lage befinden. Die wissenschaftlich-technische Rationalisierung hat einerseits zur Lösung unzähliger Einzelprobleme geführt, aber Wissenschaft und Technik erscheinen andererseits immer mehr als etwas Vorletztes, das keine symbolische Erfahrung angeben kann, um menschliches Handeln und Leben als Ganzes aufzufangen. Wissenschaft und Technik bringen uns eine Menge von Dingen bei, sie lehren uns jedoch nicht, welche es sich zu tun lohnt, und welche zu lassen.

Diese paradoxe Lage hat sich infolge der Grundlagenkrise und des Zerfalls alteuropäischer Bezugsrahmen religiöser, theologischer, metaphysischer, moralischer und ideologischer Art verschärft. Die wissenschaftlich-technische Rationalisierung hat deren Bestand und Gehalt unterminiert. Eine immer tiefere Kluft öffnet sich zwischen dem *homo faber* und dem *homo sapiens*, zwischen dem, was der Mensch machen kann, und der Fähigkeit, vernünftig zu wählen und zu entscheiden, was er sinnvoll zu tun hat. In einer Lage also, da die ständig wachsende Macht von Wissenschaft und Technik die Wirkwelt unseres Handelns erweitert – und zwar sowohl in der Makrodimension (man denke an die Ausnutzung der Kernenergie) als auch in der Mikrodimension (das ins Auge stechende Beispiel sind hier die Manipulationsmöglichkeiten der Gentechnologie) – angesichts einer Lage also, die im Prinzip eine verbindlichere Orientierung erforderlich machen würde, verfügen wir nicht einmal mehr über bisherige Bezugsrahmen und Sinnressourcen. Wissenschaft und Technik haben eine totale Mobilmachung der Welt in Gang gesetzt, durch die das traditionelle Gleichgewicht ins Schwanken geraten ist. Angesichts der durch Wissenschaft und Technik beschleunigten Destabilisierung klafft eine Orientierungsleere auf, in der sich die Tendenz durchsetzt, zu Kompensationen zu greifen. Diese glaubt man im allgemeinen bei dem Wissen zu finden, das man als ein der Wissenschaft und Technik entgegengesetztes Wissen ansieht, nämlich beim humanistischen Wissen von Kunst, Literatur und Geisteswissenschaften. Aber es kommen auch wieder Rettungsverheißungen religiöser, esoterischer und mythischer Art auf.

Das philosophische Denken steht vor einer Alternative zwischen zwei entgegengesetzten Möglichkeiten: entweder eine epistemo- bzw. technophile Haltung oder aber eine arkadische Haltung einzunehmen, mit anderen Worten, eine remissive Unterwerfung, die sich in die Dienste einer *ancilla scientiae* stellt, oder aber Kompensationswissen zu betreiben, dessen man sich als einer Ersatzbefriedigung erfreut, das aber blutleer und ohnmächtig ist. Die philosophische Selbstdarstellung der Gegenwart – *nach Nietzsche, nach Weber* oder *nach Heidegger* – ist durch die Überzeugung geprägt, es sei ein vergeblicher Versuch, dem Ganzen noch einmal einen Namen geben zu wollen.

In der kulturellen Kristallisation der Gegenwart hat es nicht an Neugrundlegungen und Rehabilitierungen gefehlt. Sie vermögen jedoch ebensowenig gegen den Polytheismus der Werte anzugehen. Die ehemalige Tyrannei der Werte ist zu einer Anarchie der Werte geworden, welche die gleiche Schwäche der Vorschriften und die gleiche Dummheit der Verbote erzeugt. Die Moderne scheint in die Vorstellung zu münden, daß bezüglich der Werte eine rational unentscheidbare Vielfalt, eine grundsätzliche Inkommensurabilität unvermeidlich sind. Skeptizismus und Relativismus sind die unabwendbare Folge. Die Interpretation der Welt nach Werten hat die allgemeine Neutralisierung der Werte hervorgerufen. Denn nach Werten zu denken, heißt, alles zum Gegenstand einer menschlichen Bewertung zu reduzieren, welche trotz aller Bemühung immer subjektbezogen, also subjektiv bleibt. Die von manchem Denker und Theologen auf die Wertphilosophie gesetzten Hoffnungen sind daher vergeblich. Die Fehleinschätzung, auf der sie basieren, kann mit derjenigen des edlen Ritters verglichen werden, der die Anerkennung seines Pferdes und die Versicherung seiner künftigen Existenz darin sieht, daß die moderne Technik die Energie nach Pferdestärke mißt. Heutzutage hat das Formale das Substantielle verzehrt, das Konventionelle das Natürliche ersetzt, Max Weber scheint Max Scheler geschlagen zu haben. Selbst der Gebrauch des Begriffs »Wert« ist fraglich geworden. Denn streng genommen haben wir es nicht mehr mit einem Polytheismus der Werte, sondern mit einem Polytheismus der Entscheidungen zu tun. Die in den Kultursemantiken produzierten Wahrheiten – Mythen, Religionen, Ideologien, die großen Sinnerzählungen mit ihren entsprechenden Vorbildern – werden sinnentleert. In der entzauberten Welt, unter der Stahlglocke des Nihilismus, scheint weder Tugend noch Moral mehr nötig. Diese haben nunmehr die Schönheit seltener Fossilien.

4. Zu einer Anthropologie der Techno-Wissenschaft

Tagtäglich stellen wir fest, daß die Techno-Wissenschaft zunehmend den kulturellen Rahmen sprengt, innerhalb dessen die humanistisch-christliche Weltanschauung sie noch umfassen möchte. In der heute offenkundigen Desorientierung fragt man sich: bietet der Humanismus noch eine adäquate Anthropologie, um auf die Herausforderungen der Techno-Wissenschaft eine kulturell und geistig zureichende Antwort zu geben? Ist die dem Humanismus zugrundeliegende Auffassung des Menschen noch konsensfähig? Und welche Werte vermittelt sie?

Bekanntlich hat das abendländische Denken aus zwei Wurzeln geschöpft, um sein Menschenbild aufzubauen: aus der griechischen und aus der biblischen. Aus der ersten stammt die Wesensumgrenzung des Menschen als »politisches vernunftbegabtes Lebewesen« (*zôon politikòn lógon échon*), die von Aristoteles formuliert wurde (*Politica*, A 1, 1253 a 2–3). Aus der zweiten stammt der Gedanke, der Mensch sei denk- und willensfähige *Person*, die nach dem Ebenbild Gottes geschaffen wurde (*faciamus hominem ad imaginem et similitudinem nostram*, Gn 1, 26). Ist damit der Mensch durch eine festgelegte Wesensbestimmung gebunden und gesichert?

Bereits in der humanistischen Literatur über die *dignitas hominis* – bei Pico della Mirandola, Giannozzo Manetti, Bartolomeo Facio – ist die Würdigung des Menschen gegen die mittelalterliche Überlieferung des *contemptus mundi* eigentlich nicht an eine feste Bestimmung seiner Natur gekoppelt, sondern an die Feststellung, der Mensch sei ein unbestimmtes Lebewesen. »*Magnum miraculum est homo*«, erklärt Pico della Mirandola zu Beginn seiner berühmten Rede *De hominis dignitate* (1486). Denn er ist ein besonderes Geschöpfe: er hat »*nihil proprium*« und ist also »*indiscretae opus imaginis*«, »ein Werk mit ungewisser Gestalt«. Während alles andere Seiende ein fest vorbestimmtes Wesen hat, ist der Mensch »*sui ipsius plastes et fictor*«, er muß sich selbst gestalten: »Der Mensch ist ein Lebewesen mit einer vielfältigen, mehrförmigen und wechselnden Natur« (»*homo variae ac multiformis et desultoriae naturae animal*«). Er ist ein Chamäleon, der sich zu einem Brutum oder einem göttliches Wesen verwandeln kann.[7]

---

7 Giovanni Pico della Mirandola: *Discorso sulla dignità dell'uomo*, lat./it., hrsg. v. G. Tognon, Vorwort von E. Garin, Brescia 1987, S.2–9.

Auch Kant sollte die Unzulänglichkeit der griechischen Definition des Menschen als vernunftbegabtes Lebewesen hervorheben und es nicht dabei bewenden lassen. In *Die Religion innerhalb der Grenzen der bloßen Vernunft* (1793) fragt er sich, was denn die Menschlichkeit des Menschen, die *humanitas* des *homo* ausmache. Seine Antwort lautet: es reicht nicht die Tierheit (*animalitas*), aber auch nicht die Vernünftigkeit (*rationalitas*) aus. Hinzu ist eine weitere Bestimmung erforderlich: die Geistigkeit (*spiritualitas*) oder Persönlichkeit (*personalitas*), d.h. die Tatsache, daß der Mensch Zweck an sich und nie Mittel, Würde und nie ein Ding oder ein Zeug ist. Das ist ein Gedanke, den er freilich aus der biblischen Tradition schöpft.

Doch auch der von Kant errichtete Damm ist in der Zwischenzeit weitgehend zerbröckelt. Wie Nietzsche in einem Fragment des Frühjahres 1884 behauptet, ist der Mensch »das noch nicht festgestellte Tier«.[8] Er ist das Seiende – sollte Sartre konsequent zuspitzen –, dessen Existenz der Essenz vorausgeht und sie bestimmt.[9]

Die Techno-Wissenschaft durchstößt heute den Horizont der traditionellen Anthropologie. Sie steigert unser Wissen und unser Verfügenkönnen über die Entität *Mensch* in einer Weise, die immer stärker mit den Symbolen und den Kollektivbildern der humanistisch-christlichen Weltanschauung in Konflikt tritt. Wir befinden uns in einer Art von anthropologischer Krise, in der es an einem konsensfähigen, geteilten Menschenbild mangelt.

Die griechisch-christliche, humanistische Auffassung des Menschen, will sagen: die traditionelle Anthropologie, die bis vor wenigen Jahrzehnten tragfähig war und als allgemeinanerkannte symbolische Grundlage eine wichtige Kompensations- und Integrationsfunktion hatte, ist heute ins Schwanken geraten. Anscheinend ist sie nur noch für die politische Rhetorik von Nutzen. Der Humanismus griechischer und christlicher Provenienz ist nicht mehr selbstverständlich, und seine Werte finden keine allgemeine Bindungsbereitschaft mehr, so daß sich heute die Frage stellt, ob wir überhaupt über eine adäquate Anthropologie verfügen, die den Herausforderungen der vom *homo technologicus atque oeconomicus* in Gang gebrachten Glo-

---

8 Friedrich Nietzsche: *Nachgelassene Fragmente 1884*, in: Kritische Studienausgabe, hrsg. v. G. Colli und M. Montinari, München/Berlin 1980, Bd.XII, S.125 (= Fr. 25 [428]).

9 Jean-Paul Sartre: *L'existentialisme est un humanisme* (1945), Paris, 1996, S.26–30.

balisierung und technischen Kolonialisierung unseres Lebens gewachsen ist.

Gewiß, das exponentielle Wachstum des Reiches der Technik hat nicht nur beunruhigende Aspekte. Sie eröffnet ebenso faszinierende Perspektiven, die unser kulturelles Gedankengut ständig bereichern. Es bleibt aber das Problem, daß die techno-poietische Herbeiführung der Zukunft ohne Regeln und Normen zu sein scheint, die unser Handeln und Verhalten führen könnten. Die Techno-Wissenschaft manipuliert bereits den Ursprung des Lebens, bald wird sie imstande sein, in den genetischen Code des Menschen einzugreifen, unsere biologische Programmierung zu korrigieren und unsere Naturausstattung zu verbessern. Die Technowissenschaft ist dabei, den Menschen grundlegend zu verändern, und zwar in Abwesenheit einer verantwortlichen, wirksamen Orientierung. Ihr gegenüber versickern die natürlichen, kulturellen und symbolischen Sinnressourcen des traditionellen Menschen. Die moderne Maschinerie wird von Tag zu Tag komplexer, der moderne Mensch von Tag zu Tag elementarer. Er kann sich selbst durch die Techno-Wissenschaft wesentlich transformieren oder gar vernichten. Mehr denn je ist der Mensch ein prekäres Lebewesen.

Wenn aber Gebrechlichkeit und Ausgesetztheit des Menschen einen wachsamen Schutz verlangen, und wenn die Sorge um seine Einmaligkeit fordert, ihn zu bewahren, so muß man erneut fragen: Lassen sich Bedingungen angeben, um diese schwierige Bewährungsaufgabe zu erfüllen?

Noch einmal: Man braucht nicht Heideggerianer zu sein, um mit dem Meister aus Deutschland zuzugeben, daß es heute schwierig ist, dem Wort Humanismus einen Sinn zurückzugeben. Nicht so sehr, wie er im *Brief über den Humanismus* behauptet, weil der Humanismus nur eine abkünftige Erfahrung darstelle, die aus der Übertragung der spätgriechischen *philanthropía* in den Sprachhorizont der *romanitas* entstanden sei. Sondern deshalb, weil der Humanismus – und zumal die von Heidegger in Aussicht gestellte Anthropologie der Lichtung, in der der Mensch einfach zu einem Problem ohne menschliche Lösung erklärt wird – nichts mehr garantiert.

Im schier allgemeinen Mangel an Lösungen möchte ich nur folgenden minimalen Ausblick wagen: Eine mögliche Quelle symbolischer Energie scheint mir im Einnehmen einer illusionslosen Haltung zu liegen: eine illusionslose Haltung, die den Menschen bewahren möchte, ohne alles auf ihn als Mittelpunkt des Weltalls zurückzuführen, eine nicht-anthropozentrische Haltung, die sich dem technisch-wissenschaftlichen Wachstum öffnet ohne Sehnsucht nach dem verlorenen, unvordenklichen Ursprung, doch auch ohne sich jenseits aller ethischen Regelung ins Leere einer dozilen Unterwerfung unter den Imperativ der Technik zu begeben; eine illusionslose Haltung, die – ohne Pessimismus und ebenso ohne billigen Optimismus – nach neuen symbolischen Sinnressourcen sucht, damit der Mensch wieder in der Welt der Natur und der Geschichte Wurzeln schlagen kann; eine illusionslose Haltung, die angesichts der An-ethizität der Technik darum bemüht ist, den moralischen Verantwortungssinn, dessen die Menschheit im Prinzip fähig ist, zu aktivieren.

Eines ist gewiß: Wenn die Techno-Wissenschaft der magische Tanz ist, den der heutige Mensch tanzt, dann reicht Marxens elfte *These über Feuerbach* nicht mehr. Es reicht nicht mehr, die Welt zu verändern, weil sie sich auch ohne unseren Willen verändert. Es kommt darauf an, diese Weltveränderung angemessen zu interpretieren, damit sie sich nicht als Welt ohne uns verwirklicht, als *regnum hominis* ohne Bewohner. Zu einer solchen *Interpretation* kann eine Philosophie der Technik im Nominativ einen wichtigen Beitrag leisten.

Sergio Belardinelli

Leiden und Sterben im Zeitalter der Technik

Über Leiden und Sterben zu sprechen kann ziemlich bedrückend sein, besonders wenn man an ein Leiden ohne Heilung und an ein Sterben ohne Hoffnung denkt. Für den Theologen Karl Rahner war Leiden und Sterben »ein Stück der Unbegreiflichkeit Gottes«, ohne dessen Unbegreiflichkeit Gott nicht Gott wäre. Für den Menschen aber scheinen die Dinge anders zu liegen. In der Tat gibt es nichts, was unsere endliche Natur so treffend zum Ausdruck bringt, wie Leiden und Sterben. Sowohl auf ontologischer als auch auf moralischer Ebene ist der Mensch Endlichkeit, Leid, Schmerz. Wie Viktor Emil Frankl in seinem Buch *Zehn Thesen über die Person* schrieb, ist die Fähigkeit, zu leiden und sich dank des Leidens kennen zu lernen, dem Menschen so sehr wesenseigen, daß der Ausdruck *homo patiens* der menschlichen Natur ebenso oder vielleicht noch besser gerecht wird als der Ausdruck *homo sapiens* oder *homo faber*.

Auf jeden Fall sagt die Tatsache, daß der Mensch ein *homo patiens* ist, noch nichts über den Sinn des Leidens und Sterbens aus. Dieser Sinn ändert sich im Verlauf der Zeit, und die westliche Tradition scheint mir diesbezüglich verschiedene Strategien ausgearbeitet zu haben, um damit zurechtzukommen. Nach Karl Löwith zum Beispiel »hat die westliche Welt« für das »Problem des Leidens«, den »Sinn des Handelns und des Duldens« in der Geschichte »zwei unterschiedliche Antworten gegeben: den Mythos des Prometheus und den Glauben an den Gekreuzigten« (Löwith 1953). Im ersten Fall überläßt der Mensch die Erlösung von Schmerz, Leid und allenfalls auch vom Tod ausschließlich sich selbst. Es handelt sich sozusagen um die technologische Antwort, wonach – um einen Ausdruck von Le Breton zu verwenden – »das Leiden die absolute Sinnlosigkeit ist, eine reine Qual« (Le Breton 1995, 165), das mit Hilfe des technologischen Fortschritts (und gegebenenfalls der Euthanasie) beseitigt werden muß. Diese Sicht scheint bestimmend für das Verständnis von Leiden und Sterben in unserer Zeit zu sein. Die zweite Antwort gibt die Religion. Es ist die Antwort des Christentums, wonach das Leiden eine Art privilegierter

Zugang zur Wahrheit ist, etwas, von dem uns Jesus Christus mit seinem Tod und seiner Auferstehung erlöst (man denke an Kierkegaard, *Einübung im Christentum* und *Das Evangelium des Leidens*). Gott kann mich von Leid und Tod heilen, und angesichts dieser Möglichkeit ist es, als ob Leid und Tod einen Sinn bekommen, einen Sinn, der die Last ihrer »Unbegreiflichkeit« etwas mildert.

In Wahrheit hat der Westen auch andere Wege gefunden, um mit dem Problem des Leidens und Sterbens kulturell umzugehen. Ich denke zum Beispiel an die metaphysisch-tragische Betrachtungsweise des *Kosmos* von Anaximander (der Tod als Preis dafür, daß man auf die Welt gekommen ist, das Leben als Fall). Auch beim »Sein zum Tode«, von dem Heidegger spricht, handelt es sich im Grunde um dieselbe Betrachtungsweise: der Tod als Möglichkeit aller Möglichkeiten, als einzige Möglichkeit, die unser Leben wahr und eigentlich machen kann. Ich denke an die stoische Betrachtungsweise der *Apatheia* (Leidenschaftslosigkeit, Unempfindlichkeit, Gelassenheit), das heißt der Fähigkeit, alles anzunehmen, was uns die Natur beschert (*Der Fremde* von Camus ist im Grunde eine moderne Figuration des Stoizismus: in völliger Gleichgültigkeit gegenüber der Welt, den anderen und sich selbst leben – eine Form des »passiven Nihilismus«, wie Nietzsche sagen würde). Und ich denke schließlich an die »aktive« nihilistische Betrachtungsweise gewisser Figuren Dostojewskis (man denke an Stavrogin in den *Dämonen*), die das Absurde, ihr eigenes Glück auf Kosten des Leides anderer verwirklichen wollen.

Offensichtlich haben wir es in allen diesen Fällen, und zwar auch bei der technologischen oder der religiösen Betrachtungsweise, mit »Idealtypen« im Sinne Webers zu tun, von denen in der konkreten Wirklichkeit einer historischen Epoche keiner im Reinzustand existiert. Vielmehr kommen in jeder Epoche mehr oder weniger alle vor, wenn auch unterschiedlich stark ausgeprägt. Wenn ich also sage, daß die technokratische Betrachtungsweise heute bestimmend ist für den Sinn, den wir dem Leiden und dem Sterben geben, dann will ich damit nicht sagen, daß es die anderen Betrachtungsweisen nicht mehr gibt; ich meine lediglich, daß jene eindeutig zu dominieren und daher maßgeblich zu sein scheint. Kommen wir nun zu unserem Thema: *Leiden und Sterben im Zeitalter der Technik*.

In der Beschreibung, die Albert Camus in der Einleitung eines seiner bekanntesten Romane von der Stadt Oran gibt, der Stadt der *Pest*, liegt etwas Düsteres und sehr Reales. Die Passage scheint eigens dafür geschrieben zu sein, um unser Thema einzuleiten. »Krank sein ist nie angenehm; aber es gibt Städte und Länder, die einem in der Krankheit beistehen, wo man sich gewissermaßen gehenlassen kann. Ein Kranker braucht Freundlichkeit, er möchte sich an irgend etwas halten können. In Oran jedoch verlangt alles Gesundheit: die Maßlosigkeit des Klimas, die Wichtigkeit der Geschäfte, die abgeschlossen werden, die Nichtigkeit der Umwelt, das rasche Hereinbrechen der Dunkelheit und die Art der Vergnügungen«.

Wehe, wenn man in Oran krank wird. Wehe, wenn man in einer Welt erkrankt, die nur für die »Gesundheit« programmiert zu sein scheint. Das ist ein erster Punkt, der einer Erörterung wert ist.

Zu den vielen Auswirkungen der modernen Differenzierung und Säkularisierung können wir ohne weiteres den stufenweisen Aufstieg der Gesundheit zu den höchsten Werten zählen. Man braucht sich nur umzusehen, um zu verstehen, daß »die Wichtigkeit der Geschäfte«, »die Nichtigkeit der Umwelt« und »die Art der Vergnügungen« nach und nach dazu geführt haben, daß die alte Heilsvorstellung durch die Gesundheit ersetzt wurde. Doktor Rieux, der Arzt im Roman von Camus, sagt dies in einem berühmten Dialog mit einem anderen Protagonisten, dem Jesuitenpater Panelaux, klar und deutlich: »Das Heil der Menschen ist ein zu großes Wort für mich. Ich gehe nicht so weit. Mich geht ihre Gesundheit an, zuallererst ihre Gesundheit«. In Wahrheit aber scheinen auch die meisten Menschen unserer Zeit nur an der Gesundheit interessiert zu sein. Implizierte das lateinische Wort »*salus*« sowohl die Bedeutung der physischen Gesundheit, das körperliche Wohlbefinden, als auch die Bedeutung der geistigen Gesundheit, das heißt das Seelenheil, so haben sich heute die beiden Bedeutungen bis hin zu einer Art Entfremdung differenziert. All das erfolgte, wie sich leicht erahnen läßt, vor allem zum Schaden der geistigen Gesundheit; wenn wir aber genau darüber nachdenken, dann droht dies – und es konnte nicht anders sein – dem Wohl des ganzen Menschen zu schaden. Dieser hat allein darum, weil er nur an die Gesundheit denkt, das Leid, die Krankheit und den Tod noch lange nicht besiegt. Ganz im Gegenteil. Er erkrankt, leidet und stirbt an einer Krankheit und eines Todes, die immer öfter sinnlos und hoffnungslos sind.

Im Unterschied zu den früheren Gesellschaften, wo man dem Leid tagtäglich in den Gesichtern der Armen oder der Kranken und bei den gemeinschaftlichen Feiern des Lebens und des Todes begegnete, ist heute die direkte zirkuläre Beziehung zwischen Leiden und Leben verloren gegangen; das Leiden tritt nicht unmittelbar oder ständig in das alltägliche Dasein. Das Leiden wird verborgen oder zum Spektakel gemacht. In beiden Fällen wird es, wenn nicht neutralisiert, so auf jeden Fall vermittelt. Wie Lucien Sfez zeigt, setzt sich mittlerweile eine Art »Öko-Bio-Religion« durch, die einen makellosen Planeten und ebenso einen menschlichen Körper möchte, der frei von jeglicher Krankheit ist (Sfez 1995). Das berühmte Projekt »Biosphäre 2«, von dem John Allen in seinem Buch berichtet, geht Hand in Hand mit dem »Humangenomprojekt«, in der Überzeugung, daß alle individuellen und sozialen Probleme im Grunde einen *genetischen* Ursprung haben.

»Gesundheit ist alles«. So sagten unsere Vorfahren in einer Mischung aus Weisheit und Ergebung angesichts der Möglichkeit einer Krankheit und gleichsam um alle anderen Übel auszutreiben. Heute sagen wir bestimmte Dinge nicht mehr; vielleicht scheinen sie uns zu naiv; paradoxerweise aber scheint es, als ob diese »Naivität« *in toto* und überdies in falschem Sinne assimiliert worden sei. Wir haben uns nämlich tatsächlich davon überzeugt, daß ohne Gesundheit unser Leben keinen Sinn hätte, da es uns nicht möglich wäre, die unzähligen Möglichkeiten und Gelegenheiten, die es bietet, zu genießen. Ist die Gesundheit erst einmal verloren, gibt es keine Hoffnung mehr; alles ist verloren. Daher die zunehmende Verdrängung von Krankheit und Tod, die in unserer Zeit festzustellen ist, wie auch ein gewisses Unvermögen, unserem Leben einen befriedigenden Sinn zu geben.

Auf diesen Zusammenhang zwischen der Verdrängung des Todes und dem Unvermögen, ein sinnvolles Leben zu leben, weist in fast prophetischer Weise ein wunderbarer Abschnitt aus dem *Zibaldone* Leopardis hin: »Und also kann man sagen, daß die Alten, indem sie lebten, den Tod nicht fürchteten, und daß die modernen Menschen, indem sie nicht leben, ihn fürchten; und daß je ähnlicher das Leben des Menschen dem Tode ist, der Tod umso mehr gefürchtet und geflohen wird, gleichsam als ob uns dessen ständiges Bild erschreckte, das wir im Leben selbst von ihm haben und schauen, und jene Wirkungen, vielmehr jenen Teil von ihm, den wir, auch wenn wir leben, erfahren.« (*Zibaldone* Nr. 3031).

Niemand wird natürlich bestreiten, daß die Neuzeit großen Nutzen daraus gezogen hat, als sich nach und nach die Bereiche der »salus« als körperliches Wohlbefinden und der »salus« als Heil differenzierten. Es scheint allerdings, daß die radikale Trennung zwischen den beiden Bereichen dazu geführt hat, daß auf die Dauer der Bereich des Heils fast redundant wurde, mit negativen Auswirkungen auch auf unser Vermögen, die unleugbaren Vorteile voll zu nutzen, die die vermehrte Fähigkeit, Krankheiten zu heilen und die Gesundheit zu verbessern, gebracht hat.

Um es mit Luhmann zu sagen, ohne jede Nostalgie für die Zeiten, in denen der Arzt mit der magischen und geheimnisvollen Figur des Medizinmanns übereinstimmte: es dürfte ziemlich offensichtlich sein, daß die heutige Medizin sich um die Gesundheit der Menschen kümmert und die Religion – für den, der daran glaubt – sich um ihr Seelenheil kümmert. Wenn wir aber die Tatsachen betrachten, müssen wir einräumen, daß sich die Gesundheit mit »letzten« Bedeutungen beladen hat und der Arzt, der immer mehr zum Spezialisten wird, immer weniger den Kranken als Person sieht und sich immer stärker fachspezifisch auf die Krankheit konzentriert, zum wahren Hüter dieser letzten Werte geworden ist, vielleicht ohne es zu wollen. Wir haben so auf der einen Seite eine Medizin und Mediziner, die hoch technisiert sind (eine Folge der modernen Differenzierung, bei der es klarerweise kein Zurück gibt), auf der andere eine wachsende Zahl von Patienten, die den Arzt aufsuchen, als ob er immer noch der alte Medizinmann wäre. Theoretisch möchte natürlich niemand mehr das System der Religion mit dem System der Gesundheit vermischen; faktisch aber ist die Gesundheit zum wahren Heil geworden, das Leiden und die Krankheit zur wahren Verdammnis, der Arzt zum wahren Priester.

Vielleicht ist es diese anomale Verflechtung, auf die zum einen die wachsende Verbreitung der so genannten alternativen Medizin (Homöopathie, Akupunktur, ayurvedische Medizin, Anthroposophie usw.) in unserer Gesellschaft und zum anderen eine gewisse Identitätskrise zurückzuführen sind, von der das traditionelle Bild des Arztes betroffen zu sein scheint; dieser scheint einerseits zu einer Art Gott zu werden, andererseits verliert er immer mehr das Vertrauen seiner Patienten. Die zunehmende Technisierung vermehrt zweifellos unsere Möglichkeiten, die Welt und das Leben im Allgemeinen zu beherrschen und zu kontrollieren; gleichzeitig aber steigert sie unsere Erwartungen im Hinblick auf Gesundheit, Sicherheit usw. enorm und macht das, was sich trotz allem unserer Macht entzieht, immer unerträglicher.

Diese Situation hat mit der Natur des Phänomens der funktionalen Differenzierung der Gesellschaft zu tun. Aus Gründen, die ich hier nur andeuten kann, macht dieses Phänomen, indem es jedem sozialen System seine besondere Aufgabe zuweist, jedes einzelne System zweifellos effizienter, aber auch immer mehr »selbstreferentiell«, immer abgeschlossener gegenüber den anderen Systemen und vor allem immer unempfindlicher gegenüber den eigentlichen menschlichen Erfordernissen.

Das politische System – so sagt man – hat seine Regeln, seine Kodexe, seine Funktionen, so wie das Wirtschaftssystem, das System der Religion oder das Gesundheitssystem; man sollte sie also auf keinen Fall miteinander vermengen. Selbst der Mensch kann sich nicht mehr in diese Systeme einschalten, nachdem er (dieser Ansicht ist jedenfalls Luhmann) nicht mehr Teil der Sozialsysteme ist, sondern zu ihrer »Umwelt« gehört. »Der Mensch – sagt Luhmann klar und deutlich – ist nicht mehr der Maßstab der Gesellschaft« (Luhmann 1987, 289). Nun, wenn wir die Gesundheitssysteme der westlichen Länder ansehen, dann kann man, glaube ich, unschwer feststellen, wie sehr sie von dieser funktionalistischen Logik durchdrungen sind. Der Mensch scheint tatsächlich in die »Umwelt« des Systems verbannt zu sein. Sowohl der Arzt als auch der Kranke erscheinen als Pole eines Apparats, der umso mehr und umso besser funktioniert, je stärker es ihm gelingt, von der »Humanität« der beiden abzusehen.

Bereits in den fünfziger Jahren hatte Karl Jaspers mit Besorgnis auf einige »Gefahren der naturwissenschaftlichen Medizin« hingewiesen. »Kliniken, Krankenkassen, Untersuchungslaboratorien treten zwischen Arzt und Kranken. Es entsteht eine Welt, die das in seiner Wirkungskraft so immens gesteigerte ärztliche Tun ermöglicht, dann aber dem Arztsein selbst entgegenwirkt. Ärzte werden zu Funktionen: als allgemeiner praktischer Arzt, als Facharzt, als Krankenhausarzt, als spezialistischer Techniker, als Laborarzt, als Röntgenarzt.« (Jaspers 1986, 43). Die Patienten werden immer mehr zu bloßen »Klienten« eines »Betriebs« reduziert, der sie immer unpersönlicher betreut, nach standardisierten Prozeduren (die famosen Protokolle), die mechanisch auf die Krankheit angewendet werden, nicht auf die kranke Person. So kommt es, daß der Gewinn im Hinblick auf die Effizienz, der mit Hilfe eines derartigen Systems fraglos erzielt wird, aufgrund der Wirkungsweise des Systems mit einem Verlust an »Humanität« bezahlt wird. »Täglich werden die großen therapeutischen Erfolge an zahllosen Kranken erzielt«, so wiederum Jaspers. »Aber erstaunlich: Es wächst eine Unzufriedenheit bei Kranken und Ärzten« (Jaspers 1986, 40).

Eine immer stärker technisierte und funktionalisierte Zeit wie die unsere nimmt mit der einen Hand, was sie mit der anderen zu geben vermag; sie bietet gewiß viele Möglichkeiten, Krankheiten zu bekämpfen und zu heilen, die bis gestern noch tödlich waren, ohne daß man sie überhaupt kannte, gleichzeitig aber läßt sie unsere Bedürfnisse, unsere Erwartungen im Hinblick auf die Gesundheit exponentiell ansteigen, bis Krankheit und Leiden zu einer Art unerträglichem Skandal werden. Wir leben heute mehr oder weniger alle in der Illusion, alles sei technisch machbar. Auch wenn der wissenschaftliche und technologische Fortschritt zu einiger Besorgnis Anlaß gibt, neigen wir in Wirklichkeit dazu, in Wissenschaft und Technik auf jeden Fall die Heilmittel für unsere Probleme zu sehen. Das verstärkt die Annahme, daß die Dinge der Welt vor allem von uns abhängen, von unserer Macht; es steigert unser Verlangen nach Glück, wobei es ein falsches Bild davon bietet, das an sich nur zu Frustrationen führt. In dieser Hinsicht ist die Gesundheit nicht mehr ein Geschenk, das kostbarste Geschenk, das Gott oder die Natur dem Menschen machen können, sondern sie wird zu einem »Recht«, das unter allen Umständen eingefordert werden muß. Ist man krank, muß man unbedingt gesund werden. Wird man nicht gesund, sind die Ärzte schuld. Es ist ein wenig wie bei einem Erdbeben: als Erstes begehren wir nicht gegen eine Katastrophe auf, die wir vielleicht als ungerecht empfinden, sondern wir suchen nach denjenigen, die ihre Häuser nicht erdbebensicher gebaut haben.

Es ist tatsächlich eine Art »Wiederverzauberung« der Welt auf technologischer Basis zu beobachten. Nicht von ungefähr stellt man gerade heute in den so genannten fortschrittlichen westlichen Gesellschaften ein starkes Wiederaufleben von magischen Riten und Praktiken fest. Wie Max Scheler richtig erkannt hatte, ist die Magie nicht den Formen des metaphysischen oder religiösen Wissens zuzuordnen, sondern vielmehr den Formen des technologischen Wissens. Wir suchen den Magier oder den Zauberer vor allem deshalb auf, weil es für uns unerträglich ist, einzugestehen, daß man – nehmen wir an – bei einer bestimmten Krankheit nichts machen kann; es ist uns unerträglich, nicht im Voraus zu wissen, ob dieses oder jenes Geschäft klappen wird, ob wir jene Prüfung bestehen werden oder ob es uns gelingen wird, das Herz jenes schönen Mädchens zu gewinnen, und so weiter. Was nicht von uns abhängt (also der Großteil der entscheidenden Ereignisse unseres Lebens), wird mit immer größerem Mißtrauen betrachtet, gleichsam weggeräumt. So kommt uns infolge einer Art Machtrausch allmählich der Sinn für die Realität abhanden, der Sinn für unser wahres Wohl, sagen wir es ruhig, der Sinn für die Normalität. Vor lauter »Kunstgriffen, »Artefakten«, »Tricks« haben wir uns gleichsam überzeugt, daß alles von uns abhängt. Doch die Dinge, die wirklich zählen – Geburt, Tod, Gesundheit, Krankheit, um nur einige zu nennen – entziehen sich dieser unserer Macht. Wie Hans-Georg Gadamer gezeigt hat, wird die Gesundheit nicht vom Arzt »gemacht«, sondern sie ist »das Natürliche selber« (Gadamer 1993, 53); etwas so Natürliches, daß wir erst dann merken, daß wir sie haben, wenn sie in Krise gerät, wenn unsere »Normalität« durch den plötzlichen Eintritt von irgend etwas »Außergewöhnlichem« erschüttert wird: Die Krankheit, die uns dazu zwingt, den Arzt aufzusuchen, um das »natürliche Gleichgewicht« wiederherzustellen.

Da ist aber noch etwas. Auch die Krankheit, das Leiden und der Tod haben nämlich etwas »Natürliches« in sich; auch sie sind »normal«; wir können uns nicht aussuchen, nicht zu erkranken oder nicht zu sterben; wir können lediglich hoffen, gesund zu werden und unser Ende hinauszuschieben. »*Principium scientiae moralis est reverentia fato habenda*«, schrieb Hegel in seinen *Habilitationsthesen*. Es braucht »Ehrfurcht« gegenüber den Dingen, die nicht von uns abhängen, andernfalls laufen wir Gefahr, gegen Windmühlen anzukämpfen. Und mag diese »Ehrfurcht« durch die gegenwärtige Kultur auch erschwert werden, so nimmt sie doch auch der zeitgenössische Mensch wahr (Belardinelli 2002). Wie Salvatore Natoli in einem hervorragendem Buch über die »*Erfahrung des Schmerzes*« geschrieben hat, »nimmt der zeitgenössische Mensch das Hintergrundgeräusch des Leidens wahr, auch wenn dieses von der Bildfläche entfernt wurde und versteckt wird. Das Leiden scheint durch und durchbricht das Totschweigen, das die vielfältigen bürgerlichen und konstruktiven Tätigkeiten des Tages mit ihrem produktiven und fruchtbaren Lärm überdecken« (Natoli 1995, 270).

Aus der Sicht der Technik kann das Leiden dank des technologischen Fortschritts beseitigt werden; manche glauben, daß sogar der Tod mit den Waffen der Technologie besiegt werden kann. Man denke nur an jene kalifornischen Unternehmen, die denjenigen die Auferstehung versprechen, welche dem Einfrieren ihres Körpers nach dem Tod zugestimmt haben, in Erwartung neuer biotechnologischer Fortschritte. Doch ohne damit behaupten zu wollen, daß der technischen Einstellung jegliche Wirksamkeit oder jegliches ethische Engagement bei der Bekämpfung des menschlichen Leids fehlt, bin ich der Ansicht, daß die Vorstellung einer Lösung des Problems des Leidens wahrscheinlich eine Illusion ist, da das Leiden trotz technischer Fortschritte ständig wiederkehrt, auch im Rahmen seiner technischen Einordnung. Mit dem Risiko, daß nichts anderes übrig bleibt, als es zu verbergen und sogar zu verdrängen. Das öffentliche Unbehagen, das wir angesichts des Leidens und Sterbens verspüren (man denke nur an die Schwermut und an die Trostlosigkeit gewisser Begräbnisse, die in verschämter Heimlichkeit stattzufinden scheinen), ist eine Bestätigung dafür, daß Leiden und Sterben im Grunde nicht beseitigt werden können. Wenn sie beseitigt werden könnten, würde das Menschliche selbst beseitigt werden, und dieses kommt, wie eingangs erwähnt, vornehmlich in solchen Grenzsituationen (eben Leiden und Sterben) zum Ausdruck. Um es kurz zu machen, gerade angesichts eines Menschen, der leidet oder im Sterben liegt, wird der Sinn unserer »Humanität« am nachdrücklichsten deutlich. Diese dem Leiden und dem Schmerz ausgesetzten Leben verlangen verzweifelt danach, akzeptiert und sogar geliebt zu werden, in ihrer Hilflosigkeit und ihrem Anderssein als menschliche Wesen. In diesen Leben spiegeln sich vielleicht am besten Licht und Schatten unseres gemeinsamen Schicksals wider.

Glücklich sein, zufrieden leben, trotz Leiden und Sterben: Das ist der wahre und in gewisser Hinsicht auch dramatische Realismus, der weiterhin hinter der großen griechischen und jüdisch-christlichen Tradition des Westens steht. Das ist die »*salus*«, die wir vielleicht heute besonders benötigen, die wir mindestens ebenso sorgfältig hegen und pflegen müssen wie die körperliche Gesundheit, in der Überzeugung, daß sie im Notfall die kostbarste Ressource – auch für die körperliche Gesundheit – darstellen könnte. Wer zumindest einmal einen Kranken betreut hat, weiß, wie viel Gelassenheit, Kraft und Mut ein »gesunder« Geist bei der Bewältigung der Krankheit geben kann und welch wohltuende, reale Auswirkungen das alles hat, auch auf physischer Ebene. Eine Form von »Prävention« also.

In diesem Sinne können wir also mit Gadamer sagen: »Alle haben wir uns selbst zu behandeln« (Gadamer 1993, 130). Wir müssen lernen, aufmerksamer auf uns selbst zu »lauschen«, auf die Welt, die uns umgibt, auf unsere Gesundheit und ihre wahre Bedeutung. »Auf diese Behandlung, die wir uns selber zuwenden« – so Gadamer weiter – »wird es auf die Dauer für uns entscheidend ankommen, wenn wir unter den veränderten Lebensbedingungen der technisierten Welt zurechtkommen sollen und wenn wir lernen, die Kräfte wiederzubeleben, mit denen das Gleichgewicht, das Angemessene, das mir Angemessene, das jedem einzelnen Angemessene, bewahrt und wiedergefunden wird« (Gadamer 1993, 131).

»Alle Menschen sind sterblich, Sokrates ist ein Mensch, Sokrates ist sterblich«. Über diesen Syllogismus dachte Iwan Iljitsch nach, der bekannte Protagonist der Erzählung Tolstojs, als er den Tod herannahen fühlte und darüber bedrückt war. »Aber ich bin nicht Sokrates!!«, sagt er dann voller Angst, als ob er der harten Realität der Krankheit, die ihn befallen hat, um jeden Preis entrinnen wollte. Nun, man muß zugeben, daß die Bemerkung umso treffender und emblematischer ist, gerade wenn wir an den Tod des Sokrates denken, so wie ihn Platon im *Phaidon* schildert. Als guter Bürger, der ganz auf ein geordnetes und geregeltes, fast wissenschaftliches Leben gebaut hatte, akzeptiert Iwan Iljitsch angesichts des Todes auch die elementarste Logik nicht mehr; als Sokrates sich anschickt, den Schierlingsbecher zu leeren, ist er der Realität noch dermaßen treu, daß er seine Schüler ermahnt, nicht zu vergessen, daß sie »dem Asklepius noch einen Hahn schulden«.

Christlich gesprochen ist auch ein guter Tod, ein Tod wie der des Sokrates, so wie die Gesundheit, als Geschenk, als Gnade Gottes anzusehen. Damit den Menschen diese Gnade zuteil wird, müssen sie lernen, sie als solche zu betrachten. Das bedeutet zum einen, die Krankheit und selbst den Tod als Teil des Spiels des Lebens zu akzeptieren, zum anderen, die Solidarität zu empfinden, die jeder von uns dem Mitmenschen, der leidet oder stirbt, entgegenbringen muß. In diesem Zusammenhang möchte ich mit einem außergewöhnlichen Zitat abschließen. Es handelt sich um eine Stelle aus einem der zahlreichen Drehbuchentwürfe, die uns Ennio Flaiano hinterlassen hat, der bekannte Drehbuchautor eines Großteils der Filme von Federico Fellini. Wir hören Jesus Christus, der in unseren Tagen wieder auf die Erde zurückgekehrt ist. Er wird von einer großen Schar von Reportern und Journalisten bedrängt, die ihn umringen. »Da brachte ein Mann – schreibt Flaiano – seine kranke Tochter zu Jesus und sprach zu ihm: ›Ich will nicht, daß du sie heilst, sondern daß du sie liebst‹. Jesus küßte das Mädchen und sagte: ›Wahrlich, dieser Mann hat mich um etwas gebeten, was ich ihm geben kann‹« (Flaiano 1986). Dieser Mann hat Jesus um etwas gebeten, was wir alle geben können und vielleicht sollen.

Literatur

Belardinelli, Sergio: *La normalità e l'eccezione. Il ritorno della natura nella cultura contemporanea*, 2002 Catanzaro.
Flaiano, Ennio: *Frasario essenziale*, 1986 Milano.
Gadamer, Hans-Georg: *Über die Verborgenheit der Gesundheit. Aufsätze und Vorträge*, 2003 Frankfurt a. M.
Jaspers, Karl: *Der Arzt im technischen Zeitalter*, 1986 München.
Le Breton, David: *Anthropologie de la doleur*, 1995 Paris.
Löwith, Karl: *Weltgeschichte und Heilsgeschehen*, 1953 Stuttgart.
Luhmann, Niklas: *Soziale Systeme*, 1987 Frankfurt a. M.
Natoli, Salvatore: *L'esperienza del dolore. Le forme del patire nella cultura occidentale*, 1995 Milano.
Sfez, Lucien: *La santé parfaite. Critique d'une nouvelle Utopie*, 1995 Paris.

Zdzisław Krasnodębski

Lebenswelt, Technik und Religion

Verlebendigung des Denkens

In einem Essay »Über einige gegenwärtige Probleme der Philosophie« aus dem Jahr 1912 empfiehlt Georg Simmel, dem die Autorenschaft des Lebensweltbegriffes zugeschrieben wird, der Philosophie eine entschiedene Wendung zum Leben und die Befreiung vom kantischen Erbe. »Die Philosophie, die nur das Erkennen selbst zum Gegenstand hat, erscheint wie jemand, der dauernd Messer und Gabel putzt und auf ihre Gebrauchsfähigkeit untersucht, aber nichts zu essen hat.«[1] Alle schleppten noch »die Kantische Kette am Fuß mit«. Es geht ihm also darum, sich von dieser Kette zu befreien, der »Kantischen Polizei« endlich zu entkommen, und sich mit dem Leben zu befassen. Die suggestive Wirkung der Philosophie von Husserl und Bergson bestehe eben darin, daß sie mit der kantischen, d.h. den erkenntnistheoretischen Voraussetzungen brächen.

Philosophie soll nach Simmel also endlich zu essen beginnen, sich mit der wahren Nahrung des Lebens, nicht nur mit den Erkenntnisinstrumenten beschäftigen. Die griechische Philosophie gründete auf dem Begriff der Substanz, die neuzeitliche dachte über den Kosmos in mechanistischer Weise nach, jetzt soll das Leben zum Grundprinzip erhoben werden. Der Beitrag der gegenwärtigen Philosophie zu der Entwicklung des philosophischen Geistes bestehe darin, daß sie »auf den Lebensprozeß als auf die höchste Allgemeinheit und die letzte Formungskraft des uns zugewiesenen Daseins« zurückgehe.[2]

Eine solche Philosophie, die Lebensphilosophie, sei dabei nur ein »reinster Ausdruck« einer allgemeinen Tendenz - des Strebens des Denkens zur »Verlebendigung‹ seiner selbst und seiner Welt.«

---

1 Georg Simmel: *Über einige gegenwärtige Probleme der Philosophie*, in: ders., Vom Wesen der Moderne, Hamburg 1990, S.111.
2 Ebd., S.116.

Das Leben als Hauptobjekt der Beschäftigung der Philosophie schien dem dynamischen Wesen der Moderne – oder Spätmoderne – genau zu entsprechen, als »alles Ständische und Stehende verdampft, alles Heilige entweiht« wird, in der der Mensch auf seine Kräfte vertraute. Fast zur gleichen Zeit wie Simmel berief sich auch der polnische Philosoph Stanisław Brzozowski auf das Leben und seine Erfordernisse, um die polnische Kultur und die europäische Politik zu kritisieren: »Jeder Tag erweitert und vertieft den Abgrund zwischen den Fiktionen der Vergangenheit, die sich mit der Gewalt von Bajonetten behaupten, und dem Wesen der modernen Zeit. Wer hält die immerwährende schöpferische Kritik des Lebens auf? Wer hält die Bewegung der Eisenbahnen, der Telegraphen und Telefone auf, damit sie nicht an jedem Tag und zu jeder Stunde die wachsende Macht des Menschen über die Natur verkünden …. Das Leben wird nicht stehen. Es schafft ohne Rast und Ruh eine eigene vom Menschen aufgerichtete Welt«.[3]

Das Leben wird hier zum Maßstab der Kritik des Bestehenden, es wird als eine revolutionäre Kraft, die das Neue mit sich bringt, verstanden. Auch die Technik wird noch als ein Ausdruck des spontanen Lebens begriffen, als eine Manifestation der vitalen Macht des Menschen und als ein Beweis seiner Autonomie, nicht als sinnentleerte Feindin des Lebens, das es versklavt, verdrängt, verunstaltet oder tötet, wie es später oft gesehen wurde.

Dieser Lebenspathos ist heute, 100 Jahre danach, völlig verschwunden, ja beinahe lächerlich geworden. Nicht nur wegen aller Kritik und Verdächtigungen, denen die Lebensphilosophie ausgesetzt ist, sondern wegen einer tiefen Veränderung des Lebens selbst und unserer Einstellung zu ihm.

Das Leben muß geschont werden, es ist zerbrechlich, verwundbar, schwach. Oft kann man sich nur durch die Technik am Leben erhalten, die es anderseits auch oft beschädigt oder zerstört. Die Biopolitik und Gentechnik gehören zu den Kernphänomenen der Spätmoderne. Das Leben wird immer mehr zum künstlichen Marktprodukt. Sogar die Vision des Einkaufens in einem genetischen Supermarkt scheint nicht mehr eine reine Phantasie zu sein. Das Leben verlor die Selbstverständ-

---

[3] Stanisław Brzozowski: *Die Menschheit und das Volk*, in: Polen zwischen Ost und West. Polnische Essays des 20 Jahrhunderts, hrsg. v. M. Klecel, Frankfurt a.M. 1996, S.12f.

lichkeit und Natürlichkeit, die alles Lebensweltliche charakterisiert. Wir wissen nicht einmal, was Leben ist, wann es beginnt und wann es endet, je mehr wir über das Leben wissen. Die Geburt, der Tod, die Generativität – wurden zu einer Sache der Entscheidung und der technischen Eingriffe. Wer bestimmt, wann das Leben beginnt? – fragt ein Biologe.[4] Einige weisen auf Philosophen hin und erhoffen sich von ihnen klare Anweisungen, wie wir technisch mit dem Leben umgehen sollen, was soll erlaubt sein und was ist zu verbieten. Jedoch scheinen Versuche einer nicht religiös begründeten Bioethik nicht überzeugend zu sein und die Verunsicherung, die die Gentechnik verursacht, wird als eines der Motive der »Rückkehr der Religion« angesehen, die sich jedoch in Europa in Grenzen hält. Jedenfalls stachelt es zu einem neuen Nachdenken über die wechselseitigen Beziehungen zwischen Philosophie, Religion und Technik an.

Lebenswissenschaft gegen Technik

Dazwischen – zwischen der Epoche des vitalistischen Lebensenthusiasmus und der Epoche des Lebensschutzes – liegt das Bemühen eines Philosophen, der die »Technisierung« aufzuhalten versuchte, indem er wissenschaftliche Rationalität durch eine phänomenologisch reformierte Transzendentalphilosophie und den Rückgang auf die Lebenswelt kurieren wollte. Wie Hans Blumenberg schreibt: »Inmitten des technischen Zeitalters und der technisierten Welt ist es das große, ja großartige Selbstbewußtsein des greisen Husserl, das Antitoxin der ihn erschreckenden Technisierung auf den 40 000 Blätter seines selbstprotokollierten Nachdenkens gewonnen zu haben.«[5]

Man kann sagen, daß dieses Antitoxin, auf das Husserl, wie es scheint, vergebens so viel Hoffnung gesetzt hat, vor allem aus reinen lebensweltlichen Komponenten vermischt mit der Transzendentalphilosophie bestand. Phänomenologie – das sollte der Weg von den leer gewordenen Abstraktionen zum Leben sein. Die Phänomenologie ist – wie es Heidegger, damals noch als treuer Schüler Husserls, 1919/20

---

4 Hubert Markl: *Wer bestimmt, wann das Leben beginnt? Zur Frage der Deutungshoheit*, in: Merkur 658 (Februar 2004). S.128–138.
5 Hans Blumenberg: *Lebenswelt und Technisierung*, in: ders., Wirklichkeiten in denen wir leben, Stuttgart 1999, S.39.

formulierte – »die Ursprungswissenschaft des Lebens«, sie sollte von faktischen Lebenserfahrungen ausgehen, sie erhellen. Und dieses faktische Leben ist natürlich immer situiert, ist ein Leben in der Welt, in der konkreten, anschaulichen, direkt erfahrbaren Welt. »Die faktische Lebenserfahrung ist in wörtlichem Sinne ›weltlich gestimmt‹, sie lebt immer in eine ›Welt‹ hinein, sie befindet sich in einer ›Lebenswelt‹«.[6]

Husserl, der den Begriff Lebenswelt, soweit ich weiß, zum ersten Mal 1924, also nach Heidegger, benutzte und ihn erst später ab 1928, teilweise in Reaktion auf Heidegger, zu einem der Schlüsselbegriffe der Phänomenologie ausbaute, wollte durch den Rückgang auf die Lebenswelt den Wissenschaften die »Lebensbedeutsamkeit« zurückgeben, die ihnen der Positivismus weggenommen hat, der nur einen Restbegriff von Wissenschaft übrig gelassen hat. Das Ziel der Therapie der europäischen Vernunft, die zugleich eine radikale Reform der Transzendentalphilosophie bedeuten sollte, war es, die Lebensrelevanz der Rationalität, der Wissenschaften herzustellen. Worin sollte diese neue Lebensbedeutsamkeit der Wissenschaften, der Vernunft bestehen? Jedenfalls nicht einfach in einem Rückzug zu einer vorwissenschaftlichen und nichttechnisierten Lebenswelt, zu dem Startpunkt der europäischen Geschichte. In seinem Buch *Lebenszeit und Weltzeit* warnte Hans Blumenberg mit Recht vor einem solchem Lebensweltmißverständnis. Die Lebenswelt sei nicht eine »lebensnahe Welt«. Die Welt, in der wir leben, sei keine Lebenswelt mehr, vielleicht sei sie es auch nie gewesen. Lebenswelt sei ein Grenzbegriff, in dem das Erleben und die Welt als kongruent gedacht würden, die Welt mit einer erlebten Welt identisch sei.

»Die Lebenswelttheorie dient, so ruppig sich dies ausnehmen mag, nicht dem Verständnis der Lebenswelt …. Wir brauchen eine Theorie der Lebenswelt … weil wir nicht mehr in einer solchen leben, aber auch niemals ihr zur Verstandesverfügbarkeit unserer Welt entkommen können.«[7] Deshalb kann die Lebenswelt nicht zu einer utopischen Konstruktion dienen. An anderer Stelle schreibt Blumenberg, bei Husserl könne »die Lebenswelt als das Universum sich behauptender Selbstverständlichkeit keinen Heilsinn haben«[8]; Lebenswelt

---

6 Martin Heidegger: *Grundprobleme der Phänomenologie 1919/20*, Gesamtausgabe, Bd. 58, Frankfurt a. M., S. 245.
7 Hans Blumenberg: *Lebenswelt und Weltzeit*, Frankfurt a. M. 1986, S. 22.
8 Blumenberg: *Lebenswelt und Technisierung*, a. a. O., S. 24.

habe »keineswegs die Fülle und Üppigkeit eines mythischen Paradieses und nicht die dazu gehörige Unschuld«, wie es oft verstanden werde.[9] Husserl sei kein Neoromantiker gewesen. Wie Blumenberg feststellt, habe Husserl die Lebenswelt eher als ein Maßstab der geschichtlichen Reflexion gedient. Die europäische Geschichte als Geschichte der Entwicklung von Ratio werde mit dem Standard der Lebenswelt, die als Sphäre und Phase des gedachten Einverständnisses zwischen Bewußtsein und Welt aufgefaßt werde, konfrontiert.[10]

Die Wiedergewinnung der Lebensbedeutsamkeit bedeutet also nicht, das verschüttete, vergessene Fundament zu entgraben, zu einem Zustand vor der »Technisierung« zurückzukehren oder gar die Wissenschaften und die Technik abzulehnen, sondern durch die Rückbesinnung auf den Ursprung und auf die Geschichte soll nur eine Möglichkeit für den wahren Fortschritt der Vernunft eröffnet werden. Die Unschuld der Lebenswelt kann nicht wiedergewonnen werden. Nicht dieser Verlust als solcher, sondern die Art und Weise, in der das geschehen ist, führt zum Unbehagen und zur Verirrung der europäischen Zivilisation. Der Abbau der Lebenswelt war unvermeidlich, der Verlust des direkten Zuganges zur Welt ist der Preis für den Fortschritt der Vernunft, nur die Art und Weise, in der dieser Ausgang aus der Lebenswelt passierte, ist problematisch: »Nicht der Abbau der Lebenswelt als solcher kann die europäische Geschichte in ihre neuzeitliche Krise geführt haben; eher wird man Husserl damit gerecht werden, daß man sagt, die Form dieses Abbaus, ihre Illegitimität als eines Raubbaues, habe in die Krise geführt.«[11]

Die vierte Fliege

Diese Interpretation der Husserlschen Phänomenologie der Lebenswelt läßt jedoch eine andere Bedeutung der Lebenswelt aus, in der sie als Commonsense, als Alltagswissen zu einem ständigen Fundament des wissenschaftlichen Denkens gemacht wird. Die Lebenswelt ist nicht nur prähistorisch, subhistorisch oder posthistorisch, sondern

---

9 Ebd., S. 25.
10 Blumenberg: *Lebenszeit und Weltzeit*, a.a.O., S. 73.
11 Blumenberg: *Lebenswelt und Technisierung*, a.a.O., S. 24.

soll eben die Welt sein, in ihrer historischen Konkretheit und einer, wenn auch immer nur partiellen Anschaulichkeit.[12] Die Lebenswelt ist nicht – oder nicht nur – am fiktiven Startpunkt der Geschichte der Entwicklung der Rationalität präsent, sondern ein immer schon vorfindbarer, ständiger Boden, der den Wissenschaften immer vorausliegt und in diesem Sinne nie abgebaut – und auch nie völlig verbaut – werden kann; sogar dann nicht, wenn das Technische in ihr selbst implementiert wird.[13] Die Lebenswelt kann als Fundament vergessen, aber nicht völlig demontiert werden.

Der Lebensweltbegriff erlaubte es, das Verhältnis zwischen Wissenschaften, Philosophie und dem alltäglichen Denken und Erfahren auf neue Weise zu interpretieren. Wie Habermas treffend sagt, schlage Husserl mit seinem Programm der Lebensweltphänomenologie »drei Fliegen mit einer Klappe: auf kritische Weise trägt er der Autonomie der Wissenschaften Rechnung, mit einer Lebenswelt, die die Wissenschaften fundiert, wächst dem Common-sense eine unerhörte Dignität zu; gleichzeitig wahrt die Philosophie ihren aprioristischen Anspruch sowohl auf theoretische Letztbegründung wie auf praktische Orientierung.«[14] Dem Alltagswissen, der Wissenschaft und der Philosophie werden auf diese Weise ihre jeweiligen Rollen zugewiesen, wobei Habermas die Rolle der Philosophie als Ursprungswissenschaft als übertrieben und nicht mehr haltbar betrachtet.

Es stellt sich jedoch Frage, wie es sich hier mit einer vierte Fliege verhält – dem Verhältnis der Philosophie und der Wissenschaften zur Religion. Hat Husserl auch noch die Religion mit dieser Klappe geschlagen?

Scheinbar hat Husserl über Religion nicht viel zu sagen. Sein berühmter Wiener Vortrag liest sich beinahe wie die Präambel der EU Verfassung – das Christentum kommt dort nicht vor. Die Geburtsstätte von Europa ist Altgriechenland, dann kommen entdeckende und verdeckende Genies der Neuzeit, Galilei und Descartes, auf den Plan, und als das dritte entscheidende Ereignis, die neue Epoche eröffnend, die Husserlsche Phänomenologie. Das Mittelalter ist ein schwarzes Loch in dieser Geschichte des mühsamen Fortschrittes der Vernunft. Nicht

---

12 Blumenberg: *Lebenswelt und Weltzeit*, a.a.O., S.65.
13 Vgl. Bernhard Waldenfels: *In den Netzen der Lebenswelt*, Frankfurt a.M. 1985.
14 Jürgen Habermas: *Edmund Husserl über Lebenswelt, Philosophie und Wissenschaft*, in: ders., Texte und Kontexte, Frankfurt a.M. 1991, S.35.

ohne Recht sagte Eric Voegelin über das Husserlsche Bild der europäischen Geschichte, es sei viktorianisch.

Husserl war trotz aller Kritik an der Neuzeit von der Überlegenheit der europäischen Moderne vor allen anderen Epochen und Zivilisationen überzeugt. Die Philosophie war für ihn »das Organ des neuzeitlichen Menschentum«.[15] Die Neuzeit bedeute eine »revolutionäre Umwendung«, sie entwerte »die mittelalterliche Daseinweise«, weil sie auf Freiheit gründe.

Auf der anderen Seite soll jedoch die Phänomenologie nicht in »oberflächlich aufklärerischer Weise« vorgehen, »aufgrund eines falschen Ideals der Rationalität der Menschheit«. Wenn in dem vorwissenschaftlichen Leben Wahrheiten und Evidenzen stecken, dann betrifft dies auch das religiöse Leben. In Husserls Prager Vortrag ist schon von »beide(n) Sinnesquelle(n)« die Rede: »der griechischen Philosophie und dem jüdisch-christlichen Monotheismus«.[16] Er erinnert daran, daß die europäische Kultur nicht nur aus Athen, sondern auch aus Jerusalem erwächst. Durch die radikalisierte Transzendentalphilosophie sollen beide Quellen – Philosophie und Monotheismus – zu »einer letzten Ausgleichung« gebracht werden.

Aber sie sind dennoch nicht gleichbedeutend oder gleichrangig, da »religiös-mythische Motive und eine religiös-mythische Praxis zu jedem natürlich lebenden Menschentum … gehören«.[17]

Das europäische Spezifikum ist also die Philosophie, nicht die Religion. Das Christentum wird von Husserl nicht von anderen Religionen oder Mythen unterschieden, oder zumindest interessieren ihn seine Besonderheiten nicht.

In der Gegenwart sah er drei geistige Richtungen im Widerstreit. Neben den zwei Hauptkontrahenten – dem Positivismus und der Transzendentalphilosophie – gab es »bei aller fortschreitenden Zersetzung noch (die) lebendige … kirchlich-mittelalterliche Gestalt der Religiosität«.[18] Die Rolle der Religion bestünde also nur darin,

---

15 Edmund Husserl: *Die Krisis der europäischen Wissenschaften und die transzendentale Phänomenologie. Ergänzungsband. Texte aus dem Nachlaß 1934–1937*, Husserliana Bd.XXIX, Dordrecht 1993, S.108.
16 Ebd., S.109.
17 Edmund Husserl: *Die Krisis der europäischen Wissenschaften und die transzendentale Phänomenologie*, Husserliana Bd.VI, Den Haag 1962, S.330.
18 Husserl: *Krisis. Ergänzungsband*, a.a.O., S 108.

daß sie die metaphysischen Fragen vor dem Andrang des Positivismus aufbewahrt habe. Sie bleibt »im Gemüt« erhalten – bis die Phänomenologie kommt: »Im Gemüt liegt die Religion als habitueller Erwerb einer Einheit in der Mannigfaltigkeit immer wieder zu aktualisierender Evidenzen, die in der Einheit ihrer Zusammenstimmung eine unzerbrechliche habituelle Gewißheit … in sich haben.[19]

Ähnlich wie viele seiner Vorgänger in der deutschen Philosophie glaubt Husserl, daß die Philosophie der Religion überlegen ist und daß die Philosophie das religiöse Erbe übernehmen soll. Die metaphysische Frage soll von ihrem religiösen Gewande befreit und rational erörtert werden. Religiöse Wahrheiten, die sich »im Gemütserlebnis in Form mythischer Evidenz bekunden«, sollen sich in der neuen, völlig rationalen, philosophischen Form ausdrücken. »Theoretische Philosophie ist das Erste, eine überlegene Weltbetrachtung frei von den Bindungen des Mythos und der Tradition, universale Welt- und Menschenerkenntnis in absoluter Vorurteilslosigkeit, schließlich in der Welt selbst die ihr innewohnende Teleologie und ihr oberstes Prinzip: Gott, erkennend.«[20] Gerade den Anspruch auf absolute Erkenntnis führt die Phänomenologie zu Fragen, die früher in mythischer Form die Religion stellte: »(Das) Gottesproblem enthält offenbar das Problem der ›absoluten‹ Vernunft als der teleologischen Quelle aller Vernunft in der Welt.«[21]

Die Philosophie soll das Problem der menschlichen Existenz und die alten metaphysischen Fragen, die von der Religion aufgeworfen worden sind, die aber der Positivismus verkennt, wieder aufnehmen. Auch darin besteht die phänomenologische Therapie der Moderne: »Diese Probleme der menschlichen Existenz …. sind aber untrennbar verflochten mit den von der Religion her vorgegebenen metaphysischen Problemen, den Fragen nach Dasein und Wesen Gottes, nach einer [die] menschliche Existenz und Gott durchwaltenden Teleologie, nach Gott als der absoluten Stätte aller Normen reiner Vernunft.«[22] Darin, in der Erneuerung der Metaphysik, nicht etwa in der Ablehnung der Technik und der Naturwissenschaften, nicht in der Aufgabe der Ideale der Wissenschaftlichkeit, beruht letzten Endes die Wiedergewinnung der Lebensbedeutsamkeit der Wissenschaften,

---

19 Ebd., S. 224.
20 Ebd., S. 109–110.
21 Husserl: *Krisis*, a.a.O., S. 9.
22 Husserl: *Krisis. Ergänzungsband*, a.a.O., S. 105.

der Vernunft, darin gründet die neue Rationalität der Neuzeit, die zur Veränderung der Menschen und einer neuen Religiosität führen wird, die die menschliche Autonomie berücksichtigt: »Ein neues Menschentum muß erwachsen, in dessen Autonomie die Religion und in dessen Religion die Autonomie verständlich und notwendig beschlossen und geeignet ist.«[23] Kann jedoch Religion jemals völlige menschliche Autonomie akzeptieren? Ist sie nicht, sogar wenn sie, wie das Christentum, von der Freiheit des Menschen spricht, eine Erinnerung an all das, was sich der menschlichen Macht – und oft auch der Vernunft – in der menschlichen Existenz entzieht?

Säkulare Mission

Obwohl Husserl die Religion, und besonders das Christentum, nicht ins Zentrum seines Denken stellt, ließ die Phänomenologie die Religion nicht außer acht. Sie war selbst nicht frei von religiösen Konnotationen und hatte nicht nur eine »säkulare Mission«[24], sondern geradezu eine religiöse oder pseudo-religiöse. Wenn Sloterdijk Recht damit haben sollte, daß Heidegger in Wirklichkeit ein Theologe war, dann betrifft dies nicht weniger Husserl, wenn dies auch nicht – anders als im Falle Heideggers – die Religiosität eines »Messnerkatholizismus, des stillen und geltungsbedürftigen Helfers am Rand« war.[25] Das war die Religiosität eines hauptamtlichen Kaplans.

Husserl wollte sogar die Frage der Unsterblichkeit lösen, die nach ihm »eine Vernunftfrage, nicht minder als die Frage der Freiheit« sei.[26] Er wollte die skandalöse Kluft zwischen Lebenszeit und Weltzeit überwinden, und dadurch auch die Sinnlosigkeit, die man durch die Kürze des Lebens im Vergleich zur Dauer der Welt empfinden kann, darstellen.

Dies geschieht in seiner Phänomenologie auf zweierlei Weise. Erstens wird das individuelle Leben in der transzendentalphänomenologischen Perspektive zur diesseitigen Verkörperung des ewigen Lebensstroms, des strömenden Lebens als »Weltbewußtseinleben«.

---

23 Ebd., S.109.
24 Blumenberg: *Lebenswelt und Technisierung*, a.a.O., S.38.
25 Peter Sloterdijk: *Nicht gerettet. Versuche nach Heidegger*, Frankfurt a.M. 2001, S.18.
26 Husserl: *Krisis*, a.a.O., S.7.

Der Tod – schreibt Husserl – stellt eine absolute Grenze der Erfahrung dar – »niemand kann den Tod an sich erfahren« –, sie gehört nicht zur Lebenswelt.[27] »Der Mensch kann nicht unsterblich sein. Der Mensch stirbt notwendig. Der Mensch hat keine weltliche Präexistenz, in der zeit-räumlichen Welt war er früher nichts, und wird nachher nichts sein.«[28] Trotzdem stirbt er eigentlich nicht. Der Tod ist das »Ausscheiden des transzendentalen Ego aus der Selbstobjektivation als Mensch«.[29] Er ist also doch ähnlich dem Schlaf, bei dem eine Art Aufwecken möglich sei. Er stellt nicht das Ende des Lebens dar, sondern ist eine Rückkehr zu einem ewigen Leben. Durch Sterben erreicht man die Unsterblichkeit:

»Das transzendentale urtümliche Leben, das letztlich weltschaffende Leben und dessen letztes Ich kann nicht aus dem Nichts werden und nicht ins Nichts übergehen, es ist ›unsterblich‹, weil das Sterben dafür keinen Sinn hat etc.«[30] Dieser Lebensstrom ist ewig – »urtümliches Leben kann nicht anfangen und aufhören.«

Vom Standpunkt des phänomenologisch nicht geschulten Individuums mag dieser Prozeß des Ausscheidens des transzendentalen Egos als recht unangenehm und sinnlos angesehen werden, vom Standpunkt der Phänomenologen verliert er seine ganze Dramatik. Es ist – möchte man sagen – die natürliche Bewegung des absoluten Egos, das sich zuerst in mir objektiviert, und dann – wenn ich sterbe – zieht es sich zurück, wie es ihm paßt. Darüber hinaus sollte die Lebensbedeutsamkeit der Transzendentalphilosophie sich auch darin zeigen, daß sie dem Menschen, indem sie das Leben, an dem der einzelne Mensch teilnimmt, als den Ursprung der Welt aufdeckt, das erschütterte Selbstvertrauen wiedergibt. Er atmet auf: »Das Weltall in der ungeheuren Weite seines Raumes, mit Millionen von Sternen, unter denen ein winziger unbedeutende Wesen trägt – dieses ungehcure Weltall, in dessen Unendlichkeit der Mensch zu versinken droht, ist nichts anderes als eine Sinnesleistung, ein Geltungsgebilde im Leben des Menschen, nämlich in seiner transzendentalen Lebenstiefe.«[31]

Über einen solchen Trost, den uns die Philosophie spenden möchte,

---

27 Husserl: *Krisis. Ergänzungsband*, a.a.O., S.332.
28 Ebd., S.338.
29 Ebd., S.332.
30 Ebd., S.338.
31 Ebd., S.139.

sagt treffend Franz Rosenzweig im »Stern der Erlösung«: »der Mensch will ja gar nicht irgend welchen Fesseln entfliehen; er will bleiben, er will – leben. Die Philosophie, die ihm den Tod als ihren besonderen Schützling und als die großartige Gelegenheit anpreist, der Enge des Lebens zu entrinnen, scheint ihm nur zu höhnen.«[32]

Aber die transzendentale Phänomenologie spendet den Trost auf eine andere Weise. Sie zeigt nämlich, daß der Mensch am »einzigen ins Unendliche fortwachsenden Bau endgültiger Wahrheiten« arbeitet und an einem »unendlichen rational geordneten Progressus der Forschung« teilnimmt. Dies gibt ihm Sinn und Würde. Der Heilssinn, den uns Husserl verspricht, liegt also nicht in der Lebenswelt selbst, sondern in dieser unendlichen Arbeit, in der Entfernung von der Lebenswelt, verstanden als dem Startpunkt der Geschichte, nicht im Leben, besonders nicht dem Leben des Einzelnen selbst, sondern im Leben des Kollektivs, zu dem das Individuum gehört. Das Leben des Einzelnen geht in dieser Arbeit auf, die ›unendliche Aufgabe‹, kann man nur kollektiv durchführen. Das Individuum wird dem Kollektiv untergeordnet, es kann nur als Mitglied des Kollektivs an der Realisierung des menschlichen Telos teilnehmen.[33]

Im 20. Jahrhundert hat man eine solche Lösung, die dem Einzelnen Sinn des Lebens durch die Teilnahme am Großprojekt der Kollektive verspricht, ernst genommen und versucht, sie politisch zu verwirklichen. Hans Blumenberg erwähnt in seinem Buch »Lebenszeit und Weltzeit« zwei politische Projekte – politische Religionen –, die die Kongruenz zwischen Lebenszeit und Weltzeit zu erreichen versprachen. Im Nationalsozialismus wollte der Führer die Weltzeit seiner Lebenszeit unterordnen, im Kommunismus wurde das Kollektive, die Masse, zur Trägerin der Weltzeit – »sie machte es dem Einzelnen gleichgültig, nicht weiterleben zu können.«[34] Oder zumindest sollte es so sein. Daher die von Sartre berichtete Enttäuschung von Paul Nizan, daß die Menschen in der Sowjetunion die Todesangst doch nicht überwunden

---

32 Franz Rosenzweig: *Stern der Erlösung*, Frankfurt a.M. 1988, S.4.
33 Wie Blumenberg bemerkt: »der konkrete Mensch ist gar nicht mögliches Subjekt einer unendlichen Aufgabe, dieses Subjekt muß in Gestalt der Gesellschaft, der Nation, der Menschheit, der Wissenschaft, künstlich konstruiert werden, und zwar als ein dem Glücksanspruch des Individuums gegenüber rücksichtslos gebietendes Prinzip.«, (*Lebenswelt und Technisierung*, S.47).
34 Blumenberg: *Lebenszeit und Weltzeit*, a.a.O., S.312.

hätten.35 Husserls Lösung ist derjenigen ähnlich, die der Kommunismus anstrebte. Nicht zufällig erinnern einige Husserlsche Begriffe, wie zum Beispiel »Funktionäre der Menschheit« an dessen politisches Vokabular. Er hat mit vielen anderen seiner Zeit den politischen Traum der »Sachgemeinschaft«, wie es Helmuth Plessner nannte.36

Heidegger trieb das noch weiter. Im Gegensatz zu Husserl scheute er einen Übergang von der Philosophie zur Tat nicht. Die Erlösung suchte er – zeitweise – nicht in einer unendlichen mühsamen Arbeit am Bau der Wissenschaft, sondern in entschiedenen politischen Aktionen in einem Volks-Kollektiv.37 Von vornherein war er mit einer reinen Denktherapie nicht zufrieden: »Die Lage der Wissenschaft und der Universität ist fragwürdiger geworden. Was geschieht? Nichts. Man schreibt Broschüren über die Krisis der Wissenschaften, über den Beruf der Wissenschaft. Einer sagt es dem anderen, man sage, wie man höre, mit den Wissenschaften sei es aus. Es gibt schon eine eigene Literatur über die Frage, wie es sein müßte. Sonst geschieht nichts.«38 Die Religion ist dabei für ihn eher ein Hemmfaktor. Sie erlaubt es nicht, radikale Fragen zu stellen. Sie ist, möchte man sagen, das Opium für das Dasein: »Die Feigheit vor dem Fragen verbrämt sich oft mit Religiosität. Letztliches, vor sich selbst gestelltes Fragen erscheint dieser Religiosität als Vermessenheit. Man flieht von einer fundamentalen Daseinmöglichkeit, die uns heute allerdings verloren zu gehen scheint.«

Diese Flucht kann man nur dann aufhalten, wenn man viel radikaler als es Husserl vorgeschlagen hat, mit der Tradition bricht. Man muß von der Theorie zum Leben übergehen: »Nur Leben, nicht das Gelärm überhasteter Kulturprogramme, macht ›Epoche‹«.39 Durch die theoretische Einstellung, durch die Wissenschaft selbst, kommt es

---

35 Ebd., S. 311.
36 Vgl. Zdzisław Krasnodębski: *Sehnsucht nach Gemeinschaft. Husserl, Plessner und die europäischen Wurzeln des Totalitarismus*, in: Plessners »Grenzen der Gemeinschaft«. Eine Debatte, hrsg. v. W. Eßbach, J. Fischer, H. Lethen, Frankfurt a.M. 2002, S. 248–274.
37 Vgl. Domenico Losurdo: *Die Gemeinschaft, der Tod, das Abendland. Heidegger und die Kriegsideologie*, Stuttgart/Weimar 1995.
38 Martin Heidegger: *Ontologie (Hermeneutik der Faktizität)*, Gesamtausgabe Bd. 63, Frankfurt a.M. 1988, S. 338.
39 Martin Heidegger: *Zur Bestimmung der Philosophie*, Gesamtausgabe 56–57, Frankfurt a.M. 1999, S. 5.

zum Verlust der »Lebensbedeutsamkeit.«[40] Deshalb kann keine Philosophie, die dem Ideal der Wissenschaftlichkeit nachjagt, sie wiedergewinnen. »Der Prozeß sich steigernder Objektivierung« sei ein Prozeß der Ent-lebung. Die Theorie und das Leben schließen sich aus: »Im theoretischen Verhalten bin ich gerichtet auf etwas, aber ich lebe nicht (als historisches Ich) auf dieses oder jenes Welthafte zu.«[41]

Das bedeut jedoch nicht, daß Philosophie keine wichtige, sogar emanzipatorische, Aufgabe hat. »Das Einzige und Zentrale, was Philosophie als Philosophieren leisten kann« ist, wie er in der Davos-Disputation sagte, die »Befreiung des Daseins im Menschen.«[42] Das Dasein ist also nicht einfach in uns da, es muß erst aus uns herausgebracht werden. Was jedoch war der zum Dasein befreite Mensch? Nach Sloterdijk: »Ein einsames, schwaches, hysterisch-heroisches Existentialsubjekt, das meint beim Sterben der Erste zu sein, und das über die verborgeneren Züge seiner Einbettung in Intimitäten und Solidaritäten kläglich im Ungewissen lebt.«[43] Aber vielleicht deswegen sucht es im nächsten Zug seinen Platz in einem Volk, taucht in ihm ein.

Die Fragwürdigkeit der Kollektive

Das Pathos der Kollektive spricht heute – zumindest in Europa – wenig an. Die Kollektive, alle diese Sozietäten, Überpersonen und Gemeinschaften, die Husserl als selbstverständlich galten, wurden in der Moderne, durch den Fortschritt der Rationalisierung, durch die Reflexion selbst in Frage gestellt und sind nach allgemeiner Überzeugung sehr brüchig geworden. Die Soziologie, die damals, in der Zeit der Entstehung der Phänomenologie, als Konkurrentin der Philosophie auf die Bühne trat, nahm das Problem auf, das Husserl überhaupt nicht gesehen hatte, nämlich die innere Differenzierung, »Entsubstantialisierung« und Auflösung der Kollektive in Netzwerke. Die Arbeit am Bau der Wissenschaften setzt die Spezialisierung und Arbeitsteilung voraus, diese aber wird als Prozeß der Zersetzung der festen Gemein-

---

40 Ebd., S.91.
41 Ebd., S.74.
42 Martin Heidegger: *Kant und das Problem der Metaphysik*, Gesamtausgabe Bd.3, Frankfurt a.M. 1990, S.285.
43 Sloterdijk: *Nicht gerettet*, a.a.O., S.401.

schaften gefürchtet und so oft von der Soziologie geschildert, die nach den neuen Quellen der Solidarität in einer ausdifferenzierten Gesellschaft sucht.

Für Husserl lebt der einzelne Mensch einfach in seinem generativen, nationalen Zusammenhang, ist »ein Glied der überpersonalen Totalität einer Nation.« Im Laufe der Geschichte entstehen immer größere Gemeinschaften, bis zu der universellen Gemeinschaft der Menschheit. Zwar sieht Husserl solche Phänomene wie Machtkampf oder Kolonisierung, aber alle derartigen Phänomene werden aus der teleologischen Universalisierungsperspektive gesehen. Aus der Soziologie wissen wir jedoch, daß die Rationalisierung die Welt, in der wir leben, genau diese Universalisierungstendenz in Frage stellt. Infolge der Rationalisierung differenzieren sich Gemeinschaften, verwandeln sich in Gesellschaften, die nur sehr lose verbunden sind. Es entsteht die Gefahr der Anomie, die dazu führen kann, daß die »Subjektivitäten höherer Ordnung«, tatsächlich doch »zur bloßen Menge, Haufen von Subjekte« werden können, wie es Husserl befürchtete.[44] Dies läßt auch die Lebenswelt nicht unberührt. Die Lebenswelt differenziert sich in verschiedenen Sonderwelten oder Lebensordnungen und Wertsphären, wie es Max Weber nannte. Die Rationalisierung führt zu einer Korrosion der lebensweltlichen Selbstverständlichkeiten, zur Enttraditionalisierung. Wie Habermas schreibt: »Normalerweise beziehen die Angehörigen einer Lebenswelt so etwas wie Solidarität aus überlieferten Werten und Normen, aus eingespielten und standardisierten Mustern der Kommunikation. Im Laufe der Rationalisierung der Lebenswelt schrumpft oder zersplittert jedoch dieser askriptive Hintergrundkonsens.«[45] Andererseits erwachsen aus ihr die systemischen Mechanismen – Geld, Macht und Recht –, die die Lebenswelt mit einer Kolonisierung bedrohen.

Durch diesen Mangel an gesellschaftlicher Solidarität und Kohärenz wird an die Integrationsfunktionen der Religion erinnert. Was die Vernunft zersetzt, soll der Glauben zusammenhalten. Deshalb begibt sich nicht nur die Philosophie, sondern auch die Soziologie – von Durkheim bis Habermas – auf die Suche nach einem Religionsersatz. Sogar

---

44 Husserl: *Krisis. Ergänzungsband*, a.a.O., S.99.
45 Jürgen Habermas: *Konzeption der Moderne. Ein Rückblick auf zwei Traditionen*, in: ders., Die postnationale Konstellation, Frankfurt a.M. 1998, S.229.

bei Emil Durkheim, einem Positivisten, treten ähnliche Denkfiguren wie bei Husserl auf. Auch er möchte an die Sachen selbst herangehen, die gesellschaftlichen Tatbestände, nicht bloß Vorstellungen und wissenschaftliche Konstrukte, er möchte zur konkreten sozialen Realität gelangen und sie echtwissenschaftlich untersuchen. Auch daran – und nicht nur an Husserl – knüpft später die Lebenswelt-Soziologie an.

Durkheim benutzt auch, wie viele andere Soziologen, eine organische Metapher und beruft sich auf das Leben. Im Zustand der Anomie ist der Mensch »nicht mehr eine lebende Zelle eines lebendigen Organismus, die ständig im Kontakt mit den Nachbarzellen schwingt, auf die sie einwirken und ihrerseits auf ihre Wirkung antworten, die sich ausdehnt, zusammenzieht, sich biegt und nach den Bedürfnissen und Umständen verwandelt. Er ist nur mehr ein träges Rädchen, das eine äußere Kraft in Bewegung setzt, und das sich immer in derselben Richtung und auf dieselbe Weise bewegt.«[46] Auch ihm stellt sich die Frage nach dem Verhältnis zwischen Religion und Wissenschaft. Er glaubt jedoch nicht, daß die Wissenschaft Religion in ihrer Integrationsfunktion ersetzen kann. Die Wissenschaft kann – im Gegensatz zur Religion – das Leben nicht erschaffen und nicht motivieren: »Soweit Religion Handeln ist, soweit sie ein Mittel ist, um die Menschen zum Leben zu bringen, kann die Wissenschaft sie gar nicht ersetzen, denn wenn sie das Leben nur ausdrückt, so erschafft sie es nicht.[47] Die moralischen Beziehungen zwischen Menschen können keinen rationalen Charakter haben, wenn sie notwendigerweise immer eine religiöse Aura behalten: »Die Moral wäre nicht mehr Moral, wenn sie nichts Religiöses mehr an sich hätte. So läßt sich auch das Grauen, das uns das Verbrechen einflößt, in jeder Hinsicht mit dem vergleichen, was ein Sakrileg dem Gläubigen einflößt; und die Ehrfurcht, die uns die menschliche Person einflößt, läßt sich schwerlich anders denn in Nuancen von der Ehrfurcht unterscheiden, die die Anhänger sämtlicher Religionen vor den Dingen empfinden, die sie für heilig halten«.[48] Eine rein wissenschaftliche konstruierte Moral kann es nicht geben.

Deswegen schlägt Durkheim anders als Husserl eine Art Koexistenz und Kooperation von Wissenschaft und Religion vor. »Obwohl

---

46 Emile Durkheim: *Über die Teilung der sozialen Arbeit*, Frankfurt a.M. 1977, S.413.
47 Emile Durkheim: *Die elementaren Formen des religiösen Lebens*, Frankfurt a.M. 1984, S.575.
48 Emile Durkheim: *Soziologie und Philosophie*, Frankfurt a.M. 1985, S.124.

sie (die Religion) sich das Recht anmaßt, über die Wissenschaft hinauszugehen, muß sie damit beginnen, sie zu kennen und sich von ihr inspirieren zu lassen.«[49] Die Religion müsse mit einer rivalisierenden Macht rechnen, sich ihrer Kritik und Kontrolle unterwerfen.

Diesem eher naiven Glauben an eine soziologisch inspirierte Religion – eine Art »Socioscientology« – setzt Habermas seine Theorie der Rationalisierung der Lebenswelt infolge ihrer Durchdringung durch die immer stärker zunehmenden Prozesse der Kommunikation entgegen, die auch der Technik und den Naturwissenschaften, der instrumentellen Vernunft« ihre Grenzen setzen. Auch bei Habermas, wie bei Husserl, arbeiten Menschen am großen Bauwerk des Fortschritts. Er verliert nicht den aufklärerischen Optimismus: »Rationalisierte Lebenswelten verfügen mit der Institutionalisierung von Diskursen über einen eigenen Mechanismus der Erzeugung neuer Bindungen und normativer Arrangements. In der Sphäre der Lebenswelt verstopft ›Rationalisierung‹ nicht die Quellen der Solidarität, sondern erschließt neue, wenn die alten versiegen.«[50] Die Religion scheint hier völlig entbehrlich zu sein. Das Sakrale wird »versprachlicht«. Ähnlich wie bei Husserl wird das Sakrale durch die Vernunft vereinnahmt, gereinigt und modifiziert – jetzt nicht im Medium des Bewußtseins, des strömenden Lebens, sondern der Sprache.

Der einzig reale Weg der Erlösung?

Nicht nur der Versuch Husserls, die Lebensbedeutsamkeit der Wissenschaften durch eine phänomenologisch therapierte Rationalität zu retten, klingt heute nicht überzeugend. Alle Versuche, Technisierung und Technik zu stoppen, scheinen zum Scheitern verurteilt.

Mehr noch, die Technik stellte sich »lebensbedeutsamer« als die Transzendentalphilosophie dar, vielleicht mehr noch als die Philosophie als solche, die Phänomenologie inbegriffen. Ihr Versprechen ist zwar begrenzt, scheint aber realistisch zu sein. Und das ist der Grund ihres Erfolges. Dieser Erfolg ist jedoch nur möglich durch die »Technizität« und durch die Ausschaltung der metaphysischen Fragen. Zugleich

---

49 Durkheim: *Die elementaren Formen*, a.a.O., S.576.
50 Habermas: *Konzeption der Moderne*, a.a.O., S.229.

aber verändert sie unsere Lebenswelt, die ihre Natürlichkeit verliert. Lebenswelt wird zunehmend »als Großklinikum und als telematische Kommune erlebt«. (Sloterdijk) Dies erlaubt uns mehr zu erleben, den Ereignissen nahe zu sein, die sich sehr weit entfernt ereignen. Dafür ist natürlich ein Preis zu zahlen. Es ändern sich die Bedingungen unserer Erfahrung selbst – das Zeit- und Körperbewußtsein –, die noch Husserl für unabänderlich gehalten hat.

So behauptet zum Beispiel Paul Virilio, daß Teletechnologien »die ›Gegenwart‹ töten, indem sie sie von ihrem Hier und Jetzt zugunsten eines kommunikativen Anderswo isolieren, das nicht mehr mit unserer ›konkreten Gegenwart‹ in der Welt, nur noch etwas mit einer vollkommen rätselhaften ›diskreten Telepräsenz‹ zu tun hat.«[51]

Auch der Körper wird immer mehr durch die Technik ersetzt. Die Grenze zwischen ihren Produkten und dem Menschen wird immer fließender: »Es steht fest, daß der menschliche Körper in nächster Zukunft zum Übungsplatz für Mikromaschinen wird, die ihn, so sagt man, kreuz und quer durchstreifen. Ohne Schmerzen zu verursachen. Das sind sie also, die letzten Prothesen, die neuen Automaten: Animaten, die unseren Organismus bevölkern werden, wie wir selbst den Raum des Erdkörpers bevölkert und gestaltet haben.[52]

Der Erfolg der Technik resultiert nicht nur daraus, daß sie eine Emanzipation der Menschheit von der Zwängen des Lebens und der Autonomie verspricht, wie Sloterdijk behauptet: »Im Willen zum Maschinenbau ... manifestiert sich eine umfassende Auflehnung moderner Menschen gegen die Beengung durch die natürliche wie die göttliche Heteronomie.«[53] Es geht um mehr: nur Technik kann das Versprechen aufrechterhalten, die Diskrepanz zwischen Weltzeit und Lebenszeit zu verringern und den Traum der Unsterblichkeit wach zu halten. Diese Utopie, die zugleich Schreckensvision ist, stellt nichts Neues dar. Der Schrecken besteht darin, daß eine solche Erlösung vom menschlichen Elend nur durch das Ende des Menschen als natürliches Wesen zu erreichen ist.

Deshalb wird die Religion, das Christentum, aus einer Erinnerung an das Absolute, immer mehr zur Erinnerung und zum Festhalten an

---

51 Paul Virilio: *Fluchtgeschwindigkeiten*, Frankfurt a.M. 1999, S.21.
52 Ebd., S.71.
53 Sloterdijk: *Nicht gerettet*, a.a.O., S.355.

dem Sinn dieses Elends und an den Grenzen unserer Macht. Die Philosophie scheint diese Rolle des Christentum immer mehr anerkannt zu haben. Das Ende der neometaphysischen Anmaßung der Philosophie führt zu einer Wiederentdeckung der Religion.[54] »Heute gibt es keine plausiblen starken philosophischen Gründe mehr dafür, Atheist zu sein oder doch die Religion abzulehnen«[55], schreibt Gianni Vattimo. Auf die Koinzidenz von faktischer Existenz und Bedeutung im Diesseits, die die Philosophie solange versprach, muß man endgültig verzichten. Und die Aufklärung wird selbst aufgeklärt: »Wir sind heutzutage alle mit der Tatsache vertraut, daß die Entzauberung der Welt auch zu einer radikalen Entzauberung selbst geführt hat; oder, anders gesagt, daß die Entmythologisierung sich am Ende gegen sich selbst gewendet hat, indem sie auch das Ideal der Liquidierung der Mythen selbst als Mythos erkannte.«[56]

Auch Habermas entdeckte neben dem Alltagswissen, dem Common-sense, der Wissenschaft, der postmetaphysischen Philosophie die Religion. Wir leben in einer postsäkulären Gesellschaft, die sich auf »das Fortbestehen religiöser Gemeinschaften in einer sich fortwährend säkularisierenden Umgebung einstellt.«[57]

Es geht aber nicht nur um das faktische Bestehen oder das Nicht-Verschwinden der Religion. Auch nicht nur darum, daß die Religion als »wichtige Ressource der Sinnstiftung« anerkannt wird, daß die »säkulare Seite« aufgerufen wird, »einen Sinn für die Artikulationskraft religiöser Sprache zu bewahren«, sondern darum, daß Habermas letzten Endes zugeben muß, daß die Philosophie der Biotechnik die Stirn bieten kann, indem sie aus dem christlichen Erbe schöpft, aus ihm übersetzt. Die Grenze der »post-metaphysischen Enthaltsamkeit« wird erreicht, wenn es uns um die Frage einer »Gattungsethik« geht, um »das ethische Selbstverständnis sprach- und handlungsfähiger Subjekte im Ganzen«.[58]

Es stellt sich heraus, daß sich die kommunikative Vernunft letztendlich der Technik widersetzen kann, wenn sie sich auf jene christ-

---

54 Vgl. Jacques Derrida, Gianni Vattimo: *Die Religion*, Frankfurt a.M. 1996.
55 Gianni Vattimo: *Glauben - Philosophieren*, Frankfurt a.M. 1997, S.19.
56 Ebd., S.19.
57 Jürgen Habermas: *Glauben und Wissen*, Frankfurt a.M. 2001, S.13.
58 Jürgen Habermas: *Die Zukunft der menschlichen Natur. Auf dem Wege zu einer liberalen Eugenik?*, Frankfurt a.M. 2001, S.27.

lichen »Überreste« in unserer Kultur beruft, die trotzt aller Bemühungen der Philosophen immer noch existieren. Nicht anders war es, wie es scheint, mit der Phänomenologie. Nur solange die Philosophie »versteckte Theologie« bleibt, kann sie der Technik die Stirn bieten, kann Illusionen und Konsequenzen ihres Erlösungsversprechens uns bewußt machen.

Günter Abel

Technik als Lebensform?

I. Biotop als Technotop

Man versuche einmal, in seinem aktiven Tagesablauf auch nur fünf gänzlich technikfreie Minuten zu benennen, – es gelingt nicht: ich sitze am Schreibtisch, auf einem Stuhl, mache Notizen, mit einem Kugelschreiber, nehme ein Telefonat entgegen, gehe in die Küche, über den Parkettboden, setze die Kaffeemaschine in Gang, schalte die Heizung ein, das Licht an, fahre ins Einkaufszentrum, höre die Nachrichten …

Offenkundig üben Wissenschaft, Technik und Technologien nicht erst seit heute einen starken und folgenreichen Einfluß auf unsere Lebenswelt, unsere Lebenspraktiken und über diese auf unsere Lebensform und unser Weltbild aus. Wir leben in einer technisch-wissenschaftlichen Welt. Die modernen Wissenschaften und Technologien haben mit ihren Verfahren und Artefakten sowie mit ihrer Bereitstellung von Mitteln für vorgegebene Zwecke tief gehende und weit reichende Konsequenzen für unser individuelles ebenso wie für das soziale Leben. Man denke heute etwa an die Informations- und Kommunikationstechnologien, die Verkehrs-, die Medizin-, die Computertechnologie, die Mikrosystem-, die Bio-, die Nanotechnologie oder auch an Visionen wie DNS-Computer, intelligente Kleidung und Designermoleküle.

Nun sind Lebenspraxis und Lebensformen keine überzeitlichen und kontext-unabhängigen rigiden Muster oder gar Matrizen. Sie sind vielmehr plastische Formen, die auf Einflüsse mit dynamischen Um- und Neuformungen reagieren und sich an veränderte Rahmenbedingungen anpassen. Diese Prozesse sind offenkundig auch im Wechselverhältnis mit Wissenschaft und Technik möglich und gegeben. Sie sind möglich, da sich Wissens-, Wissenschafts- und Technikformen aus Lebensformen heraus, aber zugleich auch auf diese hin entwickelt haben. Dies gilt für handwerkliche Artefakte (z.B. Werkzeuge) ebenso wie für technische Maschinen (z.B. Verkehrs- und Transportmaschinen) und für ganze Technologiesysteme (z.B. Systeme der elektronischen Datenverarbeitung).

So verwundert es auch nicht, den Ausdruck »Technik« im Sinne einer Kunstfertigkeit (die in sich eine eigenständige Form von Wissen verkörpert) nicht nur im Zusammenhang von technischen Geräten, Maschinen und Systemen im *engen* Sinne, d.h. nicht nur im Sinne der Produkte ingenieurmäßiger Konstruktion anzutreffen. Der Ausdruck bezieht sich darüber hinaus und in einem *weiten* Sinne auch auf das ganze Feld der Alltagspraktiken und –fertigkeiten, der Beherrschung von Handlungs- und Kognitionsschemata, der Alltags- und der Kultur*techniken* (wie z.B. der Körpertechniken, Lesetechniken, Mnemotechniken, Techniken des Klavierspiels, Gesprächstechniken, Verhaltenstechniken). Offenkundig ist die Trias ›Wissenschaft – Technik – Lebenswelt‹ heute von besonderer theoretischer, vor allem aber von eminent praktischer Relevanz für unser Leben.

II. Das Verhältnis von Wissenschaft, Technik und Lebenswelt. Ein Vier-Stufen-Modell

Um zu sehen, wie tief und wirksam Lebenswelten und Technologien ineinander verstrickt sind, ist es hilfreich, in heuristischer Einstellung Ebenen der Wechselwirkung zu unterscheiden. Die folgenden vier scheinen wichtig. Top down gelesen erweist sich die vierte Ebene, die des Weltbildes und des In-der-Welt-seins, als die basalste. Auf ihr wird der Tiefensitz von Technologien in Lebenswelten sowie deren Verhältnis besonders deutlich.

(1) Eine erste Ebene der Betrachtung bilden *Wissenschaft und Technik als kognitive und als materiale Systeme*. In modernen Gesellschaften sind institutionalisierte Wissenschaften (z.B. Universitäten oder andere Forschungseinrichtungen) ebenso zu finden wie hoch entwickelte Techniksysteme (z.B. Produktions- und Verkehrssysteme). Die kognitiven und die materialen Merkmale, Eigenarten und Strukturen dieser wissenschaftlich-technischen Systeme können beschrieben werden. Dies erfolgt im Blick auf die operativen und die instrumentellen Verfahren der Wissenschaften und Technologien, ihre Hypothesen- und Theoriebildungen sowie hinsichtlich ihrer Artefakte, Prozesse, kognitiven und technischen Leistungen.

Technik als Lebensform? 83

(2) Von dieser Ebene ist eine zweite zu unterscheiden, diejenige der *Lebenswelt* und ihrer Wechselwirkungen mit Wissenschaft und Technik. Unter ›Lebenswelt‹ verstehe ich dabei im Sinne Husserls die von Menschen in ihren alltäglichen Lebenszusammenhängen, in *vor*-theoretischen und *vor*-wissenschaftlichen Einstellungen und Erfahrungen gestaltete und begegnende praktische Umwelt. Sie tritt explizit in den Blick, sobald die Unterscheidung zwischen dem Bereich *vor*-wissenschaftlicher und dem wissenschaftlicher (theoretisch vermittelter) Erfahrung gesetzt wird. Ingenieurmäßig konstruierte Technologien (wie heute z.B. die Informations- und Kommunikationstechnologien oder die Verkehrs- und Computertechnologien) wirken offenkundig und nachhaltig auf unsere alltägliche wie institutionelle Lebenswelt zurück und formatierend auf sie ein.[1]

(3) Drittens ist die Ebene der *Lebensformen* und deren Zusammenhang mit Wissenschaft und Technik hervorzuheben. Unter ›Lebensform‹ verstehe ich dabei im Wittgensteinschen Sinne die interne Verflechtung von Kultur, Weltsicht, Sprache und Handlung. Des näheren können auf dieser Ebene unter anderem sowohl der Regelcharakter und die Techniken unserer Handlungen und Sprachspiele als auch deren Vernetzung mit nicht-sprachlichen Aktivitäten, Situationen und Kontexten angesiedelt werden, wie sie in menschlichen Fertigkeiten, Gepflogenheiten, Sitten, Gebräuchen, Institutionen, Traditionen, Zeremonien und Riten gegeben sind.

---

[1] Berühmt geworden ist das Verhältnis von Lebenswelt und Wissenschaft/Technologie zunächst durch Edmund Husserls Schrift *Die Krisis der europäischen Wissenschaften und die transzendentale Phänomenologie*, (1936/37) hrsg. v. W. Biemel, Husserliana Bd.VI, 2. Aufl., Den Haag 1976. Darin wollte Husserl zeigen, daß durch den Übergang von einer *qualitativen* Erfahrung zum *quantitativen* Erfahrungsbegriff der Neuzeit die lebensweltliche Grundlage der Wissenschaft (und wir setzen heute hinzu: der Technik) verdeckt wurde.
    Der methodische Rekurs auf den Begriff der Lebenswelt im *Erlanger Konstruktivismus* greift das Verhältnis von Lebenswelt und Wissenschaft systematisch auf. Die Rede vom »lebensweltlichen Apriori« (vgl. Jürgen Mittelstraß: *Das lebensweltliche Apriori*, in: Lebenswelt und Wissenschaft, hrsg. v. Carl Friedrich Gethmann, Bonn 1991, S.114–142) wird zerlegt in ein »Unterscheidungsapriori« (Prädikation) und ein »Herstellungsapriori« (Protophysik), um den, so die These, genetisch wie logisch nicht mehr hintergehbaren Anfang des Aufbaus exakter Wissenschaften nach methodisch geregelten Schritten konzipieren zu können.

(4) Schließlich geht es viertens um die Ebene der *Weltbilder* und des menschlichen *In-der-Welt-seins* und ihr Verhältnis zu den modernen Wissenschaften und Technologien. Dabei verstehe ich ›Weltbild‹, mit Wittgenstein, als den »überkommenen Hintergrund«,[2] als das Fundament menschlichen Sprechens, Denkens und Handelns und in diesem Sinne als die Grundlage der jeweiligen menschlichen Kultur. Dieser Hintergrund umfaßt propositionale Elemente (z.B. Überzeugungen und Meinungen) und nicht-propositionale Elemente (z.B. religiöse und mythische Einstellungen) ebenso wie sprachliche Komponenten (etwa Erzählungen oder Legenden) und nicht-sprachliche Komponenten (z.B. Sitten, Gebräuche und Rituale). Das menschliche *In-der-Welt-sein* ebenso wie das Selbstverhältnis des Menschen werden hier im Sinne Heideggers als Formen des menschlichen Daseins verstanden.

Auf dieses letztere der vier Szenarien bezogen und innerhalb des weit gefaßten und tief liegenden Sinns der Rede von ›Weltbild‹ läßt sich dann auch der *engere* Sinn solcher Rede markieren. In einem Weltbild schließt sich für die Menschen einer Kultur und Epoche das Gesamt ihrer mannigfaltigen Lebenserfahrungen zu einer gewissen einheitlichen Sicht der Welt im Bild bzw. im anschaulichen Modell zusammen.[3] In diesem Sinne spricht man z.B. von einem ›geozentrischen‹ im Unterschied zu einem ›heliozentrischen‹ Weltbild. Weltbilder haben nicht nur Folgen für den Bereich der Theorie. Offenkundig haben sie auch praktische Konsequenzen für das Handeln der Menschen in einer Kultur und Epoche.[4]

---

2   Ludwig Wittgenstein, *Über Gewißheit*, in: Werkausgabe, Bd.8, Frankfurt a.M. 1984, Nr. 94.

3   Zu Struktur, Rolle und Wirksamkeit von ›Weltbildern‹ vgl. Verf.: *Zeichen der Wirklichkeit*, Frankfurt a.M. 2004, Kap. 3: Die Macht der Weltbilder und Bildwelten. Die oben verwendete Rede von ›Weltbild‹ unterscheidet sich von der von ›Weltanschauung‹ vor allem dadurch, daß in ›Weltbild‹ das Gesamt eines Hintergrundes, ein Hintergrund-Geflecht von Bedingungen und nicht, wie in ›Weltanschauung‹, die Frage nach dem Sinn der Welt, nach deren Grund, Zweck und Ziel gemeint ist. ›Weltbild‹ ist auch unterschieden von dem unter Punkt 2 skizzierten Sinn von ›Lebenswelt‹. Ein Weltbild hat seine Funktionsstelle noch *vor* der praktischen Umwelt-Gestaltung und wirkt normierend auf diese ein.

4   Vgl. Verf.: *Zeichen der Wirklichkeit*, a.a.O.,120f. Diesen wichtigen Aspekt stellt Martin Heidegger heraus, wenn er in *Die Zeit des Weltbildes* (in: Heidegger, Holzwege, 7. Aufl., Frankfurt a.M. 1994, S.69–104) betont, daß die Philosophie

Neben der Rede von einem *wissenschaftlichen Weltbild* ist es sinnvoll, auch von einem *technischen/technologischen Weltbild* zu sprechen. Die Weltbilder erzeugende Macht der modernen Technologien ist nicht erst heute mit Händen zu greifen. Daß und in welchem Sinne Wissenschaft und Technik Weltbilder hervorbringen und prägen können, läßt sich eindrucksvoll mit Blick auf die Wissenschaftsgeschichte belegen. Jürgen Mittelstraß hat dies anhand der Unterschiede verdeutlicht, die in puncto Wissenschaft zwischen dem bestehen, was er die »Aristoteles-Welt«, die »Hermes-Welt«, die »Newton-Welt« und die »Einstein-Welt« nennt.[5]

Weltbilder und Lebensformen spielen offenkundig eine grundlegende Rolle für unser Leben, des näheren für unsere Orientierung in der Welt, uns selbst, anderen Personen sowie den Dingen und Ereignissen gegenüber. *Ohne* Lebensform und Weltbild wäre es uns zum Beispiel gar nicht möglich, die Wörter, Sätze, Zeichen und Handlungen der Menschen zu verstehen. Dies gelänge uns weder im Blick auf die *semantischen* Merkmale (Bedeutung, Referenz, Wahrheits- bzw. Erfüllungsbedingungen) noch hinsichtlich der *pragmatischen* Merkmale (d.h. in Bezug auf Situation, Kontext, Zeit und Individuen). Streng genommen wüssten wir gar nicht, was es heißt, sich situationsgemäß und regelgerecht zu verständigen, zu interagieren, zu verhalten und zu orientieren.

Hervorzuheben ist, daß die grundlegende Rolle der Lebensform und des Weltbildes für unsere Lebenswelt und symbolischen Repräsentationen und Interaktionen ihrerseits in diesen Repräsentationen und Interaktionen nicht selbst repräsentiert und nicht explizit gewußt wird. Lebensform und Weltbild sind selbst keine Gegenstände der semantischen Logik. Sie liegen dieser stets bereits im Rücken. Das macht ihren Tiefensitz aus. Zugleich beruht darauf der eigentümlich elusive und quasi transzendentale Charakter von Lebensformen und Weltbildern.

---

der Neuzeit durch dasjenige Weltbild und dasjenige technische Handeln gekennzeichnet sei, das sich am Leitfaden des mathematisch-naturwissenschaftlichen Modells von Wissen herausgebildet habe. In diesem Sinne einer Herstellung des *wissenschaftlichen* Weltbildes, das darin zugleich als das maßgebliche *philosophische* Weltbild angesehen werde, bestehe der epochale »Grundvorgang der Neuzeit«, die »Eroberung der Welt als Bild« nämlich.

5 Vgl. Jürgen Mittelstraß: *Weltbilder. Die Welt der Wissenschaftsgeschichte*, in: ders., Der Flug der Eule, Frankfurt a.M. 1989, S.232–242.

Dieser zeigt sich auch, sobald man den Zusammenhang von Lebensform und Weltbild (im weiten Sinne) betrachtet. Jede Lebensform hat ihr Weltbild, und es ist charakteristisch, daß ich für mein Weltbild keine Evidenz habe, diese auch gar nicht benötige. Auch kann ich mein Weltbild nicht im Ganzen als ›wahr‹ oder ›falsch‹ beurteilen, da es selbst allererst diejenige Hintergrundfolie bildet, auf der zwischen ›wahr‹ und ›falsch‹ unterschieden wird.[6]

Vor diesem Hintergrund möchte ich die folgenden *drei Thesen* formulieren:

(1) Der durchgreifende Einfluß von Wissenschaft, Technik und Technologie auf unser Leben ist logisch möglich und empirisch wirklich, da Wissenschaft und Technik zum einen lebenswelt-, lebensform- und weltbild-*abhängig*, zum anderen und vor allem jedoch ihrerseits lebenswelt-, lebensform- und weltbild-*generierend* sein können, – und dies heute faktisch in einem in der Geschichte bislang nicht gekannten Ausmaße auch sind. Wissenschaft und Technik sind aus Lebenswelten, Lebensformen und Weltbildern heraus groß geworden. Und die Plastizität der menschlichen Lebensformen und Sinn-Interpretationen eröffnet ihnen umgekehrt die Möglichkeit, in diese formatierend rück- bzw. einzuwirken.

(2) Dies ist vor allem auch deshalb der Fall, weil unsere Lebenswelten und Lebensformen ihrerseits bereits durch praktische und poietische, auf das technische Modifizieren, Manipulieren und Hervorbringen bezogene Aspekte und Fähigkeiten charakterisiert sind. Zu ihnen zählen elementare Fertigkeiten, Praktiken, Regeln und Techniken, wie z.B. das Beherrschen von poietischen Verfahren und Handlungsschemata. Letzteres umfaßt etwa Mnemo-, Verhaltens- oder Psychotechniken, und viele andere. Diese Aktivitäten finden Fortsetzung und Ausdruck in der Ausbildung ganzer Kultursphären bzw. ›Technologien‹ des menschlichen Daseins und Geistes (wie etwa der Wissenschaften, der Künste, der Moral, der Religionen und der Technologien im engeren Sinne).

Die Kontinuität zwischen lebensweltlichen Techniken in diesem weiten Sinne und der Technik im engeren Sinne manifestiert sich in Determinanten wie: einem nicht ungeregelt, sondern nach Regeln erfolgenden Vorgehen; einer nicht willkürlichen Abfolge der Schritte

---

6 Vgl. Ludwig Wittgenstein, *Über Gewißheit*, a.a.O.

Technik als Lebensform? 87

im Lösen eines Problems; dem Ziel eines Zustandes erneut flüssigen Funktionierens und Fortsetzenkönnens; einer Zweckmäßigkeit und einer gewissen Kalkulierbarkeit des prozeduralen Vorgehens. In dem Maße, in dem in diesem Kontinuum zunehmend neue Artefakte und technische Systeme im engeren maschinenmäßigen Sinne relevant und dominant werden, kommt es zunächst zur Differenz des Mensch-Maschine-Verhältnisses und sodann zu den vielfältigen Problemen in Mensch-Maschine-Systemen.

(3) Die in der Lebenspraxis selbst wurzelnden Techniken können propositionaler und nicht-propositionaler, sprachlicher und nicht-sprachlicher, expliziter und impliziter Natur sein. Entsprechend können in ihnen jeweils sehr unterschiedliche Elemente dominieren und organisierend sowie orientierend wirken: kognitive Komponenten, Handlungen, Wahrnehmungen, Begriffe, Bilder, Diagramme, Gesten, Blicke und vieles mehr.

Für alle diese Elemente und Aspekte sind zwei Merkmale kennzeichnend und im Blick auf das Verhältnis von Lebenswelten und Technologien besonders zu beachten (und in den beiden folgenden Abschnitten III und IV zu erläutern). Zum einen vollziehen sich die genannten Prozesse und Techniken *in* bzw. *kraft* Zeichen und Interpretationen, die ihrerseits intern mit je spezifischen Zeichen- und Interpretations-*Techniken* verbunden sind. Zum anderen handelt es sich darin auch um Verkörperungen bzw. Manifestationen unterschiedlicher Formen des Wissens in Lebenswelten. Beide Aspekte sind zu betonen, um die Kontinuität, aber auch die Wechselwirkung und die Differenz zwischen Lebenswelten und Technologien weiter zu profilieren.[7]

---

7 Beim Ausbuchstabieren dieser Zusammenhänge kann man auch Aspekte der Aristotelischen Konzeption von *téchne* einbringen. Diese bezeichnet sowohl ein *theoretisches Können* (Fertigkeit, Kunst, Kenntnis), das z.B. in der Geometrie vorliegt, als auch ein *praktisches,* eben *technisches Können* im Sinne eines Hervorbringens (*poíesis*), wie z.B. in der Bildhauerei. Die *téchne* unterscheidet sich Aristoteles zufolge (a) vom *theoretischen Wissen* (*epistéme*), dessen Gegenstände unveränderlich sind, (b) vom *moralisch-praktischen Wissen* (*phrónesis*), das nicht auf die Produktion von Gegenständen, sondern auf das Handeln (*praxis*) zielt und (c) von der *Natur* (*physis*), genauer: von dem von Natur aus Gewordenen.
  Zugleich tritt hier der enge Zusammenhang von *Kunst* und *Technik* hervor. Beide sind durch ihre gestalterische, konstruktionale Kraft charakterisiert. Kunstwerke und technische Produkte unterscheiden sich darin, daß erstere nicht unter funktionalen und zweckrationalen, sondern unter symbolischen und ästhetischen

III. Zeichen- und Interpretationswelten

Technik, Wissenschaft, Kunst, Moral, Religion und Politik sind Kultursphären, die aus Lebenswelten/-formen heraus und auf diese hin entstehen und wirken. Sie haben ihren je eigenen Charakter als Kulturleistungen und Kulturtechniken. Dies soll im einzelnen hier nicht beschrieben werden. Hervorgehoben sei lediglich, daß in allen diesen Kultursphären, mithin auch in Wissenschaft und Technik, und auf allen vier Stufen des skizzierten Modells je eigenständige *symbolisierende Zeichen- und Interpretationsformen* grundlegend sind.

Die Kultursphären sowie die Prozesse auf jeder der vier Stufen manifestieren sich in unterschiedlichen und für die Sphären je charakteristischen Zeichen- und Interpretationsprozessen. Diese sind nicht einfach nur Vehikel oder Werkzeuge, die die jeweilige Kultursphäre benötigt, um sich artikulieren, verständlich und mitteilbar machen zu können. Vielmehr vollziehen jene sich *kraft* dieser. Ohne die symbolisierenden Zeichenprozesse und die in diesen bereits vorausgesetzten Interpretationsprozesse gäbe es gar keine artikulierten Kultursphären. In diesem Sinne sind Kulturwelten nicht kontingenterweise, sondern wesentlich Zeichen- und Interpretationswelten.

Zugleich ist hervorzuheben, daß auch die Verhältnisse auf den skizzierten vier Ebenen der Beziehungen von Wissenschaft, Technik und Lebenswelt als Zeichen- und Interpretationsverhältnisse angesehen und reformuliert werden können. In allen Wissenschaften, Techniken, Künsten und Handlungen spielen sprachliche und/oder nicht-sprachliche Zeichen und Interpretationen auf unterschiedliche Weise eine kardinale Rolle. Dies gibt den Blick auf die zeichen- und interpretations-bestimmten Grundlagen sowohl der einzelnen Kultursphären als auch der angeführten Ebenen des Stufenmodells frei. Daher läßt sich hier der Ansatz der *allgemeinen Zeichen- und Interpretationsphiloso-*

Gesichtspunkten hervorgebracht, nicht im Lichte funktionaler Objektivität gesehen werden. Sie sind darin zugleich Ausdruck einer individuellen Lebensform. Ein treffliches Beispiel für das Ineinandergreifen von Kunst und Technik im Sinne der *téchne* ist in Antike, Renaissance und bis heute die *Architektur*. Sie ist zugleich eine Kunst und eine Technik, oder umgekehrt und vom Standpunkt der späteren Dissoziation von Kunst und Technik formuliert: sie ist weder bloße Technik noch bloße Kunst.

phie[8] fruchtbar machen, und zwar (a) zur Beschreibung und Analyse der einzelnen Kultursphären, (b) im Blick auf deren je eigene symbolische ›Mechanismen‹ und (c) hinsichtlich der reziproken Zusammenhänge von Lebenswelt, Lebensform und Kultursphären.

Im Folgenden geht es mir jedoch nicht um die spezifischen Symbolisierungen in den einzelnen Kultursphären. Es geht vielmehr um den Zeichen- und Interpretationscharakter der Kulturleistungen und Kulturtechniken, insbesondere im Blick auf Technik und Wissenschaft, – und zwar auf den vier Ebenen des vorgeschlagenen Modells.

Im Rekurs auf unterschiedliche Weisen des Zeichen- und Interpretationsgebrauchs lassen sich auch die Schnittstellen, Überlappungen und Unterschiede zwischen den einzelnen Kultursphären, z.B. zwischen Wissenschaft, Technik und Kunst formulieren. Dies erfolgt auf der Basis der in diesen Sphären jeweils unterschiedlich funktionierenden Zeichen und Interpretationen. So handelt es sich im Falle z.B. der *Wissenschaften* eher (obzwar nicht nur) um buchstäblich denotierende Theorie. In der *Technik* und in der ingenieurmäßigen Konstruktion sowie in der computer-gestützten Simulation eher (wenngleich keineswegs ausschließlich) um bildhaftes Denken, um ›*visual thinking*‹ (die *lingua franca* heutiger Ingenieure). Und in den *Künsten* geht es eher (jedoch keineswegs allein) um expressive Zeichen- und Interpretationsfunktionen.

Zeichen- und Interpretationsprozesse sind, egal welchen Bereich man betrachtet, intern stets mit einem Regelfolgen verknüpft und an Fertigkeiten und Techniken des Verwendens und Verstehens gebunden. Zu ihnen gehören unter anderem: das Unterscheiden der syntaktischen, der semantischen und/oder der pragmatischen Dimension der Zeichen; die Desambiguierung der Zeichen und Interpretationen; der sukzessive Abbau von Vagheiten; die Konstruktion und Applikation von Deutungsmustern; die Abkürzung von Zeichen mithilfe anderer Zeichen; die Individuation von Gehalten; die Passung in Zeit, Situation und Kontext. Im Normalfall der flüssigen und störungsfreien Kognition, Kommunikation und Kooperation unter Personen werden diese Anforderungen als erfüllt unterstellt. Die Prozesse auf jeder ein-

---

8 Zu deren Grundzügen vgl. Verf.: *Interpretationswelten. Gegenwartsphilosophie jenseits von Essentialismus und Relativismus*, 2. Aufl., Frankfurt a.M. 1995; *Sprache, Zeichen, Interpretation*, Frankfurt a.M. 1999; und: *Zeichen der Wirklichkeit*, Frankfurt a.M. 2004.

zelnen der oben im Modell genannten vier Ebenen und ihres multiplen Zusammenwirkens (z. B. des wissenschaftlichen, des technischen und des künstlerischen Know-Hows) sind intern stets bereits mit Zeichen- und Interpretations-*Techniken* im Sinne regelgemäßer und situationsbezogener Praktiken und Fertigkeiten verknüpft.

So ist man beispielsweise nicht gezwungen, den Einsatz von *Begriffen* – eine der avanciertesten Techniken des menschlichen Geistes – (etwa den des Begriffs »Tisch«) als die Anwendung vorfabriziert fertiger geistiger Entitäten (im Falle von »Tisch« der »Tischheit«) aufzufassen. Er kann vielmehr als der optimierte Fall der regelgerechten und situationsgemäßen Verwendung sprachlicher Zeichen (im Beispiel: des Wortes »Tisch«) angesehen werden. Begriffe sind darin propositional, sprachlich, distinkt und subsumierend. Bei *Bildern* dagegen (z.B. einem Porträt oder einer Computertomographie) haben wir es mit einem anderen Zeichencharakter und einer anderen Zeichentechnik zu tun. In ihr geht es um räumliche Konstellation sowie simultane Verwendung nicht-sprachlicher und nicht-propositionaler Zeichen.[9] Und in *Ritualen* etwa (z.B. einer Taufe) sind die Zeichenfunktionen sowie die Verwendungs- und Verstehensweisen wiederum andere als bei Begriffen oder Bildern.

In welchem Sinne aber sind Zeichen- und Interpretationsverhältnisse im Einzelnen auf den vier Ebenen des Stufenmodells involviert?

(1) Alle *Wissenschaften und Techniken* sind in ihren Theorie- und Konstruktbildungen an Zeichen, an eine Sprache gebunden. Dies ist der Fall bei Termini, Hypothesen, Theorien, Entwürfen, Konstruktionen und Deskriptionen, seien diese nun in natürlich-sprachlicher Form, in mathematischen Formalismen oder in Konstruktions-Simulationen des Ingenieurs gegeben. Alle Modellierungen in den Wissenschaften und Technologien können als Zeichen- und Interpretationskonstrukte verstanden werden.[10]

(2) Auch die Prozesse der *Lebenswelten* können als Zeichen- und Interpretationsprozesse beschrieben werden. Dies gilt zunächst für das Feld der Wahrnehmungen, sodann für den Bereich der *vor*-theoretischen praktischen Gestaltung der Umwelt und schließlich für alle Leistungen des menschlichen Denkens sowie der symbolischen Re-

---

9 Vgl. ausführlich dazu Verf.: *Zeichen der Wirklichkeit*, a.a.O., Kap. 11.
10 Vgl. ausführlich dazu ebd., Kap. 12.

präsentationen und Interaktionen zwischen Personen. Dieser Befund erstreckt sich bis in die Annahme eines »lebensweltlichen Apriori« im Sinne eines organisatorischen Interpretations-Punktes und die aus diesem heraus durchgeführte Gegenstandskonstitution selbst, einschließlich der darin wichtigen Intersubjektivität. Und der Aufbau exakter Wissenschaften vermittels (und im einstigen Programm des Konstruktivismus der Erlanger Schule gesprochen) Prädikation und Protophysik kann als eine konstruktionale und sich in symbolisierenden Zeichen und deren Interpretation vollziehende Aktivität, kann als Bildung von Zeichen- und Interpretationskonstrukten gefaßt werden.

(3) Die Bereiche und Aspekte, die im Rahmen der Rede von *Lebensform* angeführt wurden (wie Gepflogenheiten, Sitten, Gebräuche, Traditionen, Riten, Zeremonien), gibt es überhaupt nur *in* und *kraft* der sie ausmachenden Zeichen und Interpretationen. Sie stehen in einem internen Zusammenhang mit Symbol-Welten und manifestieren sich vor allem in den *Formen* der Zeichen- und Interpretations-*Praktiken*.

(4) Die zentrale Rolle der *Weltbilder* besteht darin, daß sie als Orientierungs- und Gewißheitsgaranten sowie als Handlungsstabilisatoren fungieren.[11] Darin gründet ihre Macht. Sie besteht des näheren darin, daß ein Weltbild derjenige selbstverständliche, nichthintergehbare und nicht weiter begründbare Zeichen- und Interpretations-*Horizont* ist, innerhalb dessen die semantischen Merkmale unserer spezifischen Zeichen des Wahrnehmens, Sprechens, Denkens, Handelns und Erkennens festgelegt werden und situiert sind. Des näheren sind dies Prozesse des Zusammenspiels von Weltbild, Lebensform und Lebenspraxis. Da, wie betont, ein in diesem Sinne orientierendes Weltbild seinerseits nicht Gegenstand der semantischen Logik, sondern Bedingung von deren Möglichkeit ist, manifestiert sich ein Weltbild vor allem in denjenigen Zeichen und Interpretationen, die Bedeutung tragen und in ihren semantischen und pragmatischen Merkmalen nicht mehr diffus, nicht mehr beliebig sind.

Auf jeder der vier Ebenen sind die dort charakteristischen Zeichen- und Interpretationsprozesse intern mit Fertigkeiten, mit Verwendungs- und Verstehenspraktiken, kurz: mit Techniken in dem skizziert weiten Sinne korreliert und an diese gebunden. Ohne diese Techniken wür-

---

11 Vgl. dazu ebd., Kap. 3, insbes. 136f.

den wir uns nicht im Leben halten, nicht das fragile Geflecht unserer Lebens- und Daseinsverhältnisse aufrechterhalten und im gelingenden Falle sogar intensivieren und erweitern können. In diesem Sinne sollte kein Gegensatz zwischen der Kommunikation unter Personen bzw. dem »kommunikativen Handeln« (Habermas) auf der einen und den technischen Praktiken und der Technik auf der anderen Seite konstruiert werden.

Explizit hervorheben möchte ich freilich zugleich, daß damit der Unterschied zwischen ›lebensweltlichen Techniken‹ und ›lebensweltlicher Praxis‹, zwischen *téchne* und *praxis*, keineswegs eingeebnet oder gar aufgehoben wird. Einheit und Differenz beider lassen sich an einem Beispiel leicht verdeutlichen: ›Freundschaft‹ etwa ist keine *téchne* im Sinne des Hervorbringens nach Regeln, ist keine Technik; aber sie wird durch Techniken (z.B. durch Briefeschreiben, Telefonieren, gelegentliche Verabredungen, Gemeinsamkeit stiftende Praktiken) aufrechterhalten, belebt und intensiviert.

Übrigens droht erst durch die Entgegensetzung von Technik und Praxis die Technik und deren Einfluß zu etwas Mysteriösem zu werden. Zudem sollten Wissenschaft und Technik nicht als Fremdkörper, gar ›Ideologie‹ gegenüber einem Bereich vermeintlich rein nichttechnischer Praxis miteinander kommunizierender und handelnder Personen konstruiert werden. Zwar betonen wir mit guten Gründen die diesbezüglichen Unterschiede und finden diese verständlich. Doch die andere und ihrerseits nicht zu vernachlässigende Seite der Medaille ist eben die, daß eine gänzlich *téchne*-freie *praxis* offensichtlich nicht zu haben ist. Zugespitzt formuliert: Wer diese Kluft zu stark macht übersieht, daß in ihr auch die menschliche Praxis und deren humane Daseinssorge verschwänden.

IV. Formen des Wissens in Lebenswelten

Das Spektrum der unterschiedlichen lebensweltlichen Techniken bis hin zu maschinenmäßigen und systemischen Technologien ist intern korreliert mit verschiedenen Formen, Praktiken und Dynamiken von Wissen. ›Technik und Wissenschaft‹ lassen sich letztlich ebenso wenig strikt gegeneinander isolieren, gar in ein Verhältnis der Entgegensetzung bringen, wie ›Technik und Praxis‹. In Lebenswelten bilden Technikformen und Wissensformen keine Gegensätze. Sie spielen vielmehr zusammen, sind, so könnte man sagen, drehtürartig miteinander verbunden, und zwar in Konsequenz des lebensweltlich so überaus relevanten inneren Zusammenhangs von ›Handeln und Wissen‹. Diese Korrelationen sollen hier nicht im Einzelnen dargelegt werden.[12] Wichtig ist für unseren Zusammenhang lediglich der Hinweis, daß die unterschiedlichen Formen des Wissens mit Fertigkeiten, praktischen Kompetenzen, mit Aspekten des Herstellens und des Könnens, kurz: mit Techniken im weiten Sinne des Wortes verknüpft sind. Und umgekehrt: daß die Generierung, Artikulation, Kommunikation und Applikation lebensweltlich relevanter Fertigkeiten und Techniken in vielen Fällen wissens-bezogen sind. Mit dem Hinweis auf diese wechselseitigen Abhängigkeiten gewinnt die Triangulation von Wissenschaft, Technik und Lebenswelt zunächst weiter an Profil, bevor wir dann in Abschnitt V erörtern, ob es Grenzen der Technologisierung der Lebenswelt und Lebensform gibt und wo diese verlaufen.

Die wichtigsten Formen des Wissens in Lebenswelten, das intern mit kognitiven und anderen Techniken des menschlichen Geistes verbunden ist, sind die folgenden:[13]

(1) Zunächst ist ein enger und ein weiter Sinn der Rede von ›Wissen‹ zu unterscheiden. Der *enge* Sinn meint Erkenntnis, die nach methodisch geordneten Verfahren gewonnen und an Begründung, Wahrheit, Beweisbarkeit, empirische Evidenz und intersubjektive Überprüfbarkeit gebunden ist. Ein Beispiel: Wissen in der Elementarteilchenphysik, das etwa auf der Basis der Technologie eines Teilchenbeschleunigers gewonnen wurde.

Der *weite* Sinn von Wissen meint zum einen die Fähigkeit, angemessen zu erfassen, wovon etwas (z.B. ein Satz oder ein technisches Bild) handelt, zum anderen den Bereich menschlichen Könnens, menschlicher Kompetenzen, Fertigkeiten, Praktiken und der darin jeweils inkorporierten Techniken. Beispiel: unser Alltagswissen im Sinne des Gewußt-*wie*, etwa das technische Wissen, wie man eine Weinflasche öffnet.

(2) Sodann sind in Lebenswelten unterschiedliche Formen des Wissens anzutreffen, unter anderem: (i) *alltägliches praktisches Wissen*

---

12 Vgl. dazu Verf.: *Sprache, Zeichen, Interpretation*, a.a.O., Kap. 13: Vereinheitlichte Theorie von Wissen und Handeln.
13 Zum folgenden vgl. Verf.: *Zeichen der Wirklichkeit*, a.a.O., Teil III.

(wissen, wie man zum nächsten Briefkasten kommt); (ii) *theoretisches Wissen* (wissen, welcher Regel bzw. arithmetischen Technik man folgt, so daß 2+2=4 ist); (iii) *Handlungswissen* (wissen, wie man ein Fenster öffnet); (iv) *Moral- und Orientierungswissen* (wissen, was man in Handlungszusammenhängen tun oder unterlassen soll), und (v) im engeren Sinne *technisches*, auf Machbarkeit und Poiesis gerichtetes *Wissen* (wissen, wie man ein Atomkraftwerk baut).

(3) Quer durch diese Formen von Wissen hindurch ziehen sich die folgenden Differenzierungen, die jeweils als Begriffspaare konstruiert werden können:

(a) *Explizites* und *implizites* Wissen (Beispiel 1: eine wissenschaftliche Abhandlung oder eine ingenieurmäßige Konstruktionsanleitung; Beispiel 2: wissen, daß ein bestimmtes Geräusch von einem Flugzeug über den Wolken kommt, bedeutet implizit auch zu wissen, daß Maschinen die Oberfläche der Erde verlassen und sich in der Luft bewegen können).

(b) *Sprachliches* und *nicht-sprachliches* Wissen (Beispiel 1: Wissen, das in sprachlichen Sätzen artikulierbar ist, etwa in einer sprachlich formulierten Konstruktionsregel für die Herstellung eines Artefakts; Beispiel 2: bildliches, diagrammatisches oder musikalisches Wissen, das sich einer sprachlichen Prädikation entzieht).

(c) *Propositionales* und *nicht-propositionales* Wissen (Beispiel 1: wissen, *daß* Einstein Physiker war, d.h. ein Wissen, das in einer Proposition ausgesagt werden kann; Beispiel 2: wissen, was eine bestimmte Körperbewegung ausdrückt, es aber mit Worten nicht sagen zu können).

Offenkundig spielen alle diese Formen des Wissens sowie die mit ihnen intern korrelierten Techniken eine grundlegende Rolle im gelingenden, störungsfreien Funktionieren unserer Lebenswelten und flüssigen Vollzug unserer Lebensformen. Das schließt ein, daß es sich bei Beschreibungen und Analysen konkreter lebensweltlicher Zusammenhänge um ein Geflecht, um eine Gemengelage unterschiedlicher Formen des Wissens und der Techniken mit je eigenen Dynamiken handelt. Einerseits sind Überlappungen, Zusammenspiele, Koalitionen, Assoziationen, Dissoziationen, Wechselwirkungen, Gleich- und Ungleichtaktigkeiten festzustellen. Andererseits haben wir es in Lebenswelten, zumal in hochentwickelten technisch-wissenschaftlichen Lebenswelten, in vielen Fällen mit distribuierten Formen des Wissens und

der Technik sowie mit Formen distribuierten Wissens und der Technik (und natürlich auch mit Formen distribuierten Nichtwissens) zu tun.[14]
Nehmen wir als Beispiel das Team im Operationssaal einer Herz-Klinik. Hier sind viele Formen des Wissens und der Technik in einer Handlung, z. b. der Operation am offenen Herzen, zugleich gefordert: theoretisches Wissen über das Herz und seine Funktionen; technisches Wissen hinsichtlich des Eingriffs und aller ihn ermöglichenden und begleitenden Schritte, Geräte und Systeme; explizit propositionales Wissen; nicht-sprachliches und nicht-propositionales Know-How: der erfahrene Neurochirurg weiß, wie man X macht, und er verläßt sich auf seine Hände und auf seine Augen beim Blick auf den Monitor.

V. Grenzen der Technisierung der Lebenswelt

Wie bereits in Abschnitt III betont, sollte unser Augenmerk nicht so sehr auf die vermeintliche Konfrontation zwischen Praxis/Lebenswelt auf der einen und Technik/Technologien auf der anderen Seite fixiert sein. Wir sollten weder den Techno-Apokalypsen noch den Techno-Messianismen auf den Leim gehen.[15] Es kommt vielmehr darauf an,

---

14 Der Ausdruck *distributed cognition* bzw. *distributed knowledge* (der in Fortschreibung der Rede von *distributed processing* gebildet wurde) stammt aus der ›Cognitive Science‹. Von dort ist er in die neuere Wissenschaftsphilosophie unter dem Slogan »scientific cognition as distributed cognition« eingedrungen (vgl. Ronald N. Giere: *Scientific cognition as distributed cognition*, in: The cognitive basis of science, hrsg. v. P. Carruthers / St. Stich / M. Siegel, Cambridge 2002, S. 285–299). Vgl. auch das berühmte Buch von Edwin Hutchins: *Cognition in the Wild*, Cambridge Mass. 1995.

15 Zu den *apokalyptischen Szenarien* zählen, überspitzt formuliert, jedoch leicht belegbar, z. B. Vorstellungen wie die folgenden: Versklavung des Menschen durch die Maschinen; Unterwerfung unter totalitäre Strukturen der technischen Zivilisation; Menschen, die nicht mehr als handelnde Personen, sondern bloß noch als technische Agenten fungieren; die Ersetzung unkalkulierbarer Gefühle durch eine disziplinierte Emotionalität und deren schließliche Elimination; der Verlust der Kreativität; die Substituierung eigensinniger Individuen durch austauschbare ›Rädchen‹ in technologisch funktionierenden Systemen; der Verlust existenzieller Befindlichkeiten; die Gefährdung der personalen Identität der Individuen; das Ende der Individualität; die Substituierung autonomen Denkens durch Denkautomaten; die Ersetzung lebenspraktischer und leibhafter Erfahrungen durch Simulationstechnologien; Überwachungstechnologien (von der Autobahngebühr über die Rasterfahndung bis zur

jenseits dieser inzwischen steril gewordenen Dichotomie Fuß zu fassen und sowohl die Kontinuitäten als auch die Diskontinuitäten im Verhältnis von Lebenswelten und Technologien zu betonen. Vor diesem Hintergrund scheint es mir sinnvoll, die Aufmerksamkeit auch auf Fragen der folgenden Art zu richten: Wo verlaufen die Grenzen technischer Rationalität? Von welchen Faktoren sind technische Rationalität und technisches Wissen stets bereits abhängig? In welches Setting ist technische Rationalität, ist technisches Wissen eingebettet? Besitzt technische Rationalität Orientierungskraft und Normativität für die Lebenswelt? Wo liegen Grenzen möglicher Technologisierung?

Die letztgenannte Frage möchte ich in drei Teilbereiche zerlegen:

(1) Grenzen sind zunächst in *systemischer Hinsicht*, bezogen z.B. auf den in technischen Systemen erreichbaren Grad der Komplexität zu verzeichnen. In der Flugzeugtechnik zum Beispiel (gegenwärtig etwa beim neuen *Airbus 380*) sind die Sicherheitssysteme zwar mehrfach gekoppelt. Gleichwohl sind Grenzen der Komplexität und damit der Sicherheitssysteme gegeben.

(2) Sodann sind Grenzen in *semantischer und geltungstheoretischer Hinsicht* zu beachten. Viele der menschlichen Kognitionsleistungen und der kognitiven Resultate dieser Leistungen (z.B. die Bildung von Begriffen, die Wahrnehmungs- und Verstandes-Urteile, die Setzung und die Legitimation von Zwecken) haben einen genuin geistigen und nicht-algorithmischen Charakter, der nicht auf technische Maschinen und Systeme (z.B. nicht auf Computer- und Simulationsprogramme) reduziert oder durch sie substituiert werden kann. Darüber hinaus sind die mit der Technik verbundenen semantischen und geltungstheore-

---

Registrierung individueller und personaler Bedürfnisstrukturen). Apokalyptischer Rettungs-Slogan: »Rette sich, wer kann!«

Zu den *Techno-Messianismen* (nicht selten gepaart mit quasi religiöser Rhetorik) zählen, gleichermaßen überspitzt formuliert, z.B. Vorstellungen wie: die ultimative Steigerung des materiellen, körperlichen und seelischen Wohlbefindens der Menschen bzw. der Menschheit als ganzer; das Ende der Sorgen in Bezug auf Umwelt, Energiequellen, kognitive ebenso wie kommunikative oder emotionale Defizite; die Beseitigung der Hemmnisse friedfertiger Kommunikation zwischen Personen ebenso wie zwischen unterschiedlichen Kulturen; die Beherrschung von bzw. der Sieg über Krankheiten jedweder Art, von der Erkältung bis zu bislang nicht behandelbaren Erbkrankheiten; die Überwindung der biologischen Grenzen des Menschen; die Stillstellung der Alterungsprozesse des menschlichen Organismus. Technomessianischer Glücks-Slogan: »Alle Macht der Technik!«

tischen Aspekte in ihrem Kern auf das *Mensch-(Um)Welt*-Verhältnis sowie auf das *Mensch-Mensch*-Verhältnis, auf interindividuelle Kommunikation, auf Handlungszusammenhänge und auf intersubjektive Kooperation bezogen. Und unter dem Vorzeichen von deren Plastizität, Endlichkeit, Perspektivität und Zweckabhängigkeit sind möglichen Technologisierungen der Lebenswelt auch von dieser Seite quasi ›natürliche‹ Grenzen gesetzt. Hypertechnische Artefakte bzw. Systeme, die in diesem Sinne lebensweltlich nicht auf- und angenommen werden, sind letztlich witzlos, bestenfalls noch als intellektuelle Spielereien von Interesse, als Demonstration dessen, was man alles machen kann. So gehört zum Beispiel und rein ökonomisch gesprochen der zukünftige Markt nicht solchen Produkten (z.B. in der Auto- oder der Systemtechnologie), die hyper- und hybrid-technologisch alles aufbieten, was technisch möglich ist. Zukunft und Markt gehören wohl eher den »smart technologies«, den in die Lebenswelt integrierten oder integrierbaren Technologien.

(3) Schließlich sind Grenzen in *lebensform- und daseinsbezogener Hinsicht* hervorzuheben, z.B. in Bezug auf *Entscheidungen*, zumal in Fällen existenzieller Entscheidungen, bei denen für eine Person viel, unter Umständen Leben oder Tod, auf dem Spiele steht. In solche Entscheidungen gehen, neben vielen anderen Faktoren, auch Motive, Emotionen, Überzeugungen, Gründe, Wünsche, Erwartungen und Befürchtungen ein. Deren Technologisierung sind Grenzen gesetzt. Im Falle von Entscheidungen hinsichtlich des eigenen Lebens oder des Lebens anderer Personen (»Wie entscheide ›ich‹?«) ist es alles andere als rational, ein technisches Gerät oder System, einen *technischen Agenten* anstelle eines *Human-Akteurs* die Entscheidung fällen zu lassen.

Freilich entscheidet auch der rationale (oder irrationale) Akteur, die Person, nach bestimmten Präferenzierungen, Schematisierungen und deren Applikation, kurz: im Zuge von personalen, daseinsbezogenen, lebensgeschichtlichen und lebensweltlichen Praktiken und Techniken. Diese laufen zwar weder nach dem Modell der ›Rational-Choice-Theory‹ (mit optimierten rationalen Agenten) noch nach dem Modell technischer Maschinen-Entscheidung (mit optimierten technisch-programmierten Pseudo-Agenten) ab, sondern unter Dominanz personaler, in der Ersten-Person-Perspektive relevanter und auf die Intersubjektivität mit anderen Personen bezogener Gesichtspunkte. Aber sie erfolgen eben im Horizont des Geflechts unserer lebensweltlichen Bedingungen, unserer Gepflogenheiten, Praktiken, Fertigkeiten, Techniken (bis hinein in das zweck- und zielorientierte Gewichten von Gründen und Motiven, bis hinein in die moralische Argumentation eines Pro und Contra zur Entscheidung und Auflösung von Konfliktsituationen).

Auch für das Verhältnis von Lebenswelten und Technologien ist der glückliche Fall der, daß die Dinge *störungsfrei* funktionieren, was zu erreichen ein besonderes Ziel natürlich auch der Maschinen- und Systemtechnik im engeren Sinne ist. Und wichtig ist dann zu sehen, was passiert, wenn ein Störfall eintritt, in einem technischen System, aber auch in einer Lebenswelt bzw. Lebensform. Dann sind Praktiken, Fertigkeiten, Techniken zu seiner Beseitigung erfordert.

In vielen Fällen gelingt dies nicht einfach durch Einsatz technologischer Routinen im Sinne der Zweck-Mittel-Relation. Gefordert sind in der überwiegenden Anzahl der Fälle Fertigkeiten und Techniken, die auf Erfahrung und Alltagspsychologie (»folk psychology«)[16], auf in der Regel überaus erfolgreichen Erfahrungs- und Lebens-Techniken beruhen.

Beispiel 1: Die schnelle Entscheidung eines erfahrenen Arztes in der Notaufnahme eines Krankenhauses beruht auf der Fähigkeit, die Symptom-Zeichen direkt zu verstehen und dem gegebenen Störfall mit adäquaten *Folgezeichen* und *Folgehandlungen* zu begegnen, ihn bestenfalls beseitigen zu können. Dabei handelt es sich letztlich wohl um sehr einfache Heuristiken (die wir bislang kaum, eigentlich gar nicht kennen). Und dieser Vorgang, diese Art der Störfall-Beseitigung ist etwas grundsätzlich anderes als die Anwendung eines »Rational-Choice«-Verfahrens oder der bloße Einsatz einer instrumentellen Maschinen-Technologie nach dem Zweck-Mittel-Muster.

Beispiel 2: Analoges gilt auch im Blick auf psychische Konflikte bzw. seelische Störungen und die zu deren Auflösung eingesetzten Tech-

---

16 Die oftmals wegen vermeintlich fehlender Wissenschaftlichkeit gescholtene *Alltagspsychologie* (»folk psychology«) kann als eine überaus erfolgreiche Daseins- und Lebenstechnik angesehen werden. Wenn Onkel Paul, wie jeden Dienstag gegen 16 Uhr, seinen Hut vom Kleiderständer nimmt, haben wir allen Grund, ihm auch heute *alltagspsychologisch* die Absicht zuzuschreiben, daß er jetzt wohl spazieren gehen wird. Diese Prognose ist schneller, umstandsloser und mit höherer Wahrscheinlichkeit abzugeben als dies jedwedem Versuch vergönnt wäre, zunächst den neuronalen Zustand von Onkel Paul durch EEG und CRT bis ins letzte Detail zu analysieren, um von dort aus dann zu der *wissenschaftlichen* Prognose fortzuschreiten, was Onkel Paul als nächstes wohl tun wird.

niken. Bei solchen Störungen kann entscheidend sein, daß der Freund oder der Therapeut einen ›guten Einfall‹ hat, eine ›gute Technik‹ ins Spiel bringt, wie ein gegebener Konflikt oder eine Spannung der Seelenkräfte auf-gelöst werden könnte (z.B. durch eine Selbstbindung, mit der man erreichen möchte, daß ein bestimmtes Problem, etwa daß der Wille doch noch oder erneut schwach werden könnte, gleichsam stillgelegt wird). In einem moderaten Sinne ist zwar auch dies noch als eine Seelen*technik* anzusprechen. Aber diese ist nicht instrumentell und nicht im Sinne der Zweck-Mittel-Relation zu verstehen. Wenn der so verstandenen Seelentechnik Erfolg beschieden ist, dann haben wir es mit weit mehr als der Applikation einer instrumentellen Technologie zu tun. Dann stellt sich eine Art Gleichklang zwischen therapeutischer Technik und dem Prozeßcharakter der Seelenkräfte selbst ein, das deutlichste Zeichen gelungener Auflösung des Problems und erfolgreicher Entwicklung der Person im Ausgang von Störfällen.

VI. Ko-Evolution und Ko-Operation von Lebenswelten und Technologien

Lebenswelten entwickeln sich, und das tun auch Technologien. Beide sind durch gestalterische Kraft ausgezeichnet. Beide sind dynamischen Charakters. In Bezug auf beide darf man den Blick nicht nur auf die fertigen Resultate richten (seien diese nun Werke im Sinne lebensweltlicher Schöpfungen oder Werke technologischer Art wie technische Geräte, Maschinen und Systeme). Wichtig sind auch und in bestimmter Hinsicht die Prozesse eigenständiger gestalterischer Kraft, mithin der Prozeßcharakter aktiven und dynamischen Entwerfens und Hervorbringens.

Technik ist schöpferisch und gehört offenkundig zu den kreativen Schöpfungen des menschlichen Geistes. Und die Kunst, etwas Neues in die Welt zu bringen, ist das, was im Kern unter ›Kreativität‹ verstanden wird.[17] Das betrifft etwa sowohl den Einsatz von Mathematik und Naturwissenschaften in den modernen Technologien, ohne den diese

---

17 Vgl. Verf.: *Die Kunst des Neuen. Kreativität als Problem der Philosophie*, in: Kreativität (Kolloquiumsvorträge des XX. Deutschen Kongresses für Philosophie, 2005, Technische Universität Berlin), hrsg. v. G. Abel, Hamburg 2006.

gar nicht möglich wären (man denke allein an die heutigen Computer-Technologien) als auch die Kunst des ingenieurmäßigen Entwerfens und Konstruierens im engeren Sinne. Der schöpferische bzw. kreative Akt sowohl im technischen Denken als auch in der ausgeführten technischen Konstruktion besteht, philosophisch gesehen, vor allem darin, daß etwas aus dem Bereich des Denkbaren, des *Möglichen* im Sinne von Potentialität in den Bereich des *Wirklichen* überführt wird.[18]

In gewisser Weise ist dieser Übergang von Möglichkeiten zu Wirklichkeiten auch für ein gelingendes Leben grundcharakteristisch. Aus einer Lebenswelt heraus und auf diese hin sein Leben zu führen heißt, um eine Formulierung Kants aufzugreifen, über das Vermögen verfügen, »seinen Vorstellungen gemäß zu handeln«[19], – und man kann akzentuieren: Leben heißt, aus einer Lebenswelt und auf diese hin seinen jeweils *möglichen* Vorstellungen gemäß *wirklich* zu handeln und in diesem Sinne Mögliches Wirklichkeit werden zu lassen.

Vor diesem Hintergrund wird es nicht überraschen, erneut zu hören, daß es in puncto Modellierung des Verhältnisses von Lebenswelten und Technologien nicht um deren Konfrontation, gar um irgendwelche apokalyptischen Szenarien gehen kann. Vielmehr geht es, so der Vorschlag, um ein *Modell komplementärer Ko-Evolution und Ko-Operation*.[20] In diesem Modell wird angenommen, daß die technologischen Entwicklungen (von Geräten, Maschinen und Systemen) mit den körperlichen, daseinsmäßigen, existenziellen, sozialen und interaktiven Prozessen und Bedürfnissen von vergesellschafteten Personen (und etwa mit der Leiblichkeit, der Sozialität, der Freundschaft, dem Vertrauen, mit Wünschen und Überzeugungen) komplementär zusammen- und wechselwirken. Dies schließt ein, daß menschliches Verhalten sich im Zuge der Einwirkungen neuer Technologien ebenso verändern kann wie umgekehrt neue Technikentwicklungen lebens-

---

18 Der innere Zusammenhang von Technik und Möglichkeit wird herausgearbeitet von Hans Poser: *Entwerfen als Lebensform. Elemente technischer Modalität*, in: Technik – System – Verantwortung, (= Technikphilosophie Bd.10), hrsg. v. Klaus Kornwachs, Münster 2004, S. 561–575.
19 Immanuel Kant: *Metaphysik der Sitten*, in: Akademie-Ausgabe, Band VI, 211.
20 Vgl. dazu auch Verf.: *Geist – Gehirn – Computer. Zeichen- und Interpretationsphilosophie des Geistes*, in: Pragmatisches Philosophieren. Festschrift für Hans Lenk, hrsg. v. R. Dürr / G. Gebauer / M. Maring / H.-P. Schütt, Münster 2005, S. 3–36, insbesondere Abschnitt V.4.

weltlich bestimmt sein können. Als Beispiel denke man heute etwa an das Verhältnis von Lebenswelten und modernen Kommunikationstechnologien. In diesem Sinne ist das ko-evolutive Zusammenspiel von Eigendynamik und Wechselwirkung für das Verhältnis von Lebenswelten und Technologien charakteristisch.

Übrigens knüpfen Entstehung und Entwicklung von technologischen Artefakten, von Werkzeugen, Apparaten und ganzen Systemen moderner Technologien nicht nur an die *téchne* der menschlichen Lebensbereiche selbst an. Offenkundig gibt es darüber hinaus ein elementares Streben, geradezu einen Instinkt des Menschen zur *téchne*. Diese ist eben deshalb auch Bestandteil jedweder Kultur und der in dieser entwickelten Kultur- und Daseinstechniken. Dies gilt selbst noch für die Ausbildung und Entwicklung der *Philosophie*, und zwar einschließlich der darin vehement vorgetragenen zivilisations- und technik-kritischen Positionierungen.

Zugleich hat das Modell der komplementären Ko-Evolution und Ko-Operation in *normativer* Hinsicht zur Folge, daß Technik und Technologien nicht zum Selbstzweck werden, daß sie nicht auf begründete Weise Dominanz- und Monopolstatus gegenüber den anderen Kultursphären (Wissenschaft, Kunst, Religion, Moral) anmelden können und damit auch nicht berechtigt sind, die anderen Komponenten innerhalb des Ko-Evolutions- und Ko-Operations-Modells beiseite zu schieben.

Das Modell besitzt also zugleich *kritische*, des näheren kultur- und technik-kritische Kraft. In ihm läßt sich auch die interne Widerständigkeit unserer Lebenswelt und Lebensform gegenüber bestimmten technologischen Entwicklungen verständlich machen und begründen. Das sei unter zwei Gesichtspunkten verdeutlicht:

(1) Zunächst sei das Feld der *inter-individuellen* und der *intrapersonalen Verhältnisse von Personen* (wie etwa Freundschaft, Sympathie, Liebe) hervorgehoben. Unstreitig gibt es eine Tendenz (sowie eine ganze zugehörige ›Industrie‹), auch diese Verhältnisse als *technologische* Verhältnisse des Hervorbringens nach technischen Regeln, Systemeigenschaften und –erfordernissen zu konzipieren und auftretende Störfälle entsprechend technologisch beheben zu wollen. Man denke z.B. an den gegenwärtigen Boom im Bereich der Psycho-, der Seelen-*Technologien*. Von diesen sind die humanpsychologischen und therapeutischen Selbst- und Fremd-*Techniken* der Entzerrung festgefahrener Seelen- und Verhaltensmuster deutlich zu unterscheiden.

Freundschaft, Sympathie, Vertrauen, Liebe, Eifersucht, Melancholie und Angst, – das sind Phänomene, Zustände und Prozesse, die sich einem im engeren Sinne technologischen Zugriff, einer technologischen Erfassung und Orientierung eigentümlich entziehen.

(2) Rein technologisch gesprochen ist all das möglich, was technisch machbar ist. Aufschlußreich ist aber, daß keineswegs alles, was technisch möglich ist, auch in der Lebenswelt Akzeptanz und Einsatz findet. Technische Produkte und Systeme finden Eingang und Anerkennung in einer Lebenswelt und damit auch die Chance zu weiterer technologischer Entwicklung stets nur im Horizont ihrer möglichen Verbindungsfähigkeit mit lebensweltlichen Bedürfnissen, einschließlich des subtilen Punktes, daß solche Bedürfnisse durch die Produkte auch selbst erst erzeugt werden können. Einführung und Entwicklung von technischen Geräten und Systemen können (wofür es in der Ökonomie in puncto Marktfähigkeit und Produktakzeptanz viele Beispiele gibt) mißlingen und im Grenzfall ganz von der Agenda verschwinden. Dies ist z.B. der Fall: wenn die Verläßlichkeit eines technischen Gerätes oder Systems nicht gegeben ist; wenn das System zu stark gegen tiefsitzende Gewohnheiten der Menschen verstößt; wenn das System zu stark mit der emotionalen oder der sozialen Intelligenz der Personen in Konflikt steht; wenn durch neue Technologien tiefsitzende propositionale Einstellungen (z.B. Überzeugungen, Ängste) betroffen sind (man denke heute etwa an die Diskussionen um die Biotechnologie und die Nukleartechnologie); wenn Technologien sich nicht in bislang gültige Weltbilder einpassen (wie heute etwa einige mögliche biotechnologische Zukunftsszenarien), zumal dann, wenn die Identität der Person, das bisherige Menschenbild oder die Übereinstimmung mit bislang geltenden Normativitäts-Mustern und moralischen Standards betroffen sind.

Aufgrund der Plastizität der Lebenswelten ebenso wie unseres Gehirns sind diese Resistenzen allerdings keineswegs auch zukünftig garantiert. Sollte es in Zukunft gelingen, neurobiologische bzw. neurobiotechnologische Veränderungen am menschlichen Gehirn dergestalt vorzunehmen, daß das Verhältnis von Personen untereinander sowie das Verhältnis von Personen zu sich selbst und zur Welt grundlegend modifiziert werden, dann ist es durchaus vorstellbar, daß diese Technologien nicht nur im Sinne eines ›technischen Weltbildes‹ im Hintergrund wirksam sind, sondern daß sie sich in und als lebensweltliche Komponenten selbst einnisten, sich in die Lebenswelt mischen und dort im Grenzfall auch durchsetzen. Lebenswelten und Technologien stünden dann nicht mehr nur in dem skizzierten Verhältnis beidseitiger Wechselwirkung und Erweiterung. Es würde zu Transformationen der Körper- und Geistfunktionen selbst kommen, und deren mögliche Auswirkungen wären nicht überschaubar. Das wäre der Extrempunkt, an dem Technik und Technologien nicht nur unsere Lebenswelten über weite Strecken bestimmen, sondern die Technikwelt die Lebenswelt zu substituieren drohte.

In diesem Horizont ist es eine zur Zeit durchaus offene Frage, welche Rolle zukünftig z.B. Bio-, Gen- und Nanotechnologien spielen werden, wie tief sie den menschlichen Körper und die menschliche Lebenswelt verändern werden. Es ist eine offene Frage, wie weit die realwissenschaftlichen und realtechnologischen Entwicklungen gehen werden, ob es z.B. zu Androiden, Klonoiden, nicht nur zur Einpflanzung von Computerchips ins Gehirn, sondern zu Kopplungen von Gehirn und Computer, nicht nur zu einer Ausweitung der Organtransplantationen, sondern zu Ganzkörpertransplantationen kommen wird oder nicht. So genannte »Transhumanisten« sind heute bereits der Überzeugung, daß der Mensch dank technischer, insbesondere dank computer-, bio- und nanotechnologischer Entwicklungen seine biologischen Grenzen überschreiten wird (etwa durch den Zusammenschluß von Gehirn und Computer). Und in der Nanotechnologie haben wir es heute bereits und in Zukunft noch weit stärker mit einer Technologie zu tun, die auf der Ebene der einzelnen Moleküle und Atome Manipulationen, mithin Modifikationen an unseren ›kleinsten‹ bzw. ›letzten‹ Strukturen selbst vorzunehmen vermag.

Die Grenzen stehen in all diesen Bereichen nicht ein für alle Mal fest. Sie sind fließend, sind in unseren Tagen und im Lichte neuer technischer Möglichkeiten zunehmend fließender geworden. Gegenwärtig verfügen wir nicht einmal verbindlich über eine Sicht, gar einen Begriff des Menschen, um überhaupt Grenzen zu bestimmen. Ohne Frage liegt hier eine der größten Herausforderungen unserer Zeit.

Beiseite lasse ich hier den Aspekt der *Ästhetisierung* von Technologien, die es im Prinzip zu allen Zeiten und in allen Kulturen gab und gibt. Heute reicht diese Seite der Frage des Verhältnisses von ›Lebenswelten und Technologien‹ von der ästhetischen Gestaltung moderner Universitätsbibliotheken bis hinein in die digitale Ästhetik von ›Cyborg‹, ›Cyberspace‹ und anderen Phänomenen. An solchen Ästhetisierungen sind beide Aspekte ablesbar: einerseits die Brandmarkung im

Lichte des apokalyptischen Szenarios, das bevorstehen könnte, wenn die externen Technologien unsere Lebenswelten dominieren und Menschen schlußendlich sogar Teile der Maschinen werden könnten; andererseits der Versuch, neue Technologien auf ästhetisierendem Wege in die Lebenspraxis zu integrieren. Daß letzteres nicht ganz ohne Erfolg ist, zeigt sich z.B. am so genannten ›Cyberpunk‹ (bekanntlich eine Wortschöpfung, die sich zusammensetzt aus »cybernetic« und »punk«; ähnlich wie »cyborg« aus »cybernetic« und »organism«). Cyberpunk etwa verkörpert beide Elemente zugleich: den Hinweis, bewußt *neben* der Standard-Lebenswelt zu laufen, und das Signal, daß Technologien Bestandteil der Lebenswelt sind.

VII. Ausblick

Eine wichtige Frage ist, ob kritisch über sich selbst aufgeklärte Wissenschaft, Technik und Technologie auch das Leben in der Gesellschaft, vor allem das Leben in modernen Wissens- und postindustriellen Technologiegesellschaften zu *orientieren* vermögen. Zur Debatte steht darin auch, ob Wissenschaft »als Idee und Lebensform« (J. Mittelstraß) – und ich füge hinzu: ob *Technik als Lebensform* – in der zunehmend technisch-wissenschaftlich bestimmten Welt einer »offenen Gesellschaft« (Popper) möglich ist und normativ ausrichtende Kraft zu entfalten vermag.

Führt die Intersubjektivität aller Wissenschaftsmethodiken und der Gesichtspunkt des konstruktionalen Herstellens aller maschinenmäßigen Technikmethodiken im engeren Sinne zu einem Verlust an Personalität und Individualität des Menschen? Oder können sie im Gegenteil als Grundlage einer offenen und die Individualität fördernden Gesellschaft dienen?

Der drehtürartige Zusammenhang von Lebenswelten und Technologien lenkt die Aufmerksamkeit auf die praktische Ausgestaltung dieser Verhältnisse, mithin auch auf die *normative* und *ethische* Orientierung in der Welt, anderen Personen und uns selbst gegenüber. Zugleich geht es um die Ausrichtung der realwissenschaftlichen und realtechnologischen Entwicklungen der Lebenswelten. Wenn Philosophie nicht Philosophie nach Gottesmaß‹, sondern einzig ›nach Menschenmaß‹ sein kann – und wer wollte das ernsthaft bestreiten?! – steht sie gegenwärtig in der Verpflichtung, das Verhältnis von Lebenswelt,

Wissenschaft und Technologie zu einem ihrer dringlichen Themen zu machen. Eine Einstellung und Haltung jenseits der sterilen Dichotomie von unkritischer Technikeuphorie und apokalyptischer Technikfurcht einzunehmen und diese in handlungsorientierende Konzepte zu überführen, das ist die Aufgabe. Irgendwie müssen wir die Eule der Minerva noch vor der Dämmerung zum Fluge bringen.

Oswald Schwemmer

Das Bild in der Bilderflut
Zur Rolle der Kunst in einer Welt der Vervielfältigungen

Die Rede von einer Bilderflut, in der wir versinken, hat inzwischen einen sprichwörtlichen Rang erreicht. Aber nicht nur die Rede von einer Bilderflut kann sich auf ein allgemeines Einverständnis stützen, auch diese Bilderflut selbst braucht sich als eine allgemeine Tatsache nicht mehr auszuweisen. Bieten sich die Bilder zumindest im urbanen und kommerzialisierten Bereich der Werbeflächen und Fernsehspots doch mit einer derart massiven Unübersehbarkeit selbst dem beiläufigen Alltagsblick dar, daß die Metapher von der Flut eine unanfechtbare Berechtigung beanspruchen kann.

Höchstens bei der Rede vom Versinken in dieser Flut mag sich da ein Übertreibungsverdacht einstellen. Denn die stets präsenten Bildreize in unseren Alltagsumgebungen stumpfen unseren Blick doch eher ab als daß sie ihn verwirren oder gar in einer Sichtlosigkeit versinken lassen. Statt vom Versinken in einer Flut wäre daher das Bild von einem ständigen Anspülen gegen unsere Sinne eher am Platze, einem Anspülen, in dem sich die Konturen abschleifen und die Bilder zu bloßen Bildreizen anonymisieren.

Tatsächlich bietet diese Beobachtung den Anlaß zu einer Rückfrage: Ist die viel beschworene Bilderflut wirklich eine Flut der *Bilder*? Sind das überhaupt noch Bilder, die da unseren Blicken angeboten und aufgedrängt werden? Oder haben wir es mit etwas anderem zu tun: mit visuellen Assoziationsanreizen etwa, mit Auslösern für unsere Phantasie und im übrigen nicht nur für unsere Bildphantasie?

Eine erste Antwort scheint trivial. Natürlich, so wird man sagen, sind es Bilder, die uns da gezeigt und auch zugemutet werden: Fotos, Filmsequenzen und Videoclips, digitale Bilder, Computersimulationen[1] und manchmal auch Gemälde, sogar berühmte Gemälde wie

---

1 Aufschlußreiche Überlegungen zu diesen bildlichen Präsentationsformen finden sich in: Lambert Wiesing, *Die Sichtbarkeit des Bildes. Geschichte und Perspektiven der formalen Ästhetik*; Reinbek bei Hamburg 1997, S.168–192.

Leonardo da Vincis Mona Lisa oder dessen Abendmahl. Die Antwort stützt sich auf Offensichtliches und scheint damit unwiderleglich. Und als Feststellung wird man sie schwerlich erschüttern können. Gleichwohl trifft sie unsere Frage, trifft sie deren Pointe nicht.

Versuchen wir also, diese Pointe zu verdeutlichen. Was ist ein Bild? Diese Frage, die einem durchaus seitenstarken – und im übrigen sehr lesenswerten – Sammelband den Titel lieferte,[2] zielt nicht nur auf eine Angabe von Sichtbarkeitsmerkmalen, also nicht nur auf die Grade und die Verteilung der Farbigkeit, des Liniengefüges, der figürlichen oder abstrakten Präsentation und auch nicht auf den Gegenstand des Dargestellten. Es geht bei dieser Frage nicht nur um die dinglichen, die – wie man auch sagen kann: objektiven – Aspekte eines Bildes. Es geht auch um sie subjektiven Aspekte, um das Sehen und Sehenkönnen: Über die Sichtbarkeit, über das sichtbar Gemachte hinaus zielt die Frage auch auf das, was und wie etwas gesehen wird und gesehen werden kann. Es geht, noch einmal anders gesagt, nicht nur um das Gezeigte, sondern auch um das Erblickte und insbesondere um das, was durch die Art des Zeigens noch erblickt werden kann.

Beginnen wir die Antwort mit einem Blick auf das Tafelbild. In ihm sehe ich die prägende, die paradigmatische Grundform aller – ich muß hinzufügen: aller gemalten – Bilder. Natürlich ist mir bewußt, daß ich damit gegen die Regeln des aktuellen und modernisierten Bild-Disputs verstoße. Der modernisierte Blick grenzt sich nicht ein auf das Tafelbild oder das Kunstbild. Er sieht die Tätowierung ebenso als Bild wie die Vorstellungsbilder und überhaupt die figurativen Motive und Elemente in unserer alltäglichen Erfahrungswelt. In einem anthropologischen Interesse[3] etwa am figurativen im Unterschied zum begrifflich-logischen Denken ist diese Blickausweitung nachvollziehbar. Eine solche Blickausweitung hat für meine Überlegungen aber den Nachteil, daß sie Binnendifferenzen in der Art, wie Bilder präsentiert und rezipiert werden, und insbesondere die Differenz zwischen dem Kunst- und dem Gebrauchsbild bzw. – da es hier meist um Werbung geht – dem Kunst- und dem Kommerzbild in eine Ferne rückt und so unserer Wahrnehmung entzieht oder zumindest bagatellisiert. Um

---

2 Gottfried Boehm (Hg.): *Was ist ein Bild?*, München 1994, 3. Aufl., 2001.
3 Vgl. dazu die entsprechende Konzeption in Hans Belting: *Bild-Anthropologie. Entwürfe für eine Bildwissenschaft*, München 2001.

eben diese Binnendifferenzen und vor allem um die Differenz von Kunstbild und Gebrauchsobjekt geht es mir aber, und so bleibe ich denn bei meinem altmodischen Beginn mit dem Tafelbild.

Zunächst einmal dieses: Das Tafelbild hat – zumindest in seiner klassischen Form – gewöhnlich einen Rahmen. Der Rahmen des Bildes markiert seine Trennung von der Welt des sonst noch Sichtbaren, seine Herauslösung aus dieser Welt zu einem individuellen Eigensein, zu einer anderen, nur ihm eigenen Form der Sichtbarkeit. Und auch das ungerahmte Bild setzt sich durch seine begrenzte Bildfläche von seiner Umgebung ab und ist zudem durch die besondere Stofflichkeit seines Bildträgers von der Wand, an der es hängt, als eine figurative Besonderheit von seinem Hintergrund abgehoben. Noch bevor ich das Bild selbst in seiner koloristischen oder linearen Komposition, noch bevor ich also das Bild als Bild betrachte, nehme ich es daher als etwas wahr, das meinem Blick durch seine Hervorhebung aus seiner Umwelt eine Akzentuierung vorgibt, das diesem Blick durch sein Rahmenarrangement eine zusätzliche Bedeutungsdichte signalisiert und ihn so geradezu unwiderstehlich auf sich zieht.

Das Bild in seinem Rahmen – und damit meine ich jetzt allgemein: das Bild in seiner durch ein physisches Arrangement von seiner Umwelt getrennten Existenz – besitzt ein Eigensein, das nur ihm zukommt. Und da diese Trennung jedem einzelnen Bild eignet, kommt ihm sein Eigensein in seiner Individualität als dieses Bild zu. In dieser seiner individuellen Sonderexistenz verbleibt es selbst dann, wenn es im übrigen das Einzelbild einer Bildserie ist oder ein Entwurf unter vielen. Was immer in der Umgebung des Bildes geschieht, es behält seine individuelle Sonderexistenz und verbleibt in der Identität seiner Bildlichkeit oder, wie Max Imdahl formuliert, seiner planimetrischen Komposition[4] und des darin realisierten koloristischen Systems. Diese bleibende Identität der Präsentation von Sichtbarem auf einer Bildfläche verschafft dem Bild seinen eigenen Raum, nämlich einen in der

---

4   Max Imdahl hat in vielen Arbeiten die planimetrische Bildkomposition, d.i. die Darstellung räumlicher Sichten in einer bestimmten Perspektive durch ein figurative Ordnung auf der Bildfläche, an Bildbeispielen analysiert. Exemplarisch genannt seien hier nur die beiden Aufsätze *Überlegungen zur Identität des Bildes* und *Kontingenz – Komposition – Providenz. Zur Anschauung eines Bildes von Giotto*. Beide Aufsätze in: Max Imdahl, *Gesammelte Schriften*, Bd.3: *Reflexion, Theorie, Methode*, Frankfurt a.M. 1996, S.381–423, 464–500.

Fläche des Bildes komponierten Raum, und seine eigene Zeit, nämlich die bleibende, stets gegenwärtige Gleichzeitigkeit all seiner Elemente – einer Gleichzeitigkeit, in der sich gleichwohl ganze Erzählungen mit ihrem Nacheinander der Ereignisse bildnerisch komponieren lassen.

Noch deutlicher läßt sich diese individuelle Sonderexistenz des Bildes hervorheben, wenn man bedenkt, daß die Rolle des Rahmens für die Ausgrenzung des Bildes eine kontingente Entwicklung in der universalen Geschichte der Bildlichkeit darstellt. Ich habe meine Überlegungen mit ihm nur begonnen, weil er als ein eigenes und zudem meist noch aufwendig gestaltetes Ding die Sonderexistenz des Bildes auf geradezu überdeutliche Weise anschaulich macht. Aber auch ohne einen Rahmen präsentiert sich das Bild in seiner Sonderexistenz: durch seine Begrenzung, durch seine besondere Stofflichkeit und durch die besondere Identität, nämlich die gerade angedeuteten besonderen Formverhältnisse seiner Bildlichkeit.

Man kann diese besonderen Formverhältnisse in einer ersten Annäherung durch ihre Paradoxie charakterisieren. Der Raum in der Fläche und die Ereignisse in der Gleichzeitigkeit ihrer Präsentation füllen diese Paradoxie im gegenständlichen Bild aus. Im ungegenständlichen Bild wird diese Paradoxie noch einmal verschärft. Wenn das Bild nur noch eine Konfiguration von Linien oder eine Komposition von Farben sein will, verzichtet es auf jede Perspektive und Tiefensicht, besteht es auf seiner Selbstpräsentation als Fläche, als Fläche ohne Tiefe. Es präsentiert sich und nur noch sich selbst ohne etwas anderes zu repräsentieren. Als eine solche Präsentation ohne Repräsentation ist das ungegenständliche Bild, historisch gesehen, zunächst die Verweigerung einer Seherwartung, die das Dargestellte sucht. Zugleich geht es auf in seiner reinen Präsenz, die eine Präsenz der Bildfläche ist.

Die Gleichzeitigkeit und die Flächigkeit des Präsentierten verleihen dem Bild, gleich ob es nun gegenständlich ist oder nicht, eine eigene Existenzform figurativer Verhältnisse: In diesem seinem Eigensein setzt es sich gegen seine Umgebung ab. Im ungegenständlichen Bild aber wird dieses Eigensein, das Sein der reinen Präsentation ohne jegliche Repräsentation, noch einmal eigens herausgestellt. Es gibt in einem solchen Bild nicht mehr als diese reine Präsentation, und daher kann ein solches Bild auch nur als Präsentation, also alleine in seinen figurativen Verhältnissen gesehen werden. Wer mehr sieht oder sehen will, unterwirft das Bild einer Art Rorschach-Test, der uns nach dem fragt, was wir in irgendwelchen Klecksen sehen, wenn wir sie nicht nur als

Das Bild in der Bilderflut

Klekse sehen. Daß dieser Test so leicht und eingängig funktioniert, zeigt die geradezu als natürlich empfundene Neigung, Bilder als Abbilder zu sehen: eine Neigung, der sich die ungegenständlichen Bilder als programmatische Gegenprojekte entziehen und entgegenstellen.

Der besondere Charakter des Bildes, seine Bildlichkeit, scheint so im ungegenständlichen Bild deutlicher hervorzutreten als im gegenständlichen Bild. Denn dieses lädt dazu ein, die gemalten Gegenstände und ihr Arrangement, die dargestellten Szenen und ihren erzählerischen Zusammenhang zu sehen und damit nicht die Bildlichkeit des Bildes sondern seine Abbildlichkeit. Tatsächlich galt über Jahrhunderte und – wenn man bei der perspektivischen Darstellung und anderen »realistischen« Darstellungsformen etwa von Größenverhältnissen Abstriche macht – sogar über Jahrtausende das Abbilden als Hauptaufgabe und auch als Gütesiegel eines Bildes. Leonardos Rat, das Spiegelbild des gemalten Gegenstands mit dem Bild zu vergleichen und die Malerei dann für gut zu befinden, wenn sie aussieht, »wie ein Gegenstand der Natur, den man in einem großen Spiegel sieht«,[5] bringt eine Selbstverständlichkeit auf den Begriff, die nicht nur für die Renaissance das Leitbild der Malerei definierte. Und so kann Leonardo denn auch fordern:

»Der Geist des Malers muß dem Spiegel ähnlich werden, der, ständig wechselnd, die Farbe dessen annimmt, das vor ihm steht und sich mit ebensoviel Abbildern füllt, wie er Gegenstände vor sich hat. Du weißt also, Maler, daß du nur gut sein kannst, wenn du, als universaler Meister, alle mannigfaltigen Formen nachahmst, die die Natur hervorbringt, was dir aber nicht gelingen wird, wenn du sie nicht vorher ansiehst und in deinem Geiste abbildest.«[6]

Was mit dieser Auffassung der Malerei als einer Kunst, die die Natur nachahmt, aber auch verbunden wird, ist ein Verständnis des Sehens und damit auch des Verhältnisses von Sehen und Malen. Das Sehen wie das Malen werden von Leonardo, von dem übrigens detaillierte Untersuchungen über das Auge und das Sehen dokumentiert

---

5   Leonardo da Vinci: *Sämtliche Gemälde und die Schriften zur Malerei*, hg. kommentiert und eingeleitet von André Chastel. Aus dem Italienischen und Französischen übertragen von Marianne Schneider. München 1990, S.206. Chastel macht darauf aufmerksam, daß die kritische Überprüfung der Werke im Spiegel schon von Alberti empfohlen wurde.
6   Ebd., S.164.

sind, gleichermaßen als ein Abbilden oder auch Spiegeln der Natur vorgestellt. Und diese Gleichsetzung wird auch nicht durch das – von Leonardo in dramatischer Zuspitzung so genannte – »göttliche Wesen der Wissenschaft des Malers« beeinträchtigt, der »frei schaltend und waltend [...] zur Erschaffung mannigfacher Arten verschiedener Tiere, Pflanzen, Früchte [schreitet], von Dörfern, Land, herabstürzenden Bergen, angst- und schreckenerregenden Orten, die dem Betrachter Grauen einjagen, und auch von angenehmen, lieblichen und reizenden Wiesen mit bunten Blumen, die von sanften Lüften leicht gewellt dem von ihnen scheidenden Wind nachblicken«, und der von ihm geradezu gottgleich erschaffenen Welt die Stürme und das Meer toben und einen zerstörerischen Kampf der Elemente wüten läßt.[7] Denn auch dieses Schöpfertum des Malers imaginiert die gespiegelte Natur und komponiert sie auf eine wiederum natürliche Weise. Und in diesem Sinne läßt sich auch Leonardos Feststellung lesen:

»Der Maler streitet und wetteifert mit der Natur.«[8]

Auf der anderen Seite liefert der Hinweis auf das Schöpfertum des Malers den Hinweis auf einen bedeutenden Unterschied zwischen Sehen und Malen. Schließlich verdankt sich das Bild des Malers nicht nur seiner Imagination oder seinem Sehen, sondern das Imaginierte und Gesehene muß auch noch gemalt werden, muß durch die malende Hand, die den Spachtel, den Pinsel oder den Stift führt, auf die Leinwand, den Karton – oder was sonst als Malfläche benutzt werden mag – gebracht werden. Das Bild gewinnt seine besondere Form, so können wir sagen, in einem Wechselverhältnis zwischen dem Auge und der Hand des Malers.

Es lohnt sich, diesen Gedanken ein Stück weit ins Grundsätzliche zu wenden: Unser alltägliches Wahrnehmen ist durch Prägnanzerzeugung geprägt. Wir sehen, hören, schmecken, riechen, ertasten unsere Umwelt über die Verstärkung von Differenzen zu Kontrasten und die gleichzeitige Konfigurierung der Kontraste zu Formen und Qualitäten.[9] Diese kontrastierenden Konfigurationen verleihen unserem

---

7 Ebd., S.165f.
8 Ebd., S.162.
9 Die Unterschiedlichkeit der verschiedenen Sinnesbereiche muß hier außer Acht bleiben. Vgl. dazu aber den anregenden Aufsatz von Hans Jonas: *Der Adel des Sehens. Eine Untersuchung zur Phänomenologie der Sinne*, in: Kritik des Sehens, hrsg. v. Ralf Konersmann, Leipzig 1997, S.247–271.

Wahrnehmen seine Orientierung. Wir verlieren uns nicht in der unüberschaubaren Mannigfaltigkeit von Einzelreizen, sondern fassen sie zu Formen und Qualitäten, zu Formelementen und Qualitätsmerkmalen zusammen.

In dieser Orientierung, und dies ist in unserem Zusammenhang ein entscheidender Punkt, sind wir bereits orientiert. Die Prägnanzbildung folgt den Mustern, die uns in unserer Umwelt entgegentreten. In eine grobe Formel gebracht, können wir sagen, daß in dem, was wir sehen, die Bilder, die wir gesehen haben und die zu unserer Lebensumgebung gehören, lebendig werden. Wir sehen sozusagen durch die Bilder unserer Bildwelten hindurch, was wir sehen. Wir hören durch die Werke unserer Tonwelten und übrigens auch unserer Geräusch- und Lautwelten, hindurch, was wir hören. Und so können wir fortfahren und diese Formulierung für alle unsere Sinne in der entsprechenden sinnesspezifischen Variation wiederholen. Die Orientiertheit und Eindeutigkeit unserer Wahrnehmungen, so können wir weiter sagen, ergibt sich aus den Formen der Prägnanzbildung, den Formbildungsformen, die uns in unserer Umwelt entgegentreten. Man kann diese Formbildungsformen als bestimmte Prägnanzprofile, als die Prinzipien der Prägnanzbildung, analysieren.

Durch ihr jeweiliges Prägnanzprofil und damit durch das, was zur selbstverständlichen Orientierung, zur Welt von »Gegebenheiten« geworden ist, kann man eine Kultur charakterisieren. Dabei ist zu sehen, daß diese »Gegebenheiten« nicht nur im Bereich der Wahrnehmungen verbleiben, sondern auch deren symbolische Darstellung in unseren Sprach- und Bildwelten durchziehen und sich so zu allgemeinen kulturellen »Gegebenheiten« erweitern. Als solche bieten unsere alltäglichen Orientierungen einen umfassenden Rahmen, bestärken uns in der Sicherheit, mit der wir etwas wahrnehmen oder einen Ausdruck finden, und geben uns zudem die Möglichkeit, uns wechselseitig in dieser unserer Sicherheit auch zu erhalten. Sollte diese Sicherheit angegriffen werden, so bilden sie den gemeinsamen Boden, auf dem wir uns zur Verteidigung und womöglich zum Gegenangriff versammeln können. Dieser Boden besitzt eine solche Festigkeit, daß er durch Argumente nicht ins Wanken gebracht werden kann. Die Argumente seiner Kritiker verlieren sich für diejenigen, die auf ihm stehen, in die geistige Unerheblichkeit von Spitzfindigkeiten, auf die man sich nicht einzulassen braucht und denen man allein mit einer allgemein geteilten Empörung zu begegnen hat.

In diesem Sinne der sich selbst befestigenden kulturellen »Gegebenheiten« erzeugen die Prägnanzprofile ein totalitäres Moment aller Kulturen, einen immanenten Dogmatismus, der die eigene kulturelle Identität zu einem potentiellen Kampfbegriff gegenüber andern Kulturen macht. In den meisten Kulturen werden die kulturellen »Gegebenheiten« über die alltäglichen Lebensformen, also über die alltäglichen Wahrnehmungs-, Ausdrucks- und Verhaltensformen, hinaus durch eine eigene Tradition kanonisierter Werke und Werte stabilisiert und damit auch mit einem stets verfügbaren Reservoir von allgemein einsetzbaren Argumenten versehen und gegenüber jeglicher Kritik sozusagen auf einer zweiten Ebene, nämlich der einer expliziten Auseinandersetzung, immunisiert.

Und hier komme ich nun auf die besondere Rolle der Kunst zu sprechen. Die Kunst, so kann man allgemein sagen, ist ein Ort in unserer Kultur, an dem diese Geschlossenheit aufgelöst und die kulturellen »Gegebenheiten« durch eine Verschiebung der Prägnanzprofile mit Visionen des Utopischen – im wörtlichen Sinne des Ortlosen in der Kultur – durchsetzt werden. Denn die Kunst tut etwas grundsätzlich anderes als wir in unserem Alltag zumindest gewöhnlich und jedenfalls dann tun, wenn wir uns in den kulturellen »Gegebenheiten« der jeweiligen Prägnanzprofile bewegen. Die Kunst verschiebt diese Prägnanzprofile, indem sie die Grenzen zwischen dem Hervorgehobenen und Zurückgedrängten, zwischen Figuren und Hintergründen und überhaupt zwischen dem Identischen und dem davon Differenten verschiebt. Und da es sich bei diesen Verschiebungen um Verwerfungen des Bodens handelt, auf dem wir Identität und Differenz erst gründen, ist hier jede Verschiebung schon eine Umkehrung, eine Revolution im Wortsinn.

Kehren wir wieder zum Sehen zurück. Was wir sehen, ist im allgemeinen – bei ausreichendem Licht, in nicht zu großer Entfernung und freier Sicht – von hoher Prägnanz. Nicht zuletzt diese Prägnanz des Sehens mag dazu beigetragen haben, daß das Sehen immer wieder als Musterbeispiel auch der gedanklichen Orientierung im ganzen – z.B. als Einsicht und Einleuchten, als Klarheit und Deutlichkeit der Gedankenführung und nicht zuletzt als Aufklärung – gewählt worden ist. Seit Platon ist unsere Tradition beherrscht von einer Metaphorik des Sehens, die unserem Denken die Orientierung vorzeichnen will. Und auch die Rede von einer Orientierung, die uns ja dem Osten, wo die Sonne aufgeht, zukehren soll, nutzt eine visuelle Metapher.

Gerade das aber, was die Prägnanz des Sehens ausmacht, illustriert den Zusammenhang zwischen der klaren und deutlichen Strukturierung des Gesehenen auf der einen und der eben dadurch erzeugten Unaufmerksamkeit im Umgang mit dem überhaupt Sichtbaren auf der anderen Seite. Man kann dies auch in der Formel zusammenfassen: *Sehen ist Übersehen*. Mit dem übersehenden Sehen arbeiten wir das in sich verwobene und sich ständig verwandelnde und uns umschließende Feld des Sichtbaren um zu einem in sich gegliederten und vor uns sich ausbreitenden Sehbild[10], in dem es identifizierbare Komplexe – die wir etwa als Gegenstände, z.B. als Personen oder Dinge, sehen – und vielfältige Beziehungen zwischen ihnen und eine Umgebung um sie herum gibt.

Ohne hier auf weitere Details einzugehen, mögen die wenigen Bemerkungen bereits genügen, um die Umkehrung deutlich werden zu lassen, die das gemalte Bild gegenüber dem Sehbild vollzieht. Diese Umkehrung hängt mit dem Malen als solchem zusammen und ist nicht nur an verfremdende Darstellungen des Gesehenen etwa in surrealistischen Bildern oder an den Verzicht auf einen Gegenstandsbezug überhaupt in abstrakten Bildern gebunden. Auch die »realistischen« gegenständlichen Bilder etwa der Renaissance oder der Genremalerei sind Umkehrungen unserer Sehbilder. Nicht darum, *was* und *wie* gemalt wird, ist hier entscheidend, sondern die bloße Tatsache, *daß* überhaupt gemalt und nicht nur gesehen wird. Denn: Malen macht zwar sichtbar, ist aber nicht Sehen.

Dieser überaus einfache Unterschied zwischen dem Malen, an dem unsere Hand beteiligt ist und deren Gebrauch von Pinsel, Stift, Farben und all den übrigen Materialien auf einem geeigneten Maluntergrund, und dem Sehen, das von unserem Auge geführt wird, auch wenn die anderen Sinne und unsere Erinnerung das ihre dazu beisteuern, ist erstaunlich wenig thematisiert worden. Dabei ist dieser Unterschied

---

10 Von einem Sehbild rede ich, um es von einem gemalten Tafelbild, aber auch von einem Vorstellungsbild zu unterscheiden. Das Sehbild ist das Gesehene, das im Prozeß des Sehens entsteht. Als eine solche Aktualität des Gesehenen bleibt es übrigens in einer strukturellen Differenz zu jedweder Form der nachträglichen Vergewisserung. In welcher Weise auch immer wir uns auf das aktuell Gesehene beziehen: Es bleibt dieser Bezug eine Rekonstruktion, die niemals mit einer bloßen Replikation verwechselt werden darf. Daß damit prinzipielle Probleme gerade der historischen Darstellung verbunden sind, wird noch zu erörtern sein.

grundlegend für das Verständnis der Umkehrung, die im, wie ich es auch nennen möchte, Malbild gegenüber dem Sehbild geschieht.

Der in meinen Augen wichtigste Unterschied ergibt sich aus der unterschiedlichen Wertigkeit, die in unseren Sehbildern und in den Malbildern den gesehenen Gegenständen auf der einen und ihrem Hintergrund, ihrer Umgebung und den Zwischenräumen zwischen ihnen auf der anderen Seite zukommt. Für unsere Sehbilder, ich wiederhole, gilt die Prägnanzformel, daß unser Sehen ein Übersehen ist: Wir sehen die Gegenstände, weil wir ihren Hintergrund, ihre Umgebung und die Zwischenräumen zwischen ihnen, wenn auch in unterschiedlicher Weise, übersehen. Daß wir all dies übersehen, heißt dabei nicht, daß wir es überhaupt nicht sehen. Vielmehr können wir an die Doppeldeutigkeit der Rede vom Übersehen anknüpfen und sagen, daß wir das Übersehene nur in der Art einer unthematischen Übersicht, als eine Art von Sichtrahmen für das thematisch Gesehene, sehen.

Das Verhältnis dieser Wertigkeit ändert sich in den Malbildern grundlegend. Für den Maler besitzen die Gegenstände, die er in seinem Bild, wenn es denn überhaupt gegenständlich ist, im Prinzip keine höhere Wertigkeit für sein Malen als der Hintergrund, die Umgebung und die Zwischenräume. Denn beides muß er malen, weil beides zum Bild gehört. Und beides muß er im Prinzip mit der gleichen Sorgfalt malen. Und selbst wenn er den Gegenständen eine differenziertere Darstellung zuteil werden läßt als dem Hintergrund, der Umgebung und den Zwischenräumen, entbindet ihn dies nicht davon, auch diesen in der Sehbedeutung, d.h. in der Wertigkeit für das Auge des Betrachters, sekundären Bildteilen seine Gestaltungsarbeit zukommen zu lassen. Sogar dann, wenn der Maler auf deren bloße Hintergrund-, Umgebungs- oder Zwischenraumwertigkeit, also auf ihr Übersehenwerden vom Betrachter, aus ist, muß er diese Wertigkeit als unthematische Bildteile in seinem Malen und also eigens gestaltend erst herstellen.

Zwischen der Hand des Malers und dem Auge des Betrachters tut sich eine Kluft auf, die zum Teil absichtlich aufgerissen wird. Diese Kluft birgt das Geheimnis der Kunst, ihr Rätsel und ihren Reichtum. Und sie birgt auch die Kraft des anderen Sehens, die unsere Sicht der Dinge aufzustören und neu zu beleben vermag. Sie birgt die Verlokkung, die unseren Blick anzieht, und die Verstrickung unseres Blicks in die Ränder des Lebens, die wir längst ausgeblendet hatten und überwunden glaubten. Sie birgt die Möglichkeit des »kranken« Blickes und der Erschütterung unserer gesund gesehenen Welt:

»Der Kranke, der die Tapete seines Zimmers betrachtet, sieht sie plötzlich sich verändern, wie wenn das Muster und die Figur zum Hintergrund werden, während das, was für gewöhnlich als Hintergrund angesehen wird, zur Figur wird. Das Aussehen der Welt würde für uns erschüttert, wenn es uns gelänge, die Zwischenräume zwischen den Dingen als *Dinge* zu sehen – zum Beispiel den Raum zwischen den Bäumen auf der Straße – und umgekehrt die Dinge selbst – die Straßenbäume – als Hintergrund.«[11]

Was Maurice Merleau-Ponty hier beschreibt, läßt sich als Blick des Malers beim Malen charakterisieren. Es ist dies der Blick, der das Übersehene wie das zu Übersehende im alltäglichen Sehen zum Gegenstand nimmt. Dieser Blick richtet sich nicht nur auf die Gegenstände, die wir zu sehen gewohnt sind. Er richtet sich auf die Verhältnisse, in denen sie zueinander und zu ihrer Umgebung stehen. So können auch in einem gegenständlichen Bild nicht die Fenster in einem Haus von ihm als sein »Gegenstand«, als das, was der Maler in seinem Bild zur Sichtbarkeit bringt, registriert werden, sondern der Rhythmus ihrer Anordnung, ihre Konfiguration.

Der Blick des Malers richtet sich auf das, was er durch sein Malen sichtbar macht. Das sind die Verhältnisse der Sichtbarkeit auf einer Oberfläche. Und diese Verhältnisse schaffen eine Art visueller Gleichberechtigung zwischen allem, was überhaupt sichtbar gemacht wird, seien es nun die Gegenstände unseres alltäglichen Sehens oder seien es die Zwischenräume, die Umgebung oder der Hintergrund. Alle Momente im Bild gewinnen im Blick des malenden Malers ihre Bedeutung. Das Bild des Malers besitzt dadurch eine Bedeutungsdichte: Es gibt keinen Hintergrund, keine Umgebung, keinen Zwischenraum, der nicht die gleiche Bedeutungskraft besäße wie jede andere gegenständliche Stelle des Bildes.[12] Im Bild des Malers wie in seinem

---

11   Maurice Merleau-Ponty: *Das Kino und die neue Psychologie*, in: ders., Sinn und Nicht-Sinn, München 2000, S.65.

12   Ich lehne mich hier an Goodmans Rede von einer durchgängigen syntaktischen (und entsprechend auch einer semantischen) Dichte an. »Ein Schema ist syntaktisch dicht, wenn es unendlich viele Charaktere bereitstellt, die so geordnet sind, daß es zwischen jeweils zweien immer ein drittes gibt. Solch ein Schema weist immer noch Lücken auf, etwa wenn die Charaktere allen rationalen Zahlen entsprechen, die entweder kleiner als 1 sind oder nicht kleiner als 2. In diesem Fall wird die Einfügung eines Charakters, der der 1 entspricht, die Dichte zerstören. Wenn keine Einfügung weiterer Charaktere an ihrer normalen Stelle auf diese Weise die

Blick wird sozusagen eine Basisdemokratie des überhaupt Sichtbaren errichtet, in der die Herrschaft der Gegenstände aufgehoben ist und das durch unser alltäglich übersehendes Sehen visuell Entrechtete und Vergessene wieder zum Vorschein gebracht wird.

In diesem Sinne der visuellen Gleichberechtigung aller Bildmomente sind auch die gegenständlichen Bilder ungegenständlich. Es geht überhaupt nicht um die Gegenstände unseres Sehens. Es geht um die Verhältnisse, in denen sie stehen und in die sie eingefügt sind. Es geht um das, durch dessen Übersehen sie überhaupt zu dem werden konnten, was sie sind, nämlich Gegenstände. Die Prägnanz unseres alltäglichen Sehens wird mit dem Malen eines Bildes gleichsam rückgängig gemacht. Sie wird nicht nur von einer gegenständlichen Sichtweise zu einer anderen verschoben. Sie wird in ihrer Struktur verschoben: vom gegenständlichen Sehen zum Sehen ihrer Verhältnisse oder, wie Merleau-Ponty es sagt, zum Sehen der Zwischenräume. Es ist die *strukturelle Prägnanzverschiebung*, die den Blick des Malers leitet und den Charakter der Kunst ausmacht.

Die Grunddifferenz zwischen Sehbild und Malbild oder zwischen Sehen und Malen – die übrigens, wenn sie beim Malen nicht ernst genommen wird, zum Kitsch führt – legt sich in weiteren Differenzen aus, die in der Literatur vielfach hervorgehoben worden sind.[13] Es geht dabei um etwa die Differenz zwischen Transparenz und Opazität, die dadurch entsteht, daß auch das Malen des Durchsichtigen – des Himmels, eines Fensters oder überhaupt eines Durchblicks – ein Malen mit Farben, die undurchsichtig sind, ist. Bereits erwähnt habe ich die Differenz von Fläche und Tiefe im Bild, die gerade durch ihre Gleichzeitigkeit oder, wie Michael Polanyi sagt, als »Integration des Inkompatiblen«[14] auftreten können. Auch das Verhältnis von Bild und Abbild, das ich erwähnte, ist hier anzuführen, und schließlich wird von Max Imdahl unter dem Titel der »Ansichtigkeit des im Bilde zu

---

Dichte zerstört, dann weist das Schema keine Lücken auf und kann *durchgängig dicht* genannt werden.« (Nelson Goodman: *Sprachen der Kunst. Entwurf einer Symboltheorie*, Frankfurt a.M. 1995, S.133).

13 Vgl. zum folgenden vor allem den Sammelband Gottfried Boehm (Hrsg.): *Was ist ein Bild?*, a.a.O. Viele Beiträge dieses Bandes können geradezu als Thematisierung dieser Differenzen gelesen werden.

14 Michael Polanyi: *Was ist ein Bild?*, in: Was ist ein Bild?, hrsg. v. G. Boehm, a.a.O., S.155.

Sehenden«[15] die ebenfalls schon besprochene Gleichzeitigkeit in der Präsentation von Ereignisfolgen oder eben die Tatsache, daß das Bild alles, was in ihm sichtbar ist, »ein und für allemal« und »zur Gänze« zeigt,[16] hervorgehoben.

Ich verzichte hier darauf, diesen Differenzen im einzelnen nachzugehen und sie auf die besondere Form hin, mit der sie als strukturelle Prägnanzverschiebung verstanden werden können, durchzudeklinieren. Eine Differenz möchte ich allerdings davon ausnehmen. Es ist dies die Differenz zwischen den Details und dem Ganzen eines Bildes. Über diese Differenz lassen sich die Überlegungen zum Bild auf der einen und zur Kunst auf der anderen Seite zusammenführen.

Schon Alfred North Whitehead hat diese Differenz zur Charakterisierung von Kunstwerken überhaupt genutzt und sie ins Zentrum seiner Überlegungen zum Verhältnis von Wahrheit und Schönheit gerückt:
»Genau das ist es, was uns in aller großen Kunst begegnet. In ihr wird jedes Detail der Komposition intensiv und aus eigenem Recht lebendig. Jede Einzelheit erhebt Anspruch auf ihre eigene Individualität und leistet dennoch ihren Beitrag zu dem Ganzen. Auf jedes Detail fällt der Glanz des Ganzen, und dennoch manifestiert sich in ihm eine Individualität, die schon für sich unsere Aufmerksamkeit in Anspruch nehmen darf. - Betrachten wir z.B. nur einmal, wie sich bei einer gotischen Kathedrale - etwas der von Chartres - die Skulpturen, Pfeiler und die Aufgliederung des Mauerwerks in die Harmonie des Ganzen einfügen! Sie führen unseren Blick aufwärts zum Gewölbe und vorwärts, zu ihrem erhabensten Symbol, dem Altar. Jedes Detail ist so schön, daß es unsere Aufmerksamkeit voll in Anspruch nehmen könnte, und doch entzieht es sich ihr wieder, indem es unser Auge anleitet, die Bedeutung des Ganzen zu begreifen. Das aber könnten sie gar nicht, wenn nicht jeder dieser Teile ein Individuum aus eigenem Recht wäre, das eine Fülle von Gefühlen in uns wachruft. Jedes Detail darf für sich den Anspruch auf eine dauerhafte Existenz erheben; aber es gibt ihn wieder auf, um sich dem Ganzen einzuordnen.«[17]

---

15 Max Imdahl, *Ikonik. Bilder und ihre Anschauung*. In: Was ist ein Bild?, hrsg. v. G. Boehm, a.a.O., S.319.
16 Ebd., S.323.
17 Alfred North Whitehead: *Abenteuer der Ideen*, Einleitung von Reiner Wiehl. Aus dem Englischen von Eberhard Bubser, Frankfurt a.M. 1971, S.490. (Amerikanische Originalausgabe: *Adventures of Ideas* (1933). New York / London 1967, S.282).

Dieses Konzept der individualisierten Ganzheit und einer gleichzeitig ganzheitlichen Individualisierung läßt sich nach Whitehead im übrigen auch für dissonante Verhältnisse charakterisieren:

»Aber auch der Wert, den Dissonanzen haben können, beruht auf der kraftvollen Individualität der widerstreitenden Details. Die Dissonanz hebt den Charakter des Ganzen, wenn sie dazu beiträgt, der Individualität seiner Teile mehr Substanz zu geben. Sie vermittelt dann um so nachdrücklicher das Gefühl, daß jeder dieser Teile einen Anspruch auf eine Existenz aus eigenem Recht hat, und sie bewahrt das Ganze zumindest vor der Zahmheit einer bloß qualitativen Harmonie.«[18]

Die Spannung, die durch dieses Verhältnis erzeugt wird, ist in gewissem Sinne eine Paradoxie – jedenfalls in einer an logischer Konsistenz orientierten sprachlichen Darstellung. Das Einzelne hat bis in die letzte Faser hinein ein Eigenrecht seiner Darstellungsfunktion, eine Eigengestalt, die nicht angetastet werden darf. Gleichwohl fügt es sich selbst mit den anderen eigengestaltigen und eigenrechtlichen Einzelnen zum Ganzen, das seinerseits ein eigenes Recht und eine Gestalt besitzt und nur in dieser Individualität das Werk ist.

Zum Kunstwerk wird ein Bild, so kann man sagen, dadurch, daß sowohl in ihm selbst ein Prozeß der Individualisierung zu seinem – man kann da übrigens immer hinzufügen: vorläufigen – Ende gekommen ist, als auch unserem Sehen ein solcher Prozeß der Individualisierung abgefordert wird.

Die Spannung zwischen den Details – weniger gegenstandsbezogen können wir auch sagen: zwischen den Nuancen – und dem Ganzen, zwischen Nuancierung und Konfigurierung, kann nur durch eine konkrete Leistung erzeugt werden. Die Nuancierung ist als solche eine Konfigurierung. Und die Konfigurierung ergibt sich durch die Nuancierung, so wie die Nuancierung ohne die gleichzeitige Konfigurierung das Bild in Einzelheiten zerfallen ließe. Man kann sich diesen wechselseitigen Bezug geradezu experimentell vor Augen führen, indem man Verschiebungen und Ersetzungen in einem Bild anbringt – natürlich nur in der Reproduktion eines Bildes. Selbst die geringste Veränderung, sei es in der Konfiguration, sei es in der Nuancierung, verändert das Bild in seinem Charakter. Meist verliert es seine innere Spannung, die als eine »gegenstrebige Harmonie«, wie sie Heraklit am Bild von

---

18 Ebd., S. 490f. (Amerikanische Originalausgabe S. 282f.).

Das Bild in der Bilderflut 121

den Saiten des Bogens und von der Leier veranschaulicht,[19] das Ineinander von Nuancierung und Konfigurierung in ein Bild faßt.

Eine augenfällige Demonstration liefert übrigens Max Imdahl mit der Verschiebung der Christusfigur im Bildfeld des Centurioblattes im Codex Egberti.[20] Nur in der Stellung, in der die Christusfigur tatsächlich in das Bild gerückt ist, gewinnt sie ihre überragende Bildbedeutung.

Diese Spannung einer »gegenstrebigen Harmonie« besteht in einem, wie Oskar Becker immer wieder betont, fragilen Gleichgewicht. Diese »Fragilität des Ästhetischen«[21] besteht in der »extreme[n] Empfindlichkeit gegen (gedachte) Änderungen«[22]:

»Genau so und nicht anders muß das Werk oder das erwachsene ›Ding‹ sein, damit es das Niveau seiner Schönheit halten kann; irgendeine noch so kleine Änderung in irgendeiner Richtung würde es rettungslos verderben: der kleinste Schritt vom steil aufragenden Gipfel führt in den Abgrund. In diesem Sinn ist es ›vollendet‹.«[23]

Wenn man die Formulierungen Oskar Beckers auch als ein wenig dramatisierend empfinden mag, bringt er mit ihnen doch etwas zum Ausdruck, das der Rede von der Individualisierung einen tieferen Sinn gibt. Die »Fragilität des Ästhetischen« verleiht dem Kunstwerk den Charakter des Ereignisses. Die »Vollendung«[24] ergibt sich nur in einem

---

19   Heraklit, Fragment 51: »Sie begreifen nicht, daß es [das All-Eine], auseinanderstrebend, mit sich selber übereinstimmt: widerstrebende Harmonie wie bei Bogen und Leier.« Vgl. dazu auch Fragment 8: »Das Widerstrebende vereinige sich und aus den entgegengesetzten (Tönen) entstehe die schönste Harmonie, und alles Geschehen erfolge auf dem Wege des Streites.« Hier zitiert nach *Die Vorsokratiker. Die Fragmente und Quellenberichte.* Übersetzt und eingeleitet von Wilhelm Cappelle. Stuttgart 1968, S.134.
20   Max Imdahl, *Bildsyntax und Bildsemantik. Zum Centurioblatt im Codex Egberti*, in: Max Imdahl, Gesammelte Schriften, Band 2: Zur Kunst der Tradition, Frankfurt a.M. 1996, S.86–93.
21   Vgl. z.B. Oskar Becker, *Dasein und Dawesen. Gesammelte philosophische Abhandlungen.* Pfullingen 1963, S.16f.
22   Ebd., S.17.
23   Ebd., S.17, siehe auch S.108 und Oskar Becker: *Grundprobleme existenzialen Denkens* (Ms.) § 57.
24   Man muß diese »Vollendung« im übrigen nicht als Ausschluß von Veränderungen durch den Künstler lesen. Kennen wir doch all die kleinen und großen Änderungen, die die meisten Werke hinter sich hatten oder denen sie noch unterworfen wurden, ohne sogleich ihren künstlerischen Rang zu verlieren. Man denke etwa

Augenblick. Sie ist nicht einfach ein Zustand, sondern die gebliebene Spur eines in sich gespannten Zusammentreffens von Wahrnehmung und Ausdruck, das beide, die Wahrnehmung und den Ausdruck, zu einem Neuen, zum Werk, werden läßt. Thomas Mann spricht hier von der »schmerzliche[n] Sensibilität der Beobachtung, deren Erscheinung und Ausdruck« eine »kritische Prägnanz« der Bezeichnung« erzeugen kann. Und: »Die einzige Waffe aber, die der Reizbarkeit des Künstlers gegeben ist, um damit auf die Erscheinungen und Erlebnisse zu reagieren, sich ihrer damit auf schöne Art zu erwehren, ist der Ausdruck, ist die Bezeichnung, und diese Reaktion des Ausdrucks, die, mit einigem psychologischen Radikalismus geredet, eine sublime *Rache* des Künstlers an seinem Erleben ist, wird desto heftiger sein, je feiner die Reizbarkeit ist, auf welche die Wahrnehmung traf. Dies ist der Ursprung jener kalten und unerbittlichen Genauigkeit der Bezeichnung, dies der zitternd gespannte Bogen, von welchem das *Wort* schnellt, das scharfe, gefiederte Wort, das schwirrt und trifft und bebend im Schwarzen sitzt«.[25]

Auch wenn man diesen Bemerkungen und insbesondere dem scharfen, gefiederten Wort, das zitternd vom gespannten Bogen schnellt, den polemischen Anlaß anmerkt, gelingen Thomas Mann doch Formulierungen, die den Ereignischarakter des gelungenen Ausdrucks festhalten. Wie bei allen Zeugnissen, die ich herangezogen

---

an die vielfachen Übermalungen der Gemälde von der Renaissance bis zu Claude Monets späten Seerosentableaus und Mark Rothkos Farbflächenbildern, an die im Parodieverfahren genutzte Vervielfältigung der angeblich ewigen Werke eines Johann Sebastian Bach und die geradezu unglaublich kreative Wiederverwendung musikalischer Substanz bei Georg Friedrich Händel, an die Überschreibung ganzer Passagen im Werk von Thomas Mann. Jeder, der all dies und mehr zur genußvollen Kenntnis genommen hat, weiß, daß es angesichts dieser zahllosen kleinen und großen Änderungen sogar schwierig ist, das eine Werk zu bestimmen. Ich gehe so weit zu behaupten, daß es auch oder gerade für den Künstler selbst im allgemeinen nicht nur *eine* Realisierung eines Werkes gibt. Die jeweils entstandenen Werke lassen sich näher am künstlerischen Schaffensprozeß verstehen, wenn man in ihnen Dokumente dieses Schaffensprozesses in seiner letztlich unabschließbaren Entwicklung sieht. Gleichwohl kann man sie auch in dieser Mannigfaltigkeit als »vollendet« ansehen, wenn sie für sich jeweils ein fragiles Gleichgewicht in der Spannung zwischen Nuancierung und Konfigurierung erreicht haben.

25 Thomas Mann, *Bilse und ich* (1906), in: ders., Große kommentierte Frankfurter Ausgabe. Werke – Briefe – Tagebücher, Band 14.1: Essays I 1893–191, Frankfurt a.M. 2002, S.107f.

habe, läßt sich die Spannung des Gelingens, das im übrigen – wie Thomas Mann als Künstler bezeugt – durchaus schmerzlich sein kann und der Strenge und Schärfe nicht entbehren muß, in einem Augenblick erreichen und erhalten. Der Augenblick des Gelingens ist erfüllt von der Neuheit des Neuen, das vorher nicht Besitz noch Erwartung war und nachher zum wenigstens einmal Gewußten und Gekonnten absinkt und dadurch seine Neuheit verloren hat.

Helmuth Plessner sieht in diesem Augenblick des Gelingens einen »glücklichen Griff«, der nicht vorweggenommen werden kann, sondern sich erst in seiner Realisierung ergibt: im Ereignis der »Einheit von Vorgriff und Anpassung«, die »allein echte Erfüllung heißen« darf.[26] Und eben weil dieser »glückliche Griff« Ereignis ist und nicht Zustand bleibt, wird zugleich mit dem gelungenen Werk auch die Diskrepanz zwischen Erreichtem und Erstrebtem zum Ereignis. »Und da das Streben nicht aufhört und nach Realisierung verlangt, kann ihm das Gewordene *als* Formgewordenes nicht genügen. Der Mensch muß sich erneut an's Werk machen.«[27] Und so stellt Plessner am Ende denn fest: »Aus dieser Grundbewegung ergibt sich die Geschichte.«[28]

---

26 Helmuth Plessner, *Die Stufen des Organischen und der Mensch. Einleitung in die philosophische Anthropologie*, Berlin / New York 1975, S. 336: »Die ursprüngliche Begegnung des Menschen mit der Welt, die *nicht* zuvor verabredet ist, das Gelingen der Bestrebung im glücklichen Griff, Einheit von Vorgriff und Anpassung, darf allein echte Erfüllung heißen.«

27 Ebd., S. 337f.: »Die Vorwegnahme der Form, ihre Berechnung ist nur da möglich, wo der Mensch über die Wirklichkeit schon Bescheid weiß und seinen Intentionen die Erfüllungen garantiert sind. Die Form dagegen, von der als dem Abstand zwischen Zielpunkt der Intention und Endpunkt der Realisierung die Rede ist, läßt sich eben deshalb nicht vorwegnehmen, vom Inhalt wegnehmen und auf den Inhalt stülpen, sie *ergibt* sich in der Realisierung. Sie widerfährt dem Inhalt, der nur das während der Realisierung durchgehaltene Ziel des Bestrebens ist. Eben deshalb hat es [sc. das Subjekt] ein Recht und die Pflicht, das Gelingen *von Neuem* zu versuchen. […] Erst am gelungenen Werk, an der realisierten Gebärde und Rede merken wir den Unterschied. Realisiert, bricht es auch schon in das Was und Wie auseinander. Die Diskrepanz zwischen dem Erreichten und dem Erstrebten ist Ereignis geworden. […] Und da das Streben nicht aufhört und nach Realisierung verlangt, kann ihm das Gewordene *als* Formgewordenes nicht genügen. Der Mensch muß sich erneut an's Werk machen.«

28 Ebd., S. 339.

Nachdem das Werk geschaffen ist, ist nicht nur der Betrachter sondern auch der Künstler von diesem Augenblick getrennt. Beide müssen in dem Ausdruck des Augenblicks, die im Werk geblieben ist, dem Ereignis des Gelingens nachspüren. Dieses Nachspüren verlangt ein besonderes Hinsehen, verlangt Aufmerksamkeit und Arbeit. Die Kunst im Werk ergibt sich nicht dem flüchtigen Blick. Dem flüchtigen Blick zeigt sich kein Bild. Um ein Bild zu erkennen, bedarf es des aufmerksamen, des im Bild verweilenden Blicks.

Und auch dies sei noch hinzugefügt: Die Aufmerksamkeit des verweilenden Blicks muß auf eine Arbeit des Lesens zurückgreifen können. Denn nicht jede Form der Nuancierung und Konfiguration erschließt sich sofort und jederzeit. Beides, Nuancen und Konfigurationen, entwickeln sich in Kontexten, in einer Grammatik der Verweisungen und Gewichtungen, die sie lesbar macht. Ob ich etwa ein Bild von Cy Twombly lediglich als Gekritzel wahrnehme oder als symbolische Gesten, die den Anfang der Sinnbildung in eine Bildform zwischen Kritzeln, Malen und Schreiben bringen,[29] hängt von meiner Fähigkeit ab, einen Kontext für das Bildereignis aufzubauen. Aber auch die scheinbar so vertrauten und uns unmittelbar zugänglichen Bilder Leonardos erschließen sich in ihrem inneren Bildsinn erst dem geschulten Blick, der die Arbeit des Lesens geleistet hat.

Mit anderen Worten: Auch das Sehen eines Bildes in seinem Ereignischarakter, nämlich als Spur des Ereignisses, in dem der Maler die Innenspannung der Nuancen und der Konfiguration zu einem Werk geformt hat – auch dieses Sehen ist ein gelingendes oder scheiterndes Sehen, ist selbst ein Ereignis, in dem sich die Sicht des Betrachters individualisiert. Kunst, so kann man allgemein formulieren, realisiert sich in der Begegnung zweier Individualisierungsprozesse, in denen im Werk die Spur des Künstlers – also die Spur der Individualisierung in der Formbildung – auf die Wahrnehmung des Rezipienten trifft. Wenn dabei die Form des Werkes die Wahrnehmung des Rezipienten zu einer individuellen Selbstformung bringt, ist Kunst real geworden.

---

29 Ich zitiere hier aus dem Klappentext meines Buches *Die kulturelle Existenz des Menschen*, Berlin [Akademie Verlag] 1997, für dessen Titelseite ich ein unbetiteltes Bild von Cy Twombly (1967) gewählt habe. Vgl. auch den vollständigen Text in: *Cy Twombly* (Ausstellungskatalog Galerie Karsten Greve), Köln 1997, S.62 mit dem Bild *Untitled 1967*, S.63–64.

Das Bild in der Bilderflut 125

Auf die Frage nach dem Bild gewendet: In diesem Aufeinandertreffen des individualisierten Werkes und des sich individualisierenden Blicks besteht die Eigenwirklichkeit des Bildes, und zwar des Bildes als eines Kunstwerks.

Versteht man das Bild, von dem in meinem Vortragstitel die Rede ist, in diesem Sinne, dann gibt es keine Bilderflut und kann es auch keine geben. Was es gibt, ist nicht eine Flut von *Bildern*, sondern von *Bildzeichen*. Denn auf all dies, was ich als charakteristisch für das Bild angeführt habe, kommt es in dieser Flut gerade nicht an. Selbst wenn es Bilder sind, die da gezeigt werden, oder wenigstens Reproduktionen von Bildern, soll unser Blick darauf nicht verweilen, es soll keine Spannung der Bildverhältnisse aufgebaut, im Betrachten des Dargebotenen soll ein Ereignis, ein Augenblick der individualisierten Sicht nicht einmal zugelassen werden. Das, was in der Form von Bildern unserem Blick dargeboten wird, sind in der Tat nur Reize, die zum Anreiz werden sollen. Indem es den Blick auf sich zieht, sich ihm aber als Bild verweigert, wirkt es als Verweis auf etwas anderes als es selbst, ist es ein Zeichen, ein Bildzeichen.

Bildzeichen verändern unser Sehen. Sie müssen sich wiederholen, um wirken zu können. Damit erzeugen sie für sich selbst eine Art von All- und Dauerpräsenz. Und sie stehen nicht für sich selbst, sondern erreichen uns im Verband der Verweisungen, eben als Zeichen, und arbeiten Zeichen für Zeichen, Blick für Blick eine eigene Welt der Assoziationen aus. Sie verschmelzen mit anderen Zeichen zu einem Komplex von Verweisungen, der irgendwann so festgefügt sich in den Blick einnistet, daß er emblem- oder logofähig wird.

Das mag man noch weiter ausführen. Wonach ich hier aber frage, ist die Rolle der Kunst, also des Bildes als eines Kunstwerks, in dieser emblem- und logofähigen Welt der vervielfältigten Bildzeichen. Die Antwort könnte melancholisch ausfallen: Nachdem wir dabei sind, unsere Lesefähigkeit zu verlieren und uns auf die digital gesteuerte Visualisierung zu verlassen, sind wir nun durch die Reduktion der Bilder auf Bildzeichen dabei, uns auch der Sehfähigkeit – der Fähigkeit, wirklich Bilder zu sehen – zu berauben. Nicht nur einer »Invasion der Barbaren«[30] sind wir ausgesetzt, sondern es hat die Unterwanderung längst stattgefunden, und so wäre denn von einer – zudem noch als

---

30 Natürlich denke ich hier an den Film von Denys Arcand.

lustvoll und interessant propagierten und empfundenen – Mutation zu Barbaren zu reden.[31]

Eine solche Feststellung wäre kein guter Schluß für einen philosophischen Vortrag – jedenfalls dann nicht, wenn man die Dialektik der Aufklärung[32] nicht noch überbieten will. Ich vertraue statt dessen auf die Rolle der Kunst, auf ihre subversive Kraft und ihre unverhofften Listen. Da kann man auf Pop Art und Junk Culture, auf Noveau Realisme und Common Object Painting, auf Neo Dada und New Vulgarism, auf Antikunst und Know-Nothing-Genre[33] hinweisen und immer neue Kunstrichtungen ausmachen: Ihnen allen ist gemeinsam, die unser Leben durchspülenden Bildzeichen in die Kunst einzubauen, sie zu Elementen von Bildern zu machen.

Wie niemandem sonst, ist Sigmar Polke das, wie es schien, eigentlich Unmögliche gelungen. Er bestückt seine Bilder mit den Symbolen der bürgerlichen Trivialkultur – mit Palmen und Nierentischen, mit strahlenden Schönheitsklischees und dem Dürerschen Hasen –, mit den photographisch dokumentierten Schrecksymbolen von Krieg und Vertreibung, malt per Hand Rasterbilder, die nicht wie gemalt aussehen, füllt ein Bild mit Handtüchern oder Hemden, benutzt transparente Bildträger oder als Bildträger auch Stoffe, die man sonst vors Fenster hängt oder zur Kleidung verwendet. Martin Hentschel bringt diese mit dem Witz zusammen:

---

31 Dies wäre ein Teil der Antwort, die Max Horkheimer und Theodor W. Adorno geben: *Dialektik der Aufklärung. Philosophische Fragmente.* Frankfurt am Main 1988 (Erstveröffentlichung 1944), vor allem das Kapitel *Kulturindustrie. Aufklärung als Massenbetrug*, S.128–176.

32 Das Erstaunliche an diesem kulturkritischen Buch ist für mich immer noch die völlig rückwärts gewandte Ästhetik, die glaubt, Werbung (»Reklame«) und Pop, Jazz und überhaupt jede Form von Trivialen und des »Amusements« bzw., wie wir heute sagen würden, der »Spaßkultur«, verdammen und bekämpfen zu müssen. Geradezu bizarr mutet dieser Kampf an, wenn er nicht mit den kanonischen Verallgemeinerungen der Kritischen Theorie, sondern über Analysen der inkriminierten Kunst- bzw., wie es kritisch korrekt heißen müßte, Unterhaltungsformen geführt wird, z.B. gegen den Jazz – »und ewig stampft die Jazzmaschine« (ebd., S.157) –, der durch sein »Prinzip der Synkope […] das Stolpern zugleich verhöhnt und zur Norm erhebt.« (ebd., S.162).

33 Diese Aufzählung habe ich übernommen aus Martin Hentschel: *Solve et Coagula. Zum Werk Sigmar Polkes*, in: Sigmar Polke, Die drei Lügen der Malerei, Ostfildern-Ruit 1997, S.41.

»Er ist der Künstler, der das gesamte Schwemmland unseres kulturellen Erbes beackert und dabei auch den Kulturschutt mit aufliest. Er tut dies mit Witz. Denn der Witz ist ein kombinatorischer Geist, wie Friedrich Schlegel sagt. Er besteht in dem ›Vermögen, die Ähnlichkeiten zwischen Gegenständen aufzufinden, die sonst sehr unabhängig, verschieden und getrennt sind [...]‹. Wie die Alchemie, so bewirkt der Witz eine Zersetzung geistiger Stoffe und ist gleichermaßen chemisch bindendes Prinzip. Dergestalt ist er von einer überraschenden Zufälligkeit, unvordenklich, ›ein Blitz aus der unbewußten Welt, die für uns immer neben der bewußten besteht, und stellt auf diese Weise den *fragmentarischen Zustand unseres Bewußtseins* sehr treffend dar.‹«[34]

Ob es nun der Witz oder auch die Ironie, die Martin Hentschel an anderer Stelle erwähnt, sind, mit der der Einbau der Bildzeichen in die Bilder oder – besser gesagt – die Transfiguration der Bildzeichen bzw. die Verklärung des Gewöhnlichen[35] zum Bild in Polkes Werk erreicht wird, mag dahingestellt bleiben. Was in dem hier vorgestellten Zusammenhang bemerkenswert erscheint, ist die Rede von der unvordenklichen überraschenden Zufälligkeit, vom Blitz aus der unbewußten Welt, der uns trifft, und vom fragmentarischen Zustand unseres Bewußtseins. Damit sind fast wörtlich die Beschreibungsformen für den Ereignischarakter des Kunstwerks genutzt. Der Witz, von dem Martin Hentschel redet, ist der Funke des Aufeinandertreffens von Verschiedenem, sogar voneinander Unabhängigem, von – ich steigere die Distanz – einander Fremden.

Eben dies ist die Rolle der Kunst in der sogenannten Bilderflut: Sie, diese Bilderflut, wird ins Bild gebannt – mit dem Bannzauber des Augenblicks der gelingenden Form, dieses zusätzlich zu all den Überlegungen und Konzeptionen, den Vorarbeiten und der souveränen Routine des arbeitenden Künstlers unvordenkliche Aufblitzen im Werk.

Es ist schon wahr: Diese Transfiguration, dieser Bildzauber ändert nichts an der Bilderflut. Aber warum auch? Ändert sich doch unser

---

34 Martin Hentschel, *Solve et Coagula*, a.a.O., S.90. Beide Binnenzitate stammen von Friedrich Schlegel und sind entnommen aus Otto F. Best: *Der Witz als Erkenntnis und Formprinzip*, Darmstadt 1989, S.79, 76.

35 Ich paraphrasiere hier den Buchtitel von Arthur C. Danto. Er lautet im Englischen: *The Transfiguration of the Commonplace. A Philosophy of Art*, Cambridge, Mass./London, England 1981. Ins Deutschen ist er übersetzt als: *Die Verklärung des Gewöhnlichen. Eine Philosophie der Kunst*, Frankfurt a.M. 1991.

Blick auf sie. Die Bilderflut durch die Bilder der Kunst betrachtet – und natürlich sehe ich dabei vor allem Sigmar Polkes Bilder vor mir – bleibt nicht mehr nur ein Anspülen von Bildreizen. Sie wird zur Anregung des Sehens. Durch die Bilder der Kunst hindurch können wir sie zu einem Anregungsfeld der Nuancierung und Konfigurierung, zum Material eines sich selbst gestaltenden Sehens objektivieren und sie so mit Ironie und hoffentlich auch ein wenig Witz als Beitrag zur Arbeit am Bild nutzend wahrnehmen. Das eigentlich Heitere an dieser Haltung wäre das Quentchen Freiheit, das wir dadurch gewinnen. Und das ist nicht wirklich wenig.

Francesco D'Agostino

Wie ist Wissenschaft zu denken?

1. Welche *Ansprüche* hat die Wissenschaft? Worauf *hoffen* Wissenschaftler? Auf bemerkenswert synthetische Weise drückt es der auf dem Grab von David Hilbert in Göttingen eingravierte Epitaph aus: »*Wir müssen wissen. Wir werden wissen!*« Wissen, um den Bereich des Wissens zu erweitern, so können wir Wissenschaft beschreiben, wie diese selbst beschrieben werden möchte: als Denken (oder wenigstens als Dimension des Denkens), aber noch mehr als *soziale Praxis*, oder, wenn man will, als kollektives Unternehmen, offen für die Konstruktion der Zukunft.

2. Als soziale Praxis verfügt Wissenschaft nicht über ein eindeutiges Statut, jedenfalls nicht über ein von allen gemeinschaftlich akzeptiertes. In der Moderne hat sie ein Doppelgesicht angenommen, beladenen mit Ambiguität: ein wohlwollendes Gesicht, das veranlaßt, die unverdientesten Hoffnungen in sie zu setzen; und ein übel gesinntes Gesicht, das Gesicht einer unwiderstehlichen und blinden Kraft, bereit zu versklaven. Die beiden Gesichter machen sich das Feld streitig, und es ist schwierig einzuschätzen, ob es einem der beiden gelingen wird, endgültig über das andere zu triumphieren. Aber die Tatsache selbst, daß es zwischen beiden diese harte Dialektik gibt, ruft bei den Wissenschaftlern unweigerlich ein Gefühl des Unbehagens hervor, wenn nicht gar eine wirkliche und wahre Unruhe, die teilweise objektiv begründet ist. Als Initiatoren des Denkens müssen die Wissenschaftler befürchten, daß es ihnen nicht gelingt oder daß sie es gar nicht schaffen, ihr Wissen über die Ausbildung geeigneter Denker weiter zu geben. Als Fachleute des *Sozialen* hingegen werden die Wissenschaftler von einer subtileren Unruhe bedrängt; sie spüren das konkrete Risiko, ihren traditionellen Status zu verlieren, den sie in der Moderne – zumindest seit dem »Fall Galilei« – als Akteure einer unabhängigen sozialen Institution genießen.

3. Reflektieren wir weiter über diesen Punkt. Als *Institution* hat die moderne Wissenschaft es immer angestrebt, sich *selbst* zu legitimieren, zwar als ein öffentliches, aber ein autonomes Wissen, das nur den dazu bestimmten *Experten* (die als solche von der Wissenschaft selbst qualifiziert werden) zugänglich ist; ein den nicht Eingeweihten nicht kommunizierbares Wissen – wenn nicht in äußerlich populärwissenschaftlicher Form – und also auch nur von innen her anfechtbar (*peer review*). Als *soziale* Institution hat es die moderne Wissenschaft immer angestrebt, daß das juristische System sie autorisieren würde, mit ihren eigenen und intrinsischen Kriterien die auf sozialer Ebene in jeder konkreten Situation objektiv gültigen Erkenntnisse zu bestimmen. Und das moderne Recht, das mit der Wissenschaft interagiert, hat traditionellerweise sehr wohl von sich aus akzeptiert, sich als ein System *technischer Normen* zu denken, die also *passiv* und auf eine juristisch *akritische* Weise Erkenntnisse rezipieren, die außerhalb ihres Bereichs ermittelt wurden (man denke an die juristische Institution des »Gutachtens«).

4. Das eben vorgestellte Modell, das für die *moderne* Epoche typisch ist, scheint heute von allen Seiten ins Wanken zu geraten: auch in diesem Bereich gelangen wir, oder sind schon gelangt, in einen *postmodernen* Horizont. Die wachsende und unausweichliche Notwendigkeit der Wissenschaft, von Seiten der Gesellschaft finanziert zu werden, um die Forschungen voranbringen zu können, läßt die elitäre und fachspezifische Vision des Wissens der Wissenschaftler immer weniger plausibel erscheinen: Wer aufgerufen ist, Geld zu geben, wird früher oder später den Anspruch erheben, dessen Verwendung zu kontrollieren. Überdies eröffnen die neuen sozialen Auswirkungen bezüglich des in beinahe allen Grenzbereichen der Wissenschaft (exemplarisch die Genetik) bestehenden Risikos unvermeidlich zu Lasten der Wissenschaft einst nicht vorstellbare öffentliche und kollektive Diskussionsräume, welche die traditionelle *Neutralität* des Rechts in Bezug auf das Wirken der Wissenschaftler immer weniger akzeptabel erscheinen lassen.

5. In der *postmodernen* Epoche gelangt die Wissenschaft an den Punkt, sich *bedroht* zu fühlen. Sie wird bedroht durch die öffentliche Meinung, die sich nicht mehr naiv und akritisch von der Wissenschaft bestimmen läßt. Sie wird bedroht vom sozialen System, das über die Kontrolle der von der Wissenschaft benötigten Finanzierung beträcht-

lich eingreifen kann, um ihre Praktiken zu lenken. Sie wird bedroht vom juristischen System, welches immer weitergehendere Techniken einer *juristischen* Kontrolle des Tuns der Wissenschaftler ausarbeitet.

6. Emblematisch war die vor einigen Jahren – gesponsert von wissenschaftlichen Einrichtungen – von einem amerikanischen Wochenmagazin gestartete journalistische Kampagne, das auf der Titelseite das am Haupteingang eines Forschungsinstituts angebrachte Schild CLOSED zeigte, nachdem es gezwungen war, wegen »gerichtlicher Ermittlungen« die eigene Tätigkeit auszusetzen. Wir müssen mittlerweile einsehen, daß die Richter – durch die Ausweitung des Sachverhalts des *Schadenersatzes* – gegenüber den wissenschaftlichen und technologischen Praktiken immer mehr Eingriffsgewalt haben, wie es traditionell unvorstellbar war, und dies vor allem bezüglich Technologien, welche nur in freier Natur angemessen getestet werden können und hinsichtlich der eine Unterscheidung von auf das Laboratorium beschränkten Forschungen und ihrer Applikation in der Welt draußen obsolet ist (analoge Überlegungen wären für das Argument anzustellen, das Microsoft in den seit Jahren gegen das Unternehmen wegen seiner Monopolstellung in der Welt der Informatik angestrengten Prozessen benutzt: gerichtlich zu einer Aufspaltung verurteilt, verteidigt sich das Unternehmen mit der Berufung auf das Recht, die *Forschung* und *Entwicklung* im Bereich der Informatik voranzubringen, was gravierend behindert würde, müßte das erworbene *Know-how* auf eine Vielzahl einzelner, dezentrierter, nicht hierarchischer betrieblicher Zentren verteilt werden). Man kann davon ausgehen, daß es keinen einzigen Bereich mehr gibt (außer vielleicht den logisch-mathematischen, wobei selbst in diesem Fall genauere Untersuchungen zu Überraschungen führen könnten), wo die wissenschaftliche Forschung nicht zumindest teilweise dem Urteil des Rechts unterliegt. Die Bioethik (in all ihren Dimensionen, von der klinischen Ausrichtung – insbesondere der, wo es um Beginn und Ende menschlichen Lebens geht – bis hin zu denen, welche sich mit Umwelt, Lebensmittelproduktion oder den Biotechnologien beschäftigen) liefert dafür nur das augenfälligste Exempel.

7. An der Wurzel dieser Situation (die im angelsächsischen Raum mit dem aussagekräftigen Ausdruck *science in policy* bezeichnet wird) stehen aber nicht nur Dynamiken *soziologischer* Art, sondern in beträchtlichem Maße Fragen *epistemologischer* Art. Ohne sich wirklich

bis ins letzte bewußt gewesen zu sein, waren es die Wissenschaftler selbst, die das Ansehen der wissenschaftlichen Gemeinschaft als einer souveränen und autoreferentiellen *respublica* in Krise gebracht haben, indem sie den *nicht neutralen Charakter ihre Erkenntnisse* hervorgehoben haben, jedenfalls aber die *Unentscheidbarkeit* in streng wissenschaftlichen Begriffen von ontologischen Dimensionen von großem symbolischen und sozialen Gewicht (man denke nur an das Problem des ontologischen Status des menschlichen Embryos oder an das der »Rechte« der Tiere und Pflanzen, nicht genetischer Manipulation unterzogen zu werden).

8. Die Wissenschaft steht heute vor der Notwendigkeit, neue Formen der *Beglaubigung* von Seiten der Gesellschaft zu suchen. Diese wird ihrerseits für eine Beglaubigung der Wissenschaft fordern, daß die Wissenschaftler auf eine *Selbstbewertung* ihrer eigenen Praktiken verzichten, sich selbst für die einzigen offiziellen Hüter des wissenschaftlichen Wissens zu halten, und zu akzeptieren, die Bürger in ihre Entscheidungen immer mehr mit einzubeziehen. Die Erfahrung der *Komitees* (besonders der im Bereich der *Bioethik*) kann bis auf den Grund nur in diesem Kontext verstanden werden.

9. Die Krise des stillschweigenden Übereinkommens zwischen Wissenschaft und Gesellschaft wird sich, wie schon gesagt, unweigerlich in neuen Formen der sozialen Kontrolle der Wissenschaft auswirken, unter denen die juristische bereits ein klares Primat erlangt hat. Bezüglich der Wissenschaft und ihren Praktiken hat das zeitgenössische Recht, das die Funktion des Garanten der bürgerlichen Gesellschaft eingenommen hat, ebenso die Funktion einer höheren Kontrollinstanz des wissenschaftlichen Wissens angenommen.

10. Einige Beispiele: Es ist mittlerweile evident, daß das Recht heute aufgerufen ist, das wissenschaftliche Wissen auf normativem Wege zu *bestimmen*. Das Patent etwa wird mittlerweile als eine wahre und wirkliche *juristische Schöpfung wissenschaftlicher Entitäten* verstanden. Ein noch erhellenderes Beispiel ist die *juristische* Festlegung des Beginns menschlichen Lebens (die Theorie des sogenannten *Pre-Embryonen*). Man denke daran, wie das Recht eingreift, um jene Lücken zu schließen, die der Wissenschaft als notwendig und unvermeidlich gelten: dazu braucht man nur zu betrachten, welch juristisches Gewicht das

Prinzip der Vorkehrung angenommen hat. Die Europäische Union benutzt es in der äußerst lebhaften Polemik mit den USA, um die Verbreitung genmanipulierter Lebensmittel zu verbieten; dabei zeigt sich dieses Prinzip wie eine außer-wissenschaftliche Technik, um mit juristischen Bewertungen die unvermeidlichen Bereiche von Unsicherheit und Risiko aufzufüllen, welche Wissenschaft und Technologien hervorbringen können und welche diese aus guten Gründen gering zu halten versuchen, deren Bestehen sie ehrlicherweise aber auch nicht einfach negieren können. Und nicht zuletzt denke man an ein sicherlich im Anwachsen begriffenes Phänomen, und zwar die juristische Handhabung von Streitfällen zwischen Wissenschaftlern und Bürgern, wie auch zwischen Wissenschaftlern selbst. Während noch in nicht allzu ferner Vergangenheit die Lösung solcher Streitfälle der wissenschaftlichen Gemeinschaft selbst anvertraut war, mit der dafür notwendigen Zeit, berechtigt heute die Dringlichkeit von Antworten auf Zweifel, welche die öffentliche Meinung erregen, Richter widerstreitende Positionen zu legitimieren, vorausgesetzt die äußerliche Plausibilität (man denke zum Beispiel an die juristische Legitimation alternativer Therapien), und überhaupt Entscheidungen zu übernehmen, die sich direkt auf die Wissenschaft auswirken, die gleichwohl in der Substanz – weil sie eben von Richtern getroffen werden und nicht Wissenschaftlern – willkürlich sind.

11. Es ist also kein Zufall, daß man im angelsächsischen Raum mittlerweile von einer Krise der *mainstream science* spricht und man neben der Verweigerung aus Gewissensgründen das Recht einer *Verweigerung aus Wissensgründen* fordert, und zwar von Seiten derer, die sich in den auf normativem Wege bestimmten wissenschaftlichen Statuierungen nicht wiedererkennen. In New Jersey ist in dem 1991 gebilligten Gesetz, das die Feststellung des *Hirntods* als juristisch gültig anerkennt, auch das Recht des Bürgers verankert, im eigenen Falle auch die Anwendung des Kriterium des *Herztods* verlangen zu können. Von hier aus ist es nur noch ein kleiner Schritt bis zur Theoretisierung einer demokratischen Kontrolle der Bereiche, wo die sozial relevantesten wissenschaftlichen Paradigmen ausgearbeitet werden. Was die Umwelt angeht, ist dieses Szenarium bereits Realität, wie man feststellen kann, wenn man die Verordnungen der *Convention on Access to Information, Public Partecipation in Decision Making and Access to Justice in Environmental Matters* aus dem Jahre 1998 betrachtet.

12. In Termini der *Soziologie* kann man sagen, daß die Wissenschaft auf diese Weise einen hohen Preis für die außergewöhnliche Resonanz zahlt, die sie in der Moderne im sozial-politischen Gefüge hatte. In *politischen* Termini bedeutet dies, daß eine neue, nicht formale Konzeption von *Demokratie* Form annimmt, und zwar nach den Ansprüchen in einem *postmodernen* Horizont. Die Demokratie wäre nicht mehr zu verstehen als Doktrin, die im Willen der Mehrheit das Kriterium ausmacht, kollektive Entscheidungen zu treffen, sondern als soziale Praxis, das jedes Sprechen destruiert, das beansprucht, autoritäre Gültigkeit zu besitzen (wie eben das der Wissenschaft) und das die institutionellen Modalitäten vorgibt, um in der *bürgerlichen Gesellschaft* einen Diskussionsraum festzulegen und über jede Form von Autorität zu verhandeln.

13. Dieses Modell scheint heute in *postmodernem* Sinn zu grassieren. Es scheint siegreich zu sein, weil es seine eigentlichen Wirkungen noch nicht bis auf den Grund gezeigt hat, neben anderen (der Destruktion der *Wahrheitsansprüche* der Wissenschaft), die völlig *unrechtmäßige* Destruktion der Idee der *Person* (und ihrer Würde) und der Idee von *Wahrheit* im allgemeinen. Diese Formen der Destruktion finden keine angemessene Kompensation in einer idyllisierenden Bezugnahme auf die bürgerliche Gesellschaft und die Freiheit ihrer Debatten und Auseinandersetzungen: was kann in einem Horizont, der auf jede Form einer *starken* Rationalität verzichtet, garantieren, daß die bürgerliche Gesellschaft nicht ihrerseits Opfer ideologischer Manipulation wird und vor Formen einer epistemologischen Regression zurückweicht. Die postmoderne Kultur wird notwendig (in schwer absehbaren Zeiten) dahin tendieren, zu *implodieren*, wenn endlich klar sein wird, daß die demokratische Debatte die Legitimation hat, nach den Mehrheitsverhältnissen die Regelung der sozialen *Interessen* zu entscheiden, sie aber keine Legitimation hat, Fragen der Wahrheit zu statuieren. Die alte Mahnung, wonach es *in der Wissenschaft keine Demokratie gibt*, kann uns immer noch nützlich sein, nicht um die Wissenschaftler aus ihrer sozialen Verantwortung zu entlassen, sondern um im Wirken der Wissenschaftler das zu unterscheiden, was ihre Identität als *Wissenschaftler* betrifft und was ihre Identität als *soziale Akteure*. Der Verwechslung dieser beiden Dimensionen sind viele der hier diskutierten Schwierigkeiten geschuldet.

Andrzej Przyłębski

Das Problem der Lebenswelt als Geburtsort der hermeneutischen Philosophie

Der Titel dieses Beitrags drückt zugleich seine Hauptthese aus. Sie könnte auch so formuliert werden: Das Aporetische der anfänglich begründenden transzendentalphilosophischen Auffassung der Lebenswelt war eine der maßgeblichen Ursachen, die zur Geburt der hermeneutischen Philosophie beigetragen haben. Die Tragweite dieses Zusammenhangs beschränkt sich keineswegs auf die Entwicklung der akademischen Diskussion im Themenbereich »Phänomenologie und Hermeneutik«. Im Zuge der Entwicklung der europäischen Philosophie im 20. Jahrhundert ist es vielmehr zu einer hermeneutischen Wende der philosophischen Grundeinstellung und Forschungsausrichtung insgesamt gekommen.[1]

Einen Teil dieses Prozesses machen klarerweise die Entwicklungen der angelsächsischen Philosophie aus, die im sogenannten *linguistic turn* und überhaupt dem Blick auf die Alltagssprache, der Vorrangstellung der Analysen der Alltagssprache in der Lösung der alten Probleme der Metaphysik münden. Aus meiner Sicht ungleich wichtiger ist die Entwicklung der neuzeitlichen Bewußtseins- bzw. Transzendentalphilosophie, die – von Descartes über Kant, Fichte und Hegel bis auf Husserl – den Kern des europäischen Denkens darstellt, die Entwicklung nämlich, die sich hier andeutungsweise mit den Namen von Dilthey, Cassirer, Heidegger und Gadamer bezeichnen läßt. Diesen Entwicklungsweg kann man mit einer Reihe von Begriffen charakterisieren: ›Kultur‹, ›objektiver Geist‹, ›Überlieferung‹, ›Tradition‹ und dergleichen mehr. Ihnen allen gemeinsam scheint eine Abwendung von der reinen, transzendentalen, d.h. ahistorischen Subjektivität der bishe-

---

1 Das habe ich in einigen meiner anderwärtigen Publikationen zu zeigen versucht. Vgl. A. Przyłebski: *Hermeneutyczny zwrot filozofii*, Poznan 2005; *Hermeneutik als Zukunft der Philosophie*, in: Philosophie an der Schwelle zum 21. Jahrhundert, hrsg. v. E. Czerwinska-Schupp, Frankfurt a.M. 2004, S.39–52; *Verstehen als philosophische Kategorie. Plädoyer für einen Begriff*, in: Sprache und Verstehen. Transdisziplinäre Ansätze, hrsg. v. K. Neumer (Hg.), Wien 1998, S.141–160.

rigen Philosophie zu sein; und die Kompensierung der damit verabschiedeten Denkstücke durch Hinwendung zu einem Philosophieren unter dem Zeichen der Intersubjektivität. Weil sich das Intersubjektive am deutlichsten in der Gemeinsamkeit der Sprache manifestiert, darf man diese Wende der im Grunde idealistischen Philosophie ebenso als eine Hinwendung zur Sprache und Sprachlichkeit bezeichnen, trotz mancher wichtiger Unterschiede zum *linguistic turn* der Angelsachsen.

Was sich hier vollzogen hat, kann man denn auch gleichermaßen als eine hermeneutische Wende der Philosophie charakterisieren. Sie darf wohl als ein heute dominierendes Paradigma des Philosophierens gelten. Ein Paradigma liberalen Zuschnitts freilich, das – gemäß dem hermeneutischen Prinzip des Vorrangs des Gesprächs auf der Suche nach Wahrheit – verschiedene Zugangs- und Auffassungsweisen zuläßt und sogar begrüßt. Es herrscht ein Bewußtsein darüber, daß nur eine breit geschnittene, gemeinsame philosophische Erforschung der das Problem ausmachenden Phänomene eine Chance dafür gibt, der Komplexität der dabei entscheidenden Fragen gerecht werden zu können. – Der Zweck des vorliegenden Textes ist in dieser Hinsicht eher bescheiden. Er will lediglich auf den auslösenden Punkt dieser Umgestaltung und auf eine spezielle – meines Erachtens: die wichtigste – Linie dieser kontinentalen Entwicklung hinweisen. Ich sehe sie in der philosophischen Hermeneutik Hans-Georg Gadamers. Aus dieser Perspektive möchte ich deshalb am Ende meines Beitrags auch den zweiten Hauptbegriff des vorliegenden Bandes, d.h. Technologie in ihrem Verhältnis zur Lebenswelt, ansatzweise in den Blick bringen.

Eine kleine Erläuterung zum Terminus des ›Hermeneutischen‹ sei jedoch gleich vorweggenommen. Wenn ich hier über Hermeneutik spreche, dann meine ich weniger eine Technik bzw. die Summe aller möglichen Auslegungs- und Interpretationstechniken. Gemeint ist vorrangig das, was als hermeneutische Philosophie – auch heute noch mehr ein Forschungsdesiderat denn ein fertig vorliegendes Konzept – zu bezeichnen ist; und deren Entstehung ungeachtet der wichtigen Vorarbeiten von Schleiermacher, Nietzsche und Dilthey gemeinhin – wie ich glaube berechtigterweise – mit den Namen von Heidegger und Gadamer assoziiert wird. Denn erst in ihrem Denken wird Verstehen als Existenzial, als grundsätzlichste, fundamentalste Seinsform des Menschen gefaßt. Daß mit den inzwischen schon klassischen Konzeptionen von Heidegger und Gadamer freilich die Möglichkeiten eines hermeneutischen Zugangs in der Philosophie keineswegs vordefiniert, gar ausgeschöpft sind, zeigen aktuelle Bemühungen. So hat Ferdinand Fellmann bekanntlich, im Anschluß an die Arbeiten von Dilthey, eine alternative Fassung dessen, was man unter einer hermeneutischen Philosophie verstehen kann, ausgearbeitet. Er selber möchte eine verfrühte Synthese seines Konzeptes mit dem von Heidegger und Gadamer ausgeschlossen wissen. Soll doch die bisherige »Hermeneutik des Lesers« durch eine neue grundlegende »Hermeneutik des Users« ersetzt werden.[2] Daneben finden sich wichtige Programme, die von gleichen bzw. ähnlichen Phänomenen wie die hermeneutische Philosophie ausgehen und sich dadurch in deren Nähe plazieren, wie z.B. der Interpretationismus von Hans Lenk und besonders Günter Abel und die Zeichenphilosophie von Josef Simon und Tillmann Borsche.[3] Keiner von ihnen streitet die Verwandtschaft bzw. die Nähe seiner Theorie zu der Hermeneutik von Gadamer und Heidegger ab. Nichtsdestotrotz – alle diese im Grunde genommen genuin hermeneutischen Konzepte zu einer allgemeinen Theorie zu vereinbaren, die man als ›die hermeneutische Philosophie‹ bezeichnen dürfte, bleibt beim momentanen Stand eine zukünftigen Forschungen überlassene Aufgabe. Meine Beschränkung auf Gadamer als letzter Perspektive verstehe ich daher als im Zeichen der Vorsicht.[4]

2 Vgl. Ferdinand Fellmann: *Symbolischer Pragmatismus. Hermeneutik nach Dilthey*, Reinbek 1991.
3 Vgl. z.B.: Günter Abel: *Interpretationswelten*, Frankfurt a.M. 1993; Hans Lenk: *Interpretationskonstrukte. Zur Kritik der interpretatorischen Vernunft*, Frankfurt a.M. 1993; Günter Abel: *Sprache, Zeichen, Interpretation*, Frankfurt a.M.1999; Josef Simon, *Philosophie des Zeichens*, Berlin - New York 1989; Tillmann Borsche: *Was etwas ist. Fragen nach der Wahrheit der Bedeutung*, München 1990.
4 Ein neuer, wertvoller Partner in diesem Unternehmen wächst aus der Fortführung der Cassirerschen Philosophie der symbolischen Formen, insbesondere in der Fassung, die mit dem Namen Oswald Schwemmers verbunden wird. Die in seinen Arbeiten entstehende Philosophie der Kultur trägt einen genuin hermeneutischen Charakter.

I.

Am Beginn steht Martin Heidegger. Es waren die Schlußfolgerungen, die er aus der Entwicklung der phänomenologischen Problemstellungen Husserls gezogen hatte, die ihn zur Umwandlung der Phänomenologie in Richtung auf eine hermeneutisch verankerte Theorie veranlaßt haben. Was sie von der Phänomenologie Husserls unterscheidet, ist vor allem der Verzicht auf die Prätention der Voraussetzungslosigkeit und die Betonung des interpretativen Charakters unserer Auffassung und Beschreibung der phänomenalen Welt. Heidegger hat dadurch einen Prozeß auf die Bahn gebracht, der als die hermeneutische Wende der Phänomenologie gelten darf. Die Frage, die ich mir in diesem Beitrag stelle, ließe sich also zu einer anderen erweitern, zum grundlegenden konzeptionellen Problem nämlich, was für eine Rolle der für den späten Husserl so wichtige Begriff der Lebenswelt innerhalb der hermeneutischen Philosophie haben könnte.

Um diese Frage zu beantworten, gilt es einen kurzen Blick auf die Entwicklung der Transzendentalphilosophie Husserls zu werfen. Das erst kann zeigen, welche Bedeutung der Hervorhebung der Lebensweltproblematik für den Fortgang seines Denkens zukommt. Seine späte Abhandlung über *Die Krisis der europäischen Wissenschaften* unterscheidet von allen seinen übrigen Bücher vor allem das, daß sie die geschichtliche Perspektive berücksichtigt.[5] Sie ist der Krise der europäischen Kultur gewidmet, die in Husserls Sicht (mit)verursacht ist durch die Krisis des Selbstverständnisses der Wissenschaften. Dem gelte es, zu erreichen durch Verfahren der phänomenologischen Analyse, entgegenzuwirken und weiteren Tendenzen epochal vorzubauen: durch die Erhellung der kreativen Macht der transzendentalen Subjektivität, die in ihren konstituierenden Akten die Welt als Sinnzusammenhang bzw. Sinnstruktur projiziert.

Hauptverantwortlich für die Krise des europäischen Geistes sei die philosophische Naivität der traditionellen objektivistischen Philosophie. Eben sie habe zum Vergessen dessen geführt, daß alle Sinngebilde des menschlichen Geistes, einschließlich der empirischen Wissenschaften, einer ursprünglichen Sphäre der menschlichen Erfahrung

---

[5] Edmund Husserl: *Die Krisis der europäischen Wissenschaften und die transzendentale Phänomenologie*, hrsg.v. E.Ströker, Hamburg 1982 (2.Aufl.).

entstammen. Diese Sphäre ist die Welt des alltäglichen, praktischen, gesellschaftlichen und geschichtlichen Lebens. Husserl benennt sie bekanntlich als Lebenswelt. Die Überwindung der Krise zeigt sich also als insofern möglich, als es der Philosophie – und Phänomenologie ist hier besonders prädestiniert – gelingt, von der philosophischen Naivität zur ursprünglichen »Naivität des Lebens« zurückzukehren. Denn die fortgeschrittenen Wissenschaften, wie jede andere, hoch entwickelte Form des menschlichen Geistes auch, können sich ohne Besinnung auf ihre außertheoretischen, vitalen Quellen nicht adäquat verstehen. Und ihr falsches Selbstverständnis wirkt verhängnisvoll für alles, ist eine Gefahr für die weitere Entwicklung der menschlichen Zivilisation.

Dadurch aber erscheint in der späten Phänomenologie Husserls ein Problem, das ihm bereits in seiner mittleren Phase, der transzendental-idealistischen, d.h. egologischen Ausarbeitung – spätestens seit *Ideen I* – in den Blick trat, nämlich das Problem der natürlichen Welt, in einem entscheidend neuen Licht. Denn damit, so haben es manche seiner Anhänger, vor allem aus dem Bereich der phänomenologisch inspirierten Soziologie gesehen, verläßt Husserl das Gebiet des heiligen Faktums der positiven Wissenschaft in Richtung auf eine ursprünglichere Wirklichkeit als die, die uns *die* Wissenschaften präsentieren. In der Tat stellt Husserl unumwunden klar:

> »Ihr, der Welt der wirklich erfahrenden Anschauung, gehört zu die Raumzeitform mit allen dieser einzuordnenden körperlichen Gestalten, in ihr leben wir selbst gemäß unserer leiblich personalen Seinsweise. [...] Diese wirklich anschauliche, wirklich erfahrene und erfahrbare Welt, in der sich unser ganzes Leben praktisch abspielt, bleibt, als die sie ist, in ihrer eigenen Wesensstruktur, in ihrem *eigenen* konkreten Kausalstil ungeändert was immer wir kunstlos oder als Kunst tun«.[6]

Gleichwohl bleibt auch angesichts dieser ursprünglichen Erfahrungssphäre die genuine Aufgabe phänomenologischer Forschung, die apriorischen Strukturen, nämlich apriorischen Strukturen dieser Lebenswelt zu enthüllen. Denn »die Lebenswelt führt uns wieder zurück zum transzendentalen Ego und zu den sein Funktionieren bestimmenden

---

6 Ebd., S.54.

Strukturen. Das Begreifen dessen, daß auch die Welt des praktischen Lebens, die Welt des Alltags, etwas Konstituiertes ist, daß die Quellen seines Sinnes in bestimmten Funktionen, der bewußten – oder besser gesagt: unbewußten – Aktivität der Subjektivität zu finden sind, bringt uns, die philosophierenden Subjekte in die Nähe des Begreifens des wirklichen Sinnes der Realität der uns umgebenden Welt«.[7]

Die mathematischen Naturwissenschaften messen der Lebenswelt ein »wohl passendes Ideenkleid« an, um die »Leistungen der alltäglichen Voraussicht« zu steigern.[8] In Vergessenheit gerät dabei, daß das universelle Apriori des Objektiv-Logischen einem vorausgehenden, ursprünglicheren Apriori entstammt – dem reinen Apriori unserer Lebenswelt. Die Entwicklung der wissenschaftlichen *Methode*, wie anhebend mit Galileo, ist deshalb Entdeckung und Verdeckung zugleich. Es gilt, diese Verdeckung durch phänomenologische Analyse rückgängig zu machen bzw. ihrerseits zu relativieren. Hier, wo Husserl dabei in Berührung kommt mit der schwierigen Problematik der Intersubjektivität und der Geschichte, hat er am Ende denn doch auch Lebenswelt, in ihrer apriorischen Dimension gesehen, als konstituiert durch die absolute, transzendentale Subjektivität betrachtet.

2.

Eben die Ansetzung der transzendentalen Subjektivität als Ziel und Stütze der phänomenologischen Untersuchung hat bekanntlich zur Spaltung zwischen Husserl und seinem begabtesten Schüler Heidegger geführt. Letztlich als Ergebnis dieser intellektuellen und philosophischen Entfremdung beider, die während der Verfassung des Eintrags »Phänomenologie« für die *Encyclopaedia Britannica* sich abzuzeichnen begann, darf Heideggers Hauptwerk *Sein und Zeit* gelten. Das Buch steht als Ausarbeitung einer – anschließend an Lask, Dilthey und Simmel – nicht im transzendentalen Ego gründenden Phänomenologie des menschlichen Lebens. In diesem Sinne kommt auch das Thema »Welt« explizit in Erörterung, als die Ursprünglichkeit des menschlichen In-

---

7 So hat es eine polnische Husserl-Kommentatorin treffend gefaßt. Vgl. Krystyna Święcicka: *Husserl*, Warszawa 2001, S.107 (Übersetzung ins Deutsche – AP).
8 Husserl, *Krisis*, S.55.

der-Welt-Seins, und das Problem der Lebenswelt scheint darin implizit enthalten zu sein. Die Hermeneutik des Daseins – die Heidegger als »Hermeneutik der Faktizität« bezeichnet – kann man denn mit gutem Grund als eine Theorie der Lebenswelt betrachten. Das betrifft vor allem auch die darin enthaltenen pragmatischen Elemente, wie die Analyse der Zuhandenheit, des Zeugs, des Verstehens als ursprünglich »Sich-auf-etwas-Verstehen«, usw.[9]

Ich will diesen Aspekt hier nicht weiter verfolgen, ist er doch leidlich bekannt und scheint auch relativ klar zu sein. Ich möchte mich stattdessen in der gebotenen Kürze auf die vielleicht weniger bekannte Stellungnahme H.-G. Gadamers zur Problematik der Lebenswelt konzentrieren. Denn, wie mir scheint, hat Gadamer gesehen, wie Husserl in seiner Abhandlung zur Krise der modernen Welt auf den Gedanken einer internen, unaufhebbaren Aporie der transzendentalen Phänomenologie ihrerseits gestoßen ist.

In der Husserlschen *Krisis*-Schrift gibt es ein Passus, in dem sich bereits der Titel des Hauptwerkes Gadamers ankündigt. Husserl schreibt im Bezug auf die bereits erwähnte Formulierung über das »Ideenkleid«: »Das Ideenkleid macht es, daß wir für wahres Sein nehmen, was eine Methode ist«.[10] In seinem Werk *Wahrheit und Methode* bezieht sich Gadamer wohl auch mehrmals auf Husserl; es ist jeweils der Versuch, die wichtigsten Errungenschaften der Phänomenologie in seine eigene Forschung zu integrieren. In einigen wenigen der Phänomenologie direkt gewidmeten Aufsätzen geht er freilich mit dem Ideengut Husserls viel kritischer um.[11]

Nach Gadamers Sicht stellt die Entwicklung der Transzendentalphänomenologie eine konsequente Einheit dar, in der sich ohne Spaltungen und Brüche auch die Erforschung der Lebenswelt integrieren läßt. Auch nach der mit den *Ideen I* vollzogenen idealistischen Wende seiner Phänomenologie habe Husserl im Grunde wenig Probleme da-

---

9 Daran ändert nichts, daß er den Terminus ›Lebenswelt‹ kaum verwendet. Aus ähnlichen Gründen mied er auch das Wort ›Mensch‹, obwohl seine Fundamentalontologie vor allem eine philosophische Theorie des menschlichen Sein ist.
10 Husserl, *Krisis*, S.55.
11 Stellvertretend seien hier die folgenden Aufsätze Gadamers genannt: *Die phänomenologische Bewegung* (1963); *Die Wissenschaft von der Lebenswelt* (1972); *Zur Aktualität der Husserlschen Phänomenologie* (1974); alle abgedruckt in: Gesammelte Werke, Bd.3, Tübingen 1987, S.105–174.

mit gehabt, die eher mit seiner ersten Entwicklungsphase verknüpfte Wesensanschauung beizubehalten und einzugliedern. Dahinter stand, daß die eidetische Forschung ihren wahren Abschluß und eigentliche Verankerung in den sinnstiftenden Strukturen des reinen Ich finden sollte. Gadamer teilt dabei nicht die Hoffnung vieler Anhänger Husserls, daß mit dem Blick auf die Lebenswelt-Problematik ein dritter Anfang der Phänomenologie gegeben war. Denn auch sie war von Husserl eben nicht als eine Rückwendung zum wirklich Faktischen, Geschichtlichen, Leibhaftigen gedacht, sondern als phänomenologische Erforschung der apriorischen Struktur einer eben weiteren, umgreifenden phänomenalen Schicht, d.h. als die Bestimmung der Seinsgeltung dieses phänomenalen Bereichs.

Es war denn vor allem die Aufgabe einer weiter präzisierten Durchführung der transzendentalen Reduktion, wozu Husserl die Einführung der Lebenswelt diente. Was für ihn wirklich zählte, war nicht die inhaltliche Konstituierung der Lebenswelt, sondern die Selbstkonstituierung der Zeitlichkeit des inneren Zeitbewußtseins, d.h. des Ur-Ich. Die Theorie des Ur-Ich überwindet darum auch keineswegs die bereits in den *Cartesianischen Meditationen* entfaltete Argumentation, wonach die Konstituierung der Intersubjektivität, konstituiert durch den im transzendentalen Bewußtsein erfolgenden Akt der Einfühlung, der Existenz der sogenannten objektiven Welt und der menschlichen Gesellschaft vorangeht.

Nach Gadamer ist genau darin die Perspektive Husserlschen Denkens, ist durch die Einführung der Lebenswelt-Problematik die transzendentale Phänomenologie an ihre Grenzen gelangt. Das Ich, das, wie dies den Sinn des Lebenswelt-Begriffs ausmacht, immer innerhalb eines sozialen Kontextes, in einem sozial-personalistischen Wir, funktioniert, wird zugleich als Erzeuger dieses Kontextes in Anschlag gebracht. Beides zugleich läßt sich aber nicht haben, Theorie müßte sich zwischen einem Entweder–Oder entscheiden. Das, was durch »Lebenswelt« impliziert ist und was Husserl mit dem Begriff der anonymen Horizonte der Intentionalität markierte, zersprengt den Rahmen einer egologisch gefaßten Transzendentalphilosophie. Und auf diese Art und Weise erwies sich die Idee der phänomenologischen Letztbegründung als eine Illusion.

Husserl selbst bagatellisierte die Probleme, die mit den Untersuchungen der horizontalen Intentionalität verbunden waren. »Ein Horizont ist ja keine Grenze, sondern etwas, das mitwandert und zum weiteren Vordringen einlädt. So entspricht der Horizont-Intentionalität, die die Einheit des Erlebnisstromes konstituiert, eine ebenso umfassende Horizont-Intentionalität auf der gegenständlichen Seite. Denn alles als seiend Gegebene ist weltlich gegeben und führt damit den Welthorizont mit sich«.[12] Dadurch verpaßte Husserl die damit zusammenhängende wesentliche Chance. Auf die Pluralität der Lebenswelten antwortete er mit dem Konzept eines ahistorischen Apriori der Lebenswelt, vernachlässigte aber dabei die unreduzierbare Bezogenheit der Lebenswelt ihrerseits auf die konkrete Subjektivität, die sie erfährt, in ihr lebt, die sich also als reines transzendentales Ich nicht fassen läßt.

Es ist fraglich, behauptet deshalb Gadamer, ob das transzendentale Ego überhaupt die Lösung der unlösbaren Komplikationen sein kann, die darauf beruhen, daß die transzendentale Subjektivität durch einen gewissen universalen Horizont der Lebenswelt umgeben wird. Diese Subjektivität legt sich selbst nur in ihren subjektiv relativierten Strukturen aus. Das Einleben in eine Welt beinhaltet eine sich verändernde Fülle der Gegebenheitsweisen. ›Diese‹ Welt kann gar nicht anders als objektiver Pol der in der Lebenswelt stattfindenden Erfahrung gegeben werden.[13]

Wenn die die Welt konstituierende Subjektivität selbst zur konstituierten Welt gehört, und dadurch die horizontalen Unterschiede, die den Professor Husserl von einem Schwarzen aus dem Kongo unterscheiden, in Gang setzt, dann, so Gadamer, scheint eine eidetische Wissenschaft, die eben diesen Umstand ignoriert, nicht mehr möglich. Das Produktive, das im Konzept der Lebenswelt beinhaltet ist, kommt erst dann zum Tragen, wenn wir die Idee einer letztbegründenden Wissenschaft, die die Welt vom Bewußtsein abhängig sein läßt, verabschieden – verabschieden nämlich zugunsten der Explikation dessen, was unsere Erfahrung der Wirklichkeit leitet und bedingt. Dieses sind, darin liegt Gadamers bekannte These, die Voraussetzungen des Verstehens: Vorurteile, Vormeinungen, Voreingenommenheiten.

Diese denkerische Konsequenz in dieser Richtung hatte auch Heidegger schon klar gesehen. Die Husserlsche Begründung der Gegenstandskonstitution in der Selbstkonstitution des inneren Zeitbe-

---

12 Hans-Georg Gadamer: *Wahrheit und Methode*, GW 1, Tübingen 1990, S. 250.
13 Vgl. Gadamer: *Die Wissenschaft von der Lebenswelt*, a.a.O., S. 131f., S. 154–157.

wußtseins hat er darum als durch Hervorhebung und Ausarbeitung der exstatischen Zeitlichkeit des menschlichen Daseins zu überbieten begriffen. Seine Analyse des Daseins, ausgehend vom Sein im Alltag, war laut Gadamer denn zunächst einmal eine berechtigte Weiterführung des wichtigsten Elements der Phänomenologie Husserls. Ihr Ergebnis, die Aufweisung der Struktur der menschlichen Existenz, führte die Phänomenologie in Richtung auf die Enthüllung der konkreten Horizonte, die mit der Geworfenheit (Faktizität) des Daseins mitgegeben werden. Der entscheidende Schritt beruhte auf der Betrachtung der menschlichen Endlichkeit als des Bodens aller Seinsauffassung. Doch war auch darin, könnte man sagen, noch zu viel von der Husserlschen Macht der Subjektivität enthalten. Darum die Kehre im Denken Heideggers, die ihn aber problematischerweise aus der Hermeneutik herausgeführt hat zu einem monologisch-prophetischen »Denken des Seyns«, d.h. zur Verabschiedung der Philosophie als einem diskursiven Unternehmen der menschlichen Selbstreflexion.

Für Gadamer selbst hat die Sprache – bzw. die Sprachlichkeit des Menschen – die Rolle dieses Bodens übernommen. Die anonyme Horizontalität manifestiert sich in den Sprachen, die wir sprechen und durch die hindurch wir die Wirklichkeit »anschauen« und uns aneignen. Gadamer überwindet so das transzendentale Apriori der Lebenswelt durch ein dynamisches, sich historisch entwickelndes Apriori der Sprachlichkeit, die sich immer in einer konkreten, vom Gespräch her begriffenen Sprache manifestiert. Gadamer selbst hat seine Forschung trotz dieser Einschätzung gleichwohl der Phänomenologie zugerechnet:

> »Von da stellt sich eine Frage der philosophischen Methodik, die ebenfalls in einer Reihe von kritischen Äußerungen zu meinem Buch [*Wahrheit und Methode* – AP] aufgeworfen worden ist. Ich möchte sie das Problem der phänomenologischen Immanenz nennen. Das ist wahr, mein Buch steht methodisch auf phänomenologischem Boden. Es mag paradox klingen, wenn anders gerade Heideggers Kritik der transzendentalen Fragestellung und sein Denken der ›Kehre‹ der Entfaltung des universellen hermeneutischen Problems, die ich unternehme, zugrunde liegt. Ich meine aber, daß auch auf diese Wendung Heideggers, die das hermeneutische Problem erst zu sich selbst befreit, das Prinzip der phänomenologischer Ausweisung angewendet werden darf. Ich habe deshalb den Begriff ›Hermeneutik‹, den der

junge Heidegger gebrauchte, festgehalten, aber nicht im Sinne einer Methodenlehre, sondern als eine Theorie der wirklichen Erfahrung, die das Denken ist. So muß ich betonen, daß meine Analysen des Spieles oder der Sprache rein phänomenologisch gemeint sind«.[14]

3.

Das Scheitern der transzendentalen Phänomenologie am Problem der Lebenswelt war also nicht nur durch die von Heidegger kritisch betonte Seinsvergessenheit verursacht, sondern auch, wie Gadamer es hervorhebt, durch ihre Sprachvergessenheit. Gadamer hat die von Husserl bezeichnete Unterscheidung zwischen dem wahren und dem methodisch dazu gemachten Sein bzw. Wirklichkeit aufgenommen. Husserl hatte begriffen, stellte er fest, daß Philosophie hinter die Objektivität der Wissenschaften zur Realität der Lebenswelt zurückzugehen hat. Er glaubte freilich dabei, diese Aufgabe in Übereinstimmung mit seinem allgemeinen Ansatz bzw. Zugangsweise lösen zu können. Diesen gemäß sollte Phänomenologie die sich im reinen Ich vollziehende Konstituierung von allem, was gilt, enthüllen. Die Schwierigkeit aber beruhte darauf, daß die Lebenswelt entscheidend gerade solch Sinngestalten enthält, die die Möglichkeit einer solchen Enthüllung fraglich machen. Denn Lebenswelt ist – erstens – immer als eine genuin gemeinsame, d.h. intersubjektive, Welt empfunden, die das Mitdasein der Anderen einschließt. Diese Anderen sind – zweitens – immer als Personen genommen, lange bevor sie Gegenstände irgendeiner objektivierenden Wahrnehmung werden. Denn die Lebenswelt ist überhaupt – drittens – keine Welt der objektiv vorliegenden Gegenstände, sondern die praktische, geschichtlich sich wandelnde Welt, eine Welt, in der Menschen vor allem handeln müssen, um zu überleben. Infolge all dessen scheint jederlei eidetische Ontologie, die das Gesamt der möglichen Lebenswelten fundierte, d.h. in sich begriffe, nicht realisierbar zu sein.

Das besagt, wie angedeutet, nicht, daß aus der Sicht der hermeneutischen Philosophie nicht auch ein unverlierbares produktives Mo-

---

14 Gadamer: *Wahrheit und Methode*, Vorwort zur 2. Auflage, in: Gesammelte Werke, Bd.2 (GW 2), Tübingen 1993, S.446.

ment in der Idee der Lebenswelt anzuerkennen ist. Bei Gadamer steht neben aller Kritik denn auch gleichermaßen der Tribut an Husserl, die Betonung dessen, was er durch seine Thematisierung der Lebensweltproblematik erreicht hat. Der Heidelberger Philosoph ist der Ansicht, daß

> »Husserl den Rückgang auf das Leben zu einem schlechterdings universalen Arbeitsthema gemacht und damit die Einengung auf die Frage der Methoden der Geisteswissenschaften hinter sich gelassen hatte. Seine Analyse der Lebenswelt und der anonymen Sinnstiftung, die den Boden aller Erfahrung bildet, gab der Frage nach der Objektivität der Wissenschaft einen ganz neuen Hintergrund. Sie ließ den Objektivitätsbegriff der Wissenschaft als einen Sonderfall erscheinen. Die Wissenschaft ist alles andere als ein Faktum, von dem auszugehen wäre. Die Konstitution der wissenschaftlichen Welt stellt vielmehr eine eigene Aufgabe, die Aufgabe nämlich, die Idealisierung, die mit der Wissenschaft gegeben ist, aufzuklären. Aber diese Aufgabe ist nicht die erste. Im Rückgang auf das ›leistende Leben‹ erweist sich der Gegensatz von Natur und Geist als nicht letztgültig. Sowohl die Geisteswissenschaften als auch die Naturwissenschaften sind aus den Leistungen der Intentionalität des universalen Lebens, also aus einer absoluten Historizität, abzuleiten. Das ist das Verstehen, in dem sich die Selbstbesinnung der Philosophie allein Genüge tut«.[15]

Wenn ich darum am Ende meiner Ausführung die Hauptfrage meines kleinen Beitrags beantworten sollte, nämlich ob die Idee der Lebenswelt in irgendwelcher Weise in der Hermeneutik überlebt hat, dann wäre, Gadamer einbeziehend, festzuhalten: Diese Idee war für die Entwicklung, vielleicht sogar für die Entstehung der hermeneutischen Philosophie von außerordentlichem Gewicht. Sie ließ die konzeptuellen Schwierigkeiten erkennen, die zur Umwandlung der transzendentalen in eine hermeneutische Phänomenologie geführt haben. Dennoch haben weder Heidegger noch Gadamer dem fraglichen Begriff der Lebenswelt eine leitende Rolle in ihren Theorien verliehen. Aber, sie wahrten die damit verbundene philosophische Aufgabe. Heidegger

---

15   Gadamer: *Wahrheit und Methode*, a.a.O., S.263.

versuchte sie mit der Aufstellung und Ausarbeitung der Vorstruktur des Verstehens, als Bedingung der Möglichkeit unseres Wirklichkeitsbezuges, zu beantworten. Gadamer reagierte auf sie mit der – so mag man es nennen – *linguistischen Wende* der Hermeneutik. In ihr wird nicht nur die besondere Rolle der Sprachlichkeit, und hier vor allem die sozusagen ontologisch strukturierende Funktion der Muttersprache, besonders hervorgehoben. Das Potential der aus dem Gespräch heraus, d.h. aus der lebendigen Sprache, begriffenen Sprachlichkeit wird ergänzt durch Verankerung des einzelnen Subjekts in dem, was es übersteigt und begrenzt – und was ihm aber zugleich wirkliche, historisch gegebene Horizonte seiner Weltorientierung eröffnet. Dies wird bekanntlich durch die besondere Rolle, die der Überlieferung, der Tradition, der Wirkungsgeschichte zugemessen ist, zum Ausdruck gebracht. Und zwar dies als Verwirklichung der grundsätzlichen Idee, daß die philosophische Aufgabe darauf beruhe, den Weg der Hegelschen *Phänomenologie des Geistes* in umgekehrter Richtung zu gehen, indem man die Aufmerksamkeit nicht der Subjektivität, sondern der sie tragenden gesellschaftlichen Substanz widmet. An beiden, Heidegger wie Gadamer, zeigt sich, wie in der Entwicklung der hermeneutischen Philosophie der Begriff der Lebenswelt zusehends zurücktritt, durch anderes, Präziseres ersetzt wird. Aber die *Sache*, wofür – von Husserl erstmals in seiner Bedeutung erkannt – dieser Begriff steht, ist dafür umso präsenter.

Diese Entwicklung, die die Idee der Lebenswelt genommen hat, läßt sich noch bei einem anderen, vielleicht sogar treueren Anhänger der Fundamentalontologie Heideggers zeigen. Ich meine die Arbeiten von Werner Marx. In seinem Buch über *Ethos und Lebenswelt* erscheint der letztere Hauptbegriff dieses Werks merkwürdigerweise nur zweimal: im Titel der ganzen Abhandlung und als Überschrift des 5. Kapitels »Die Lebenswelten in ihrer Vielheit und in ihrem ethischen Bezug«. In jenem zweiten Fall, wie zu sehen, im Plural, in Übereinstimmung mit der einmal von F. Fellmann benutzten Formulierung »›Mondi della vita‹ si danno solo al plurale« – Die Lebenswelten gibt es nur im Plural.

In diesem auf den ersten Blick erstaunlichen Befund bekundet sich vor allem zweierlei. Erstens, daß Werner Marx den Begriff der Lebenswelt als quasi-selbstverständlich und zugleich nützlich vorfindet; und zweitens, daß er in der Lage ist, den mit ihm benannten Wirklichkeitsbereich mit Hilfe anderer Begrifflichkeiten zu beschreiben und in seine eigenen, ethisch geprägten Untersuchungen zu integrieren. Es ist dabei vor allem der Begriff der Sinnzusammenhänge, in denen wir *wohnen*, den er zur Beschreibung unseres alltäglichen In-der-Welt-Seins dienstbar macht:

> »Unsere Einsicht in die Faktizität unserer Lebenssituation ist für die Beantwortung unserer Frage aber nur insofern bedeutsam, als sie deutlich machte, daß wir uns zugleich zu einer Vielzahl von Sinnzusammenhängen verhalten *müssen*. Denn hierin liegt doch ein entscheidender Beleg dafür, daß wir uns nicht zu *der* Welt als einem einzigen Sinnfeld verhalten, daß also die Welt für uns nicht die Gestalt einer Einheit haben kann«.[16]

Auch Werner Marx betont die besondere Rolle der Sprache und der Überlieferung für die Meisterung unseres Lebens, für die Vorbereitung des Menschen auf seine je eigenen, faktischen Lebenssituationen. Dies schließt jedoch die ständige Erneuerung des Lebens, Erneuerung auch infolge von durch die Einführung neuer Technologien geschaffenen Innovationsfakten, genau nicht aus. Denn:

> »Der Inhalt unserer Welt ist unsere gesamte Überlieferung, umgreift auch gerade das, was heute an Sinnbildungen, Sinnveränderungen, Sinnerhöhungen, Sinnverfall, überhaupt was an Sinngeschichte sich ereignet, wie auch all das, was uns als künftige Ziele der kulturellen Gemeinschaft, der wir angehören, wie der Menschheit überhaupt gilt. All diese Gehalte bilden einen Bestand von ›unzweifelhaft Seiend-Geltendem‹, der uns auf dem Wege über die Muttersprache auf unmittelbare Weise zugänglich ist. Wir wachsen als Kinder in diesen Gesamtbestand hinein, machen ihn uns zunächst unbefragt zu eigen, operieren mit Selbstverständlichkeiten mit diesen uns bekannten Gehalten. Die Sprache spricht sie uns zu, und wir entsprechen ihrem ›Anspruch‹ in der einen oder anderen Weise. In seltenen Fällen verwandeln wir selbst die uns überkommenen Sinngehalte in schöpferischer Weise«.[17]

---

[16] Werner Marx: *Ethos und Lebenswelt*, Hamburg 1986, S. 65.
[17] Ebd., S. 62.

Denn der Mensch ist, wie Werner Marx sagt, das sinnerfahrende Leben. So zeigen diese letzten Worte zugleich deutlich, was in der hermeneutisch geprägten Philosophie nach Heidegger eben auch geschehen ist: nämlich eine Abkehrung von der Idee des Entfremdeten, wie sie in der Heideggerschen Unterscheidung zwischen dem Eigentlichen und dem Uneigentlichen noch präsent war. Diese Entwicklung ist sowohl bei Gadamer wie bei Marx zu sehen. Der letztere hat es zur Explizitheit herausgeformt, indem er feststellt, daß es mit der Betonung der Pluralität der Lebenswelten nicht nur darum geht, mit den Monopolisierungstendenzen der herrschenden Auffassung von Rationalität zu brechen. Sondern daß es ebenso um die philosophisch aufgeklärte Vorkehrung gegen die unbegründete Sehnsucht nach einer ›Wiederverzauberung‹ der Welt geht.[18] Damit sind die Motive benannt, die Einlösung bleibt, und damit komme ich zum Anfang zurück, eine in vielem noch ausstehende Aufgabe unserer gemeinsamen Forschungen.

---

18   Ebd., S.85 und S.69.

Giuseppe Cantillo

Die Aufgabe der Philosophie im Zeitalter der Technik: Philosophie und Weltanschauung bei Karl Jaspers

1.

Einer der entscheidenden Aspekte jener bekannten Polemik zwischen Jaspers und Bultmann, die sich in den Jahren 1953 und 1954 um das Thema der »Entmythologisierung« entwickelte, ist Jaspers Behauptung der Autonomie des Mythos, das heißt seine Überzeugung, daß der Mythos kein Relikt der Vergangenheit ist, keine durch die Philosophie und die Wissenschaft (besonders der modernen Wissenschaft) »überwundene« Denkform, sondern vielmehr eine solche Art zu denken und sich der Welt gegenüber zu verhalten ausdrückt, die einer jeden historischen Epoche angehört und eigen ist.[1] Diese Jaspers Schrift über die »Entmythologisierung« tragende Überzeugung hängt nun freilich aufs innerlichste mit seiner Auffassung von Philosophie zusammen. Letztere ist nämlich durch den Wunsch bestimmt, die Wahrheitsfunktion der Philosophie zu behaupten, und zwar gegenüber den absolutistischen Ansprüchen des modernen, wissenschaftlichen Denkens, als dem Träger der Macht (sowie der Grenzen) objektiver Erkenntnis.

Was das wissenschaftliche Denken anbetrifft, so unterscheidet Jaspers zwischen zwei Wissenschaftsbegriffen: ein weiter gefaßter, der jedwede Erkenntnisform oder methodologische Überlegung beinhaltet, sowie ein enger gefaßter, der mit der Vorstellung der modernen Wissenschaft zusammenfällt. Dem ersten Begriffe nach fielen auch die Philosophie und die Theologie unter die wissenschaftliche Erkenntnis. Heute aber sei es »wesentlich«, »den Begriff der Wissenschaft im Gegensatz zum Gebrauch der alten Zeiten in jenem klaren, bestimmten, engeren Sinn« anzunehmen, der »das für jeden Verstand zwingend Erkennbare und daher faktisch sich allgemein Verbreitende und

---

1 Vgl. Karl Jaspers - Rudolf Bultmann: *Die Frage der Entmythologisierung*, München 1954, S.18.

Anerkannte« ausdrückt.² In deutlicher Anbindung an Hinweise von Max Weber betrachtet Jaspers die moderne Wissenschaft als typische Erscheinung der westlichen Weltgeschichte, eingebunden in das allgemeinere Phänomen der Rationalisierung und Entzauberung der Welt.³ Diese schreitet in der Formulierung von Erklärungs- und Deutungshypothesen und ihrer empirischen Verifizierung fort, und zwar innerhalb eines bestimmten Wirklichkeitsbereiches, und wird immer mehr der »großen Vielfalt der Wirklichkeitsformen« und der »Kategorien« gewahr, durch die es uns gelingt, sie zu erkennen.⁴

In ihrer engeren Bedeutung ist die Wissenschaft also Erkenntnis von Gegenständen, und zwar jeweils auf einen bestimmten Bereich beschränkt und auf der Grundlage von Voraussetzungen und Methoden fortschreitend, die für das jeweilig erwählte Feld gültig sind. Aus dieser methodischen Beschränkung – die als ein Zeichen der Armut und Schwäche der Wissenschaft erscheinen könnte, aber in Wahrheit vielmehr eine sie charakterisierende Stärke ausmacht – stammen sowohl die Gewißheit und Evidenz der wissenschaftlichen Erkenntnisse, also auch ihre Allgemeingültigkeit: »Wissenschaft [...] ist methodische Erkenntnis, ist zwingend gewiß und allgemeingültig«⁵; »sie vollzieht Gewißheit, deren Relativität – nämlich die Bezogenheit auf Voraussetzungen und Untersuchungsmethoden – ihr entscheidendes Merkmal ist«⁶.

Dieses Wissenschaftsbild bringt die Anerkennung des von Jaspers in seinen psychopathologischen Studien erprobten und gegründeten Methodenpluralismus mit sich, sowie das Bewußtsein von den Gren-

---

2 Ebd., S.107.
3 Vgl. Karl Jaspers: *Wahrheit und Wissenschaft*, in: Basler Universitätsreden, Heft 42 u. 43, Basel 1960, S.3f.; Karl Jaspers, *Philosophie und Wissenschaft* (1948), in: K. Jaspers, Rechenschaft und Ausblick. Reden und Aufsätze, München 1958, S.243. Vgl. außerdem den gesamten Max Weber als »Wissenschaftler« gewidmeten Teil von Karl Jaspers, *Max Weber. Politiker, Forscher, Philosoph* (1932), in: K. Jaspers, Aneignung und Polemik. Gesammelte Reden und Aufsätze zur Geschichte der Philosophie, München 1968, S.449–65, sowie auch S.2–12 der *Einführung* zu K. Jaspers, *Existenzphilosophie*, Berlin/New York l974, die dem Thema »Philosophie und Wissenschaften« gewidmet sind und aus dem Jahr 1937 stammen.
4 Vgl. Karl Jaspers: *La natura e il valore della scienza*, in: K. Jaspers, La mia filosofia, hrsg. v. R. de Rosa, Torino 1946, S.112–15.
5 Karl Jaspers: *Vom Ursprung und Ziel der Geschichte*, München 1983, S.111.
6 Jaspers: *Philosophie und Wissenschaft*, a.a.O., S.249.

zen der Wissenschaften und der Unmöglichkeit, eine Wissenschaft der Totalität des Seienden zu konstruieren. Eine wissenschaftliche Untersuchung hört auf, eine solche zu sein, sobald sie für sich beansprucht, als absolutes Wissen aufzutreten.[7] Die Wissenschaft ist vielmehr ein offener Prozeß, *ad infinitum*, der sich in alle möglichen Richtungen der Untersuchung und Entdeckung verzweigt, soweit ihre vielfachen, ständig erneuerbaren Erkenntnisse die formalen Zeichen der Wissenschaftlichkeit respektieren: »Die wissenschaftliche Haltung ist für jeden Weg bereit und verlangt nur jene allgemeinen Kriterien der Wissenschaft: Allgemeingültigkeit, zwingende Einsicht [...], methodische Klarheit, sinnvolle Diskutierbarkeit«[8].

Der wissenschaftlichen Forschung liegt eine radikale kritische Haltung zu Grunde, die bereit ist, eine jede schon gegebene Aussage, ein jedes schon erreichtes Resultat in Frage zu stellen, und das so weit, bis sie jeweils zu Aussagen und Resultaten kommt, die sich als evident und *de facto* für alle gültig aufdrängen: »Alle wissenschaftlichen Ansichten – beobachtet Jaspers an paradigmatischer Stelle – sind allgemeingültig. Sie beweisen sich durch die Tatsache, daß ein jeder sie als sich aufzwingende Wahrheiten finden und erfahren kann. Daher geschieht es, daß die wissenschaftliche Wahrheit auch in der Tatsache überall sich aus- und verbreitet, allgemein gesprochen, daß wissenschaftlich gedacht werden kann«.[9]

Die spezifische Eigenschaft der modernen Wissenschaft ist der Rückgriff auf Hypothesen oder auf begriffliche Konstruktionen mit denen die Erfahrung befragt wird, das heißt die Tatsache, daß die moderne Wissenschaft – wie Jaspers gerade in *Wahrheit und Wissenschaft* unterstreicht – sich nicht einfach nur an die Beobachtung, an das »Erblicken dessen, was sich zeigt ([die] alt[e]Teoria)« hält, sondern als Experimentierung, als theoretisch geleitetes »Hervorbringen», aktiv wird, ausgehend von den Bedingungen in denen und für die »ein Unsichtbares in den Erscheinungen entgegenkommt ([die] modern[e] Teoria])«, so daß die Aktivität des Hervorbringens »die

---

7 Vgl. Jaspers: *La natura*, a.a.O., S.III.
8 16 Karl Jaspers: *Allgemeine Psychopathologie*, 8. unv. Aufl., Berlin 1965, S.642.
9 Jaspers: *La natura*, a.a.O., S.III. Zu Jaspers Vorstellung von der Wissenschaft und ihrer Beziehung zur Philosophie, vgl. auch Alberto Caracciolo: *Filosofia e scienza*, in: ders., Studi jaspersiani, Mailand 1958, S.127–41, sowie Kurt Salamun: *Karl Jaspers*, München 1985, S.125–35.

Form eigentlicher Erkenntnis« wird[10]. Dieser praktische Charakter der wissenschaftlichen Erkenntnis, erinnert Jaspers, ist von Vico und von Kant anerkannt worden und betrifft sowohl die Naturwissenschaften, als auch die geschichtlich-sozialen Wissenschaften. Er offenbart sich in der Herrschaft der Technik, die das Leben der modernen Welt charakterisiert und in der innerlichen Bande, welche Technik und Wissenschaft zusammenhält. Gerade diese Bande hat in großem Maße dazu beigetragen, jene Idee der ausschließenden und erschöpfenden Natur des wissenschaftlichen Wissens hervorzurufen, sowie das wissenschaftliche Weltbild als das vom Gesichtspunkt der modernen Vernunft her gesehen einzig vertretbare zu akkreditieren.[11] Die Wissenschaften selbst jedoch erkennen in ihrem epistemologischen Bewußtsein auch ihre eigenen Grenzen, sie wissen, daß »das Feld wissenschaftlicher Erkenntnis mit ihrer zwingenden, allgemeingültigen Richtigkeit« nicht »als die Absolute Wahrheit gelten« kann. Ihr Wahrheitsbegriff – der definiert ist durch die Beziehung auf den verschiedenen Bereichen der empirischen Wirklichkeit angemessene Methoden und Voraussetzungen – umfaßt »keineswegs alle Wahrheit«, sondern im Gegenteil, erklärt Jaspers, er »läßt [...] anderer Wahrheit [...] den Raum frei«, einer Wahrheit, die nicht Gegenstände sowohl der äußeren als auch der inneren Erscheinungswelt betrifft, sondern sich im Akt der Transzendierung auf das Sein selbst, auf das *Umgreifende*, erfassen läßt.[12]

2.

Indem Jaspers den Bereich der objektiven Erkenntnis streng auf die empirischen Wissenschaften beschränkt, realisiert er eine Strategie der »Rettung der Philosophie«[13], die von jedem Anspruch auf Wissenschaftlichkeit losgelöst und ihrer ursprünglichen Berufung zur Hinterfragung des als »Existenz« und »Transzendenz« niemals wissenschaftlich objektivier- und erkennbaren »echten Seins« zurückerstattet ist. »Die

---

10 Jaspers: *Wahrheit und Wissenschaft*, a.a.O., S.8.
11 Vgl. ebd., S.8–10.
12 Vgl. ebd., S.10–11.
13 Vgl. Richard Wisser: »*La filosofia non deve dimettersi*«. *La »fede filosofica« di una filosofia della libertà*, in: Karl Jaspers. Filosofia, scienza, teologia, hrsg. V. G. Penzo, Brescia 1983, S.33.

Philosophie - schreibt Jaspers in *Wahrheit und Wissenschaft* – weist auf ein anderes als die erkennbare Welt, auf Existenz und Transzendenz«. Sie stellt erneut »die Gegenwärtigkeit des übersinnlichen Grundes« her, die die Wissenschaft hat entkommen lassen und holt den von der Wissenschaft zurückgewiesenen Inhalt der Tradition wieder auf, »als ein Reich der Chiffren, dieser Schöpfungen des Menschengeistes, in denen die Wirklichkeit des Übersinnlichen aufgefangen wurde, oder in denen der Mensch die Sprache dieser umgreifenden Wirklichkeit vernahm in Symbolen, Mythen, philosophischen Spekulationen«[14].

Es geht für Jaspers darum, sowohl die Wissenschaft als auch die Philosophie in ihrer Reinheit begrifflich vorzustellen, um gleichzeitig den Unterschied und das komplementäre Verhältnis zwischen beiden hervorzuheben. Auf der einen Seite lehnt er daher das Husserlsche Programm der Philosophie als einer »strengen Wissenschaft« oder die Reduktion der Philosophie auf eine besondere wissenschaftliche Disziplin, nämlich der »Logistik«, ab, und auf der anderen Seite verwirft er auch die vitalistischen oder irrationalistischen Vorstellungen der Philosophie, die sich der Intuition, dem Gefühl, der Affektivität anheim geben.[15] Jaspers nimmt vielmehr die kantische Unterscheidung von Verstand und Vernunft wieder auf, von Begriffsvermögen und Ideenvermögen. Er versteht also die Wissenschaft als die Ausübung der Verstandesmächte, die die Gegenstände der Erfahrung bestimmen und ordnen. Während die Philosophie für ihn jene Ausübung der Vernunft ist, die »unbedingter Wille zum Wissen«[16] und als solcher in den Wissenschaften bereits am Werke ist, indem er die Verabsolutierung der jeweils erlangten Resultate verhindert und die Wissenschaften dazu drängt, immer von neuem ihre Erkenntnisse zu erweitern. Die Philosophie drückt den »Wille[n] zur Einheit« der Vernunft[17] aus, den Willen, »die Verwirrung im Vielen [...] zur Ruhe des Eins-sein«[18] aufzulösen. Sie ist jedoch eine unendliche, niemals vollkommene Ausübung, weil die Vernunft, die an sich die alles verbindende und stimulierende Kraft ist, im Menschen immer die Grenze vor sich hat, die die Form darstellt, in der sie sich ausdrückt, die ursprüngliche Entzweiung von

---

14 Jaspers: *Wahrheit und Wissenschaft*, a.a.O., S.15.
15 Vgl. Jaspers: *Philosophie und Wissenschaft*, a.a.O., S.241–243.
16 Jaspers: *La natura*, a.a.O., S.120.
17 K. Jaspers: *Vernunft und Widervernunft in unserer Zeit*, München 1950, S.34.
18 Ebd., S.37.

Subjekt und Objekt: eine Grenze, die diese jeweils in ihrer Anstrengung überwindet[19], »das verlorene Eine«[20] zurückzuerobern.

Auch die Philosophie ist gewiß ein Denken, das auf der Grundlage von Methoden voranschreitet, aber diese Methoden zielen darauf ab, alles das, was »gegenständlich« und zu vergegenständlichen ist, was in allgemein gültigen Begriffen[21] auszudrücken ist, zu »transzendieren«, und sich demjenigen zu nähern, was den Menschen eigentlich, in seinem einzelnen, tiefsten, durch die Existenz und die Transzendenz gezeichneten Sein trifft.[22] Wegen der unvermeidbaren Objektivierungen kann die Philosophie nicht für sich beanspruchen, beweisbare Ergebnisse, für einen jeden Verstand bindende Erkenntnisse zu erreichen. Sie ist im wesentlichen »Besinnung«, durch die der Mensch sich der durch die einzelnen Wissenschaften nicht erreichbare Wahrheit gegenüber öffnet und sich bemüht, der aus der Tiefe des Leben geborenen Weltanschauung eine begriffliche Form zu geben.

3.

Die Neigung zur Unendlichkeit und zur Totalität stellt sicherlich eine der bedeutendsten Eigenschaften des Begriffs der Weltanschauung dar. Auf ihn beziehen sich, in Rückführung auf einen typischen Ausdruck der deutschen Seele, im gleichen Jahr, nämlich 1932, sowohl Jaspers als auch Freud. Freud schreibt in der *Fünfunddreißigsten Vorlesung* der *Neuen Folge der Vorlesungen zur Einführung in die Psychoanalyse*: »Ich meine also, eine Weltanschauung ist eine intellektuelle Konstruktion, die alle Probleme unseres Daseins aus einer übergeordneten Annahme einheitlich löst, in der demnach keine Frage offen bleibt

---

19 Vgl. Karl Jaspers: *Vernunft und Existenz* (1935), München 1960, S.59.
20 Jaspers: *Vernunft und Widervernunft*, a.a.O., S.37.
21 Vgl. K. Jaspers: *Philosophie und Wissenschaft*, a.a.O., S.253–255; Karl Jaspers: *Philosophie I. Philosophische Weltorientierung* (1931), Berlin-Heidelberg-New York, 1973[4], *Nachwort* (1955), S.LII.
22 Vgl. Karl Jaspers: *Einführung in die Philosophie* (1949), in: ders., Was ist Philosophie? Ein Lesebuch, hrsg. v. H. Saner, München 1976, S.33–34: »Während wissenschaftliche Erkenntnisse auf je einzelne Gegenstände gehen, von denen zu wissen keineswegs für jedermann notwendig ist, handelt es sich in der Philosophie um das Ganze des Seins, das den Menschen als Menschen angeht, um Wahrheit, die, wo sie aufleuchtet, tiefer ergreift als jede wissenschaftliche Erkenntnis«.

und alles, was unser Interesse hat, seinen bestimmten Platz findet.«[23] In einem Satze die Ergebnisse seiner breiten Untersuchung von 1919 über die *Psychologie der Weltanschauungen* zusammenfassend macht Jaspers in seiner Schrift *Philosophie* aus dem Jahr 1932 folgende Beobachtung: der Begriff »Weltanschauung« besitzt »ursprünglich« einen »unendlichen Gehalt, der, unbestimmt ein Ganzes umfassend, sich als das Unbedingte eines Lebens und doch sogleich mit Anderen weiß, die ihren eigenen Ursprung haben«.[24] Es handelt sich um Definitionsvorschläge, die trotz der bekannten Entfernung zwischen diesen beiden Denkern im gemeinsamen Hinweis auf die Probleme der Existenz und des Lebens und in dem gemeinsamen Bedürfnis, auf diese in einer einheitlichen, unendlichen und ganzheitlichen Perspektive zu antworten, einen evidenten Berührungspunkt besitzen. Und obwohl Freud unzweifelhaft den theoretischen Charakter der Weltanschauung als einer verstandesmäßigen Konstruktion zu unterstreichen scheint – wo Jaspers hingegen die Existenzialität der Weltanschauung vertritt –, kennt er dennoch die existenzielle Zweckmäßigkeit der Weltanschauung, sowie ihre innerliche Anbindung an die Sphäre der Praxis und der Affektivität an: »Es ist leicht zu verstehen, daß der Besitz einer solchen Weltanschauung zu den Idealwünschen der Menschen gehört. Im Glauben an sie kann man sich im Leben sicher fühlen, wissen, was man anstreben soll, wie man seine Affekte und Interessen am zweckmäßigsten unterbringen kann.«[25]

Das Zusammenwirken innerhalb des Weltanschauungsbegriffs sowohl der theoretischen, verstandesmäßigen und doktrinären, als auch der praktisch-existenziellen Dimension, das Jaspers Psychologie der Weltanschauungen auszeichnet, hatte jedoch ihren paradigmatischen Ausdruck zuvor bereits in Wilhelm Dilthey gefunden. Diltheys Überlegungen über die Weltanschauung und über die Beziehung zwischen Weltanschauung und Philosophie stellen eine der Hauptquellen, wenn nicht die primäre Quelle, der gesamten Debatte zu diesem Thema dar, die sich im deutschen und europäischen Denken im neunzehnten und zwanzigsten Jahrhundert durch Denker wie Husserl und Weber, Simmel und Troeltsch, Mannheim und Guardini entwickelt hatte.

---

23 Sigmund Freud: *Neue Folge der Vorlesungen zur Einführung in die Psychoanalyse*, in: Gesammelte Werke, Bd.XV, Frankfurt a.M. 1967⁴, S.171.
24 Jaspers: *Philosophie I*, a.a.O., S.241–42.
25 Freud: *Neue Folge*, a.a.O., S.171.

In seinem Aufsatz aus dem Jahr 1911 *Die Typen der Weltanschauung und ihre Ausbildung in den metaphysischen Systemen* erklärt Dilthey: »die Weltanschauungen sind nicht Erzeugnisse des Denkens. Sie entstehen nicht aus dem bloßen Willen des Erkennens. Die Auffassung der Wirklichkeit ist ein wichtiges Moment in ihrer Gestaltung, aber doch nur eines. Aus dem Lebensverhalten, der Lebenserfahrung, der Struktur unserer psychischen Totalität gehen sie hervor«[26]. In ihnen befindet sich ein von der gemeinsamen Natur des Menschen herrührendes Element der Regelmäßigkeit, der strukturellen Konstanz, aber dennoch gibt es dort auch ein Element der Veränderlichkeit und der Geschichtlichkeit: »die Variationen des Lebens, der Wechsel der Zeitalter, die Veränderungen in der wissenschaftlichen Lage, das Genie der Nationen und der einzelnen«[27], so daß es der vergleichenden historischen Methode obliegt, aus der Vielheit der Weltanschauungen die Elemente der Ähnlichkeit, der Homogenität herauszuholen und sie zu »Typen« zusammenzufassen.

In seiner Analyse der Struktur der Weltanschauungen unterscheidet Dilthey eine *erste Lage*, die aus einem »Weltbild« besteht, das aus einem »auffassenden Verhalten« und seinen verschiedenen Graden (Wahrnehmung, Erinnerung/Einbildung, Urteil/Begriff, Theorie) hervorgeht; eine *zweite Lage*, die in dem Bedürfnis besteht, der Bewertung der objektiven Wirklichkeit, das heißt seiner Bedeutung für uns, seinem Für-uns-Existieren, ein *unbedingtes Maß* zu verleihen: »das Weltbild wird Grundlage der Lebenswürdigung und des Weltverständnisses«[28]; und schließlich eine *dritte Lage*, aus der die »Ideale[n]« und die »obersten Normen des Handelns« und des Verhaltens hervorgehen: »eine oberste Bewußtseinslage: die Ideale, das höchste Gut und die obersten Grundsätze, in denen die Weltanschauung erst ihre praktische Energie empfängt – gleichsam die Spitze, mit welcher sie sich einbohrt in das menschliche Leben, in die äußere Welt und in die Tiefen der Seele selbst. Die Weltanschauung wird nun bildend,

---

26 Wilhelm Dilthey: *Die Typen der Weltanschauung und ihre Ausbildung in den metaphysischen Systemen*, in: ders., Gesammelte Schriften, Bd. VIII (Weltanschauungslehre. Abhandlungen zur Philosophie der Philosophie), 3. unv. Aufl., Stuttgart-Göttingen 1962, S. 86.
27 Ebd., S. 85.
28 Ebd., S. 83–84.

gestaltend, reformierend!«[29]. Diese dritte Lage gipfelt – wie auf dem höchsten Punkt der Weltanschauung – in einem »umfassenden Lebensplan«, in einem »Ideal der Gestaltung des persönlichen Lebens und der Gesellschaft«[30].

Nach der Analyse Diltheys besteht also die Struktur der Weltanschauung in einer die Struktur des psychischen Lebens reflektierenden *Verbindung*, aufgrund welcher die Aufnahme der Wirklichkeit die Grundlage für die Bewertung der Situationen und Gegenstände nach den Kriterien unseres Fühlens darstellt. Diese Bewertung bildet ihrerseits wiederum die Basis für die Bestimmungen unseres Wollens. Die psychische, strukturelle und dynamische Verbindung des *Vorstellens*, des *Fühlens* und des *Wollens* drückt sich in der Lagenstruktur der Weltanschauung aus, die immer von im Geheimnis des Lebens versteckten Antrieben ausgeht und sich in einem bestimmten Weltbild ankündigt, bis dahin, ein ganzheitliches Lebensprojekt zu werden, das sich in der Geschichte durch die eigenen Grade und den Kampf, die Kollision mit anderen Weltanschauungen entwickelt. Wenn nämlich die Weltanschauung nicht einfach nur in einem Weltbild besteht – letzteres stellt wie gesagt nur die erste Lage dar, oder, so Dilthey, das aus der Haltung des Erfassens, das heißt im Grunde aus einer theoretisch-kontemplativen Stellung hervorgehende Substrat –, sondern vielmehr die Einnahme eines Standpunktes der Welt gegenüber impliziert, muß man an eine Art geschichtliche Auslese der Weltanschauungen denken, die auf der Grundlage ihrer Fähigkeit gemessen wird, dem Bedürfnis nach Sicherheit und Stabilität, dem Streben nach dem Absoluten des Bewußtseins, nach »dauernden Würdigungen des Lebens und festen Zielen«[31], zu entsprechen, ihrer Fähigkeit schließlich, sich dem Zeitverfall, der Vergänglichkeit und Vorläufigkeit der Existenz, der Angst vor dem Tod, sowie der Entfremdung und Grausamkeit der Welt zu widersetzen.

Auf dem kontemplativen und nicht kreativen Charakter der Weltanschauung besteht hingegen Romano Guardini in seiner Schrift *Vom Wesen katholischer Weltanschauung* aus dem Jahr 1923. Er übernimmt Diltheys Idee der Weltanschauung als einer Gesamthaltung gegenüber

---

29 Ebd., S.84.
30 Ebd.
31 Ebd., S.85.

der uns umgebenden Realität, als einer auf die Totalität der Dinge und auf alles, was Weltcharakter hat gerichteten Erkenntnisbewegung, die auch ein Werten, Messen und Abwägen impliziert. Am Ende überwiegt jedoch die Erkenntnisrichtung: das Subjekt wendet sich in der Weltanschauung an die Wahrheit und unter diesem Aspekt nähert sich die Weltanschauung der Metaphysik an, da auch diese ihr Augenmerk auf die Totalität des Seins und des Geltens richtet und deren Wesen erfassen will. Aber im Unterschied zur Metaphysik will sie das verwirklichte Wesen, als eine konkrete, reale Welt erfassen. Guardini unterstreicht mit Nachdruck dieses Element der geschichtlichen Bestimmtheit der Weltanschauung, die sich nicht nur auf ein allgemeines System von Werten und ethischen Aufgaben beschränkt, sondern sich mit der besonderen Aufgabe auseinandersetzt, die diese Welt dem Menschen stellt.

In seiner Einleitung zur *Psychologie der Weltanschauung* erklärt wiederum Jaspers in deutlicher Anbindung an Dilthey: »[die] Weltanschauung ist nicht bloß ein Wissen, sondern sie offenbart sich in Wertungen, Lebensgestaltung, Schicksal, in der erlebten Rangordnung der Werte«[32]. Wenn das Wissen – als wissenschaftliches, rationales und empirisches Wissen – sicherlich Teil der Konstruktion der als Weltbild verstandenen Weltanschauung ist, so gibt es dennoch eine als entscheidend erachtete Dimension der Weltanschauungen, die sich der Macht der Verstandesrationalität entzieht und nicht in den Horizont eines objektiven Wissens übersetzbar ist: »Allerdings wissen wir nie – schreibt Jaspers –, welche Kräfte in uns das Rationale als Mittel benutzen; [...] wir wissen ferner nie, welche unbemerkte Weltanschauung uns letzthin treibt«[33].

Damit spielt Jaspers auf eine entscheidende Lage der Weltanschauung an, auf ein »unbemerktes Sein, Wünschen und Tendieren«, das diesseits jeder objektiven Konstruktion, jeder Versteifung in ein ideologisches Gehäuse ist und das sich vielmehr mit dem Prozeß der existentiellen Erfahrung deckt: »Unsere weltanschauliche Erfahrung ist ein fortdauernder Bewegungsprozeß, so lange wir überhaupt noch Erfahrungen machen«[34]. Gerade auf diese fundamentale und »unbemerkte« Lage macht Karl Mannheim in seinen *Beiträgen zur Theorie*

---

32 Karl Jaspers: *Psychologie der Weltanschauungen* (1919), München 1994, S.1.
33 Ebd., S.5.
34 Ebd., S.7.

der Weltanschauungs-Interpretationen von 1921 aufmerksam, wobei er Diltheys These teilt, nach der *Weltanschauung* »etwas Atheoretisches meint«, eine tiefe Einheit, die dem geistigen Leben zu Grunde liegt und sich in dessen verschiedenen Sphären ausdrückt: von der Kunst bis zur Religion, zur Wissenschaft und zur Philosophie. Letztere ist daher »nur *eine* der Trägerinnen jener Einheit, die vor allen Kulturobjektivationen angesetzt werden muß«, das heißt jener tiefen Einheit, die wir Weltanschauung nennen. Im Gegenteil, gegenüber den anderen Ausdrucksweisen, wie die Kunst und die Religion, ist die Philosophie als die theoretische die von der Weltanschauung am weitesten entfernte.[35] Doch erliegt auch Dilthey nach Mannheims Ansicht zuletzt dem Vorurteil, daß die Weltanschauung vor allem »etwas Theoretisch[es]« sei, so daß zum Beispiel die darstellenden Künste nicht wirklich in eine Untersuchung über die Weltanschauung gehörten.[36] Während man hingegen die Weltanschauung ohne weiteres in ihrem Zusammen als eine »atheoretische« kulturelle Bildung betrachten muß, in die darstellende Kunst, Musik, Sitten, Gebräuche, Gewohnheiten und Kulte hineingehören. Das zeigt ganz evident »die Kluft, die zwischen Gegenstand und Mittel der Forschung klafft« auf und stellt daher das delikate Problem der » ›Übersetzbarkeit‹ des Atheoretischen ins Theoretische«, das Problem der Möglichkeit also, zu jener uranfänglichen, ursprünglichen Sphäre des Erlebnisses Zugang zu finden, die hinter den kulturellen Objektivierungen steht – was immer eine theoretische Operation ist.[37] Um die Dimension der Weltanschauung zu erfassen, welche atheoretisch, alogisch, aber nicht irrational[38] ist, ist es notwendig, alle kulturellen Objektivierungen zu »transzendieren«, von der Interpretation des objektiven und intentionalen Sinnes eines kulturellen Produkts zu seinem dokumentarischen Sinn überzugehen, durch den die kulturellen Bildungen, die bereits Ausdruck dessen sind, was sich objektiv in der Erfahrung gibt, ihrerseits Zeichen von etwas anderem werden, das sich überhaupt diesseits oder jenseits jeder Objektivierung befindet.[39]

---

35 Karl Mannheim: *Beiträge zur Theorie der Weltanschauungs-Interpretationen*, in: ders., Wissenssoziologie, hg. von K. H. Wolff, Neuwied/Rhein u. Berlin 1970², S.97.
36 Vgl. ebd., S.98.
37 Vgl. ebd., S.99.
38 Vgl. ebd., S.101.
39 Vgl. ebd., S.103f.

Gemäß der jasperschen Analyse bleibt der nicht theoretische, alogische Charakter auch in der rationalsten Form, die die Weltanschauung in der Philosophie annimmt, erhalten: »Es ist philosophische Aufgabe gewesen – schreibt Jaspers –, eine Weltanschauung zugleich als wissenschaftliche Erkenntnis und als Lebenslehre zu entwickeln«[40]. Die Philosophie – bemerkt Jaspers nicht anders als Dilthey – zielt auf die Erkenntnis der Totalität, die Auflösung des »Rätsels der Welt«, ab und gerade deshalb war sie »von jeher mehr als nur universale Betrachtung«, wie dies die Logik, die Psychologie und die Naturwissenschaften sind; »sie gab Impulse, stellte Werttafeln auf, gab dem Menschenleben Sinn und Ziel, gab ihm die Welt, in der er sich geborgen fühlte, gab ihm mit einem Wort: Weltanschauung«[41]. Die Betrachtung des Allgemeinen stellt für sich genommen weder eine Weltanschauung noch eine Philosophie her: zu ihr müssen sich, nach Jaspers, die »Impulse« gesellen, die den Menschen in seiner Ganzheit berühren, da sie, um einen Ausdruck Diltheys zu gebrauchen, aus der gleichen Verbindung des psychischen Lebens hervorgehen.

Die metaphysischen Systeme, erklärt Dilthey, sind auf die »Allgemeingültigkeit« beanspruchende Ebene der begrifflichen Verkettung erhobene Weltanschauungen. Ihre Pluralität und ihre Antithetizität sind in der antinomen Natur des Lebens selbst gegründet, genauer gesagt in den vielfachen und antithetischen Stellungen gegenüber dem Leben. Aus ihrer Vergleichung sind »feste Typen« zu gewinnen, auf die durch Verabsolutierung einiger individueller Charakterzüge die zahlreichen in der Geschichte aufgetretenen Systeme zurückzuführen sind: Naturalismus, Idealismus der Freiheit, objektiver Idealismus. In der Philosophie drückt sich jedoch auch eine besondere Haltung des Menschen aus. Bereits in seinem Aufsatz aus dem Jahre 1907 mit dem Titel *Das Wesen der Philosophie*, beobachtet Dilthey: »eine außerordentliche Beweglichkeit zeigte sich in dem Wesen der Philosophie: ein immer neues Stellen von Aufgaben, Sich-anpassen an die Zustände der Kultur: sie erfaßt Probleme als wertvoll und wirft sie dann wieder hin«, und dennoch drückt sich in ihr ständig die Spannung der Weltanschauung zur Totalität und zur Unendlichkeit hin aus: »dieselbe Ten-

---

40 Vgl. K. Jaspers, *Psychologie*, a.a.O., S.VII.
41 Ebd., S.2.

denz zur Universalität, zur Begründung, dieselbe Richtung des Geistes auf das Ganze der gegebenen Welt«[42].

So offenbart sich in der Unterschiedlichkeit und Pluralität der individuellen Formen des philosophischen Denkens eine allgemeine, einheitliche Funktion, die darin besteht, die menschliche Erkenntnis über die Welt, über das eigene Vorstellen und Denken, Fühlen und Werten, Wollen und Handeln zu verallgemeinern und zu vereinen, in der Bemühung, »das große Rätsel der Welt und des Lebens allgemeingültig aufzulösen«[43], also eine Anschauung der Welt herzustellen.

4.

Auf der Grundlage dieser Überzeugung über die Aufgabe, der die Philosophie historisch nachgekommen ist, wendet auch Jaspers, wie Dilthey, ein besonderes Augenmerk auf die philosophischen Weltanschauungen oder, genauer gesagt, auf die philosophischen Systeme, als dem begrifflich mehr oder weniger vollendeten und deshalb verständlichen und mitteilbaren Ausdruck der tatsächlichen und zuletzt unbewußten Weltanschauungen. Die begriffliche Form der philosophischen Weltanschauungen bringt jedoch die Möglichkeit mit sich, daß das »Leben« und die »Existentialität« der in den Weltanschauungen ausgedrückten, individuellen historischen Erfahrungen in den allgemeinen und atemporalen Formen dessen, was absolut und unbedingt »gilt«, »sich versteifen«.

Um die jaspersche Analyse der Weltanschauung zu verstehen, gehört eigentlich zunächst vor allem beachtet, daß an ihrer Basis sich die in den psychopathologischen Schriften bereits vollständig erarbeitete Vorstellung der psychischen Lebensstruktur befindet. Diese Vorstellung gründet sich auf der Unterscheidung zwischen der relationalen und der intentionalen Dimension des Bewußtseins – die durch die Entzweiung von Subjekt und Objekt charakterisiert ist – und der tiefen Dimension des einheitlichen und undifferenzierten psychischen Lebens – gemeint ist die Unterscheidung zwischen der Er-

---

42 Wilhelm Dilthey: *Das Wesen der Philosophie* (1907), mit einer Einl. und hrsg. v. O. Pöggeler, Hamburg 1984, S.33.
43 Ebd.

fahrung der Subjekt-Objekt-Beziehung und der in weitestem Sinne als »mystisch« zu bezeichnenden, das heißt dieser Entzweiung freien Erfahrung.[44]

Der Begriff der Vielfachheit der Formen, in denen sich die Subjekt-Objekt-Beziehung ausdrückt, die Beschreibung der vielfachen und fließenden Bedeutungen, die die subjektiven Haltungen und – korrelativ dazu – die objektiven Bilder annehmen, zusammen mit dem Begriff dessen, was jenseits dieser ursprünglichen Entzweiung steht, in der die Bewußtseinserfahrung sich artikuliert, all diese Dinge stellen die fundamentalen Kerne jener Untersuchung und systematischen Ordnung der *Psychologie der Weltanschauungen* dar. Auf der einen Seite richtet Jaspers die eigene Aufmerksamkeit auf die »transzendentalen Formen« des »Bewußtseins überhaupt«, in die die Vielfachheit der Subjekt-Objekt-Beziehungen hineintreten: »transzendentale Formen« oder »Gitterwerke« *a priori*, weder psychisch noch physisch, weder subjektiv noch objektiv[45], durch die jeweils von mal zu mal, im fließenden und undifferenzierten Material des Flusses des psychischen Lebens, die objektiven, bestimmbaren und definierbaren Inhalte gebildet werden: die ästhetischen, theoretischen, moralischen, religiösen Inhalte usw. Auf der anderen Seite wendet er sich an das Leben, das unterhalb der Gitterwerke, der transzendentalen Formen, pulsiert und das sich in den »Ideen«, den »Kräften«, den »Grundsätzen« ausdrückt, das heißt in dem, was Jaspers im Ganzen als »Geist« bezeichnet.[46]

Unter Heranziehung der ursprünglichen Entzweiung von Subjekt und Objekt als einem Leitfaden wird die psychologische Betrachtung der Weltanschauungen auf Seiten des Subjekts als eine typologische Betrachtung der »Haltungen« vollzogen – objektive, selbstreflektierte, aktive, kontemplative, rationale, ästhetische Haltungen usw. – und auf Seiten des Objekts als Betrachtung der »Weltbilder« – räumlich-sensorielle, psychologische, philosophisch-metaphysische Bilder usw. Die Überlegungen über die Haltungen und über die Weltbilder erlauben es Jaspers, das Problem der Weltanschauungen von zwei besonderen Perspektiven aus zu untersuchen – auch wenn diese stark miteinander verbunden sind, da Haltungen und Weltbilder dasjenige getrennt er-

---

44 Jaspers: *Psychologie*, a.a.O.., S.21.
45 Vgl. ebd., S.26.
46 Vgl. ebd., S.27.

fassen, was in Wirklichkeit eng miteinander verbunden ist. Während hingegen derjenige Teil der Schrift, welcher der Analyse des Geisteslebens gewidmet ist, außer der quantitativ größere Teil der Arbeit zu sein, jenes Moment darstellt, in dem der gesamte Diskurs wie in einem einheitlichen Sinne zusammenläuft, indem er eine psychologische Reflexion vorschlägt, die, noch mehr als in den beiden vorhergehenden Teilen, die der folgenden Existenzphilosophie eigenen Themen und Perspektiven filigran hervorgehen zu lassen scheint. Haltungen und Weltbilder sind nämlich die relativ abstrakten, unbeweglichen Elemente, sagt Jaspers, die den analytischen und sozusagen statischen Teil einer Psychologie der Weltanschauungen darstellen: sie sind mit anderen Worten die objektiven und objektivierbaren, das heißt erkennbaren und nach den Formen eines »Bewußtseins überhaupt« bestimmbaren Elemente; im Gegenteil können die Kräfte, die Prinzipien und der Geist weder als unmittelbar gegeben gedacht werden, noch kantianisch als konstitutive Begriffe, da sie vielmehr »Bewegungsprozesse, […] Totalitäten, denen eine treibende Kraft zugrunde liegt«[47] sind, da sie unobjektivierbar, unendlich und nicht in Begriffen erkennbar oder bestimmbar sind, da sie dasjenige sind, was die psychischen Prozesse leitet, indem es sie in einer totalisierenden, aber dennoch nicht abstrakten, sondern vielmehr konkreten und lebendigen und, so Jaspers, »persönlichen« Form, wieder mit einander zusammenführt. Die geistigen Kräfte stellen also den dynamischen Teil einer Psychologie der Weltanschauungen dar. Das einheitliche und zusammen bewegliche Element, die der Bewußtseinsentzweiung unterstehende unobjektivierbare Einheit – die Substanz des Subjekts, das Unbedingte, das noch einmal kantianisch die Idee, die Totalität, das in die Unendlichkeit hineinversetzte Ziel darstellt – besteht eben aus dem Geistesleben: »In dies eigentliche Zentrum treten wir, wenn wir nach dem Leben des Geistes oder nach den Kräften fragen, die als umfassende die Weltbilder und Einstellungen in sich schließen«[48].

Die Inhalte der Weltanschauung, in denen die tiefe Dimension der Existenz, das Leben diesseits der Entzweiung von Subjekt und Objekt erscheinen, wurzeln im Geistesleben. Durch die Untersuchung der geistigen Kräfte tritt also die Verbindung der Weltanschauungen mit

---

47 Ebd., S.43.
48 Ebd.

der Zeitlichkeit und der Geschichtlichkeit, mit der konkreten Natur und der Individualität des Existierens vollständiger hervor: »Alle Existenz ist inhaltlich, konkret, und alle Weltanschauung, die ihr angemessen ist, ebenfalls. Diese kann darum nie »richtig« und »absolut« sein wie zeitlose Formen, sondern in jeder Gestalt der Existenz der hier »richtige« Ausdruck des substantiellen Lebens, der immer wieder überwindbar ist und in der Einstellung auf die Grenzen jederzeit, bei aller Unbedingtheit potentiell als schon überwindbar erlebt wird. Der Mensch ist in der Zeit und ist nicht das Zeitlose, er ist auch nicht das Ganze und Absolute des Daseins, sondern nur in Bezug darauf. Er kann gar nicht die überall und für immer richtige Weltanschauung von außen erhalten, sondern nur in seinem Leben kraft der Ideen und des Geistes erfahren, indem er sie verwirklicht«[49].

In demjenigen Akt, in dem die Weltanschauung den Kräften entspricht, den Ideen und jenem Geist, der das Leben beseelt und es von reinem Dasein, von reiner natürlicher und kultureller Gegebenheit in eine geschichtliche, freie und persönliche Existenz verwandelt – die »mögliche Existenz«, von der Jaspers in seinem philosophischen Hauptwerk *Philosophie* sprechen wird – kann sie als »echte« Weltanschauung erachtet werden. Die *Echtheit* ist ein grundlegender Begriff der jasperschen Psychologie der Weltanschauungen. Das Echte ist dasjenige, was gewachsen ist, was sich zusammen mit dem Subjekt entwickelt hat: es ist wahr, weil es im Leben des erfahrenden Subjekts wurzelt und, wie dieses, nicht objektiviert werden kann und als unendliche »Richtung«, als eine »Idee«[50], gedacht werden muß. Eine Weltanschauung ist unecht, wenn sie nicht erlebt und in der Innerlichkeit der Existenz erfahren wird, wenn sie nicht als »totale Hingabe« behauptet wird. Dennoch ist sie für Jaspers jedoch noch nicht falsch – noch sind diejenigen Menschen scheinheilig, die in ihrem Inhalt versunken sind. Die bloße Tatsache, daß sie sich wie eine Verstandeskonstruktion hinstellt, neigt dazu, sie in eine Ideologie zu verwandeln, in ein »Gehäuse« und eine äußere Stütze, ohne jede Verbindung mit der Tiefe des subjektiven Lebens, mit der persönlichen Existenz. Und doch ist es nicht ohne Sinn, daß sie sich als eine äußere Konstruktion gibt, dieser Umstand verweist vielmehr auf eine in Jaspers Werk immer deutlicher artikulierte Ten-

---

49 Ebd., S. 27–28.
50 Vgl. ebd., S. 36.

denz des Lebens selbst, das, obwohl es niemals äußerlich und objektiv werden kann, dennoch immer in diese Richtung drängt.

Ist die Weltanschauung erst einmal in einer mythologischen oder begrifflich-rationalen Form konstruiert, so wird sie ein zur Verfügung stehendes Gehäuse, an das der Existierende sich klammern kann, um der Angst der ihn charakterisierenden *insecuritas* zu entkommen, aber dennoch darf man nun nicht etwa »alle Lehren weltanschaulicher Art einfach unecht und in diesem Sinn einfach Ideologien nennen«[51]. Nur selten, so können wir hingegen sagen, kommt es zu einer absoluten »Echtheit«, zu einer Weltanschauung, die das unerschöpfliche Leben des Subjekts in seiner ganzen Artikulation ausdrückt. Deshalb müssen das Echte, wie das Unechte im Wesentlichen als zwei Grenzbegriffe verstanden werden: »Denn das Echte ist nicht da, sondern es ist Idee, Richtung. Und umgekehrt ist auch ein Unechtes nicht einfach absolut unecht, kann nicht restlos verneint werden«[52].

Daher gibt es kein objektives Kriterium dafür, eine Weltanschauung entweder für absolut echt oder absolut falsch zu erklären. Sofern sie nicht als reine Verstandeskonstruktionen erscheinen, sondern als naive Absolutheiten, sind die Weltanschauungen Ausdruck von Lebenskräften, die immer eine Bewertung, eine Wahl, einen innerlichen und lebendigen Versuch einer hierarchischen Ordnung der Werte implizieren. Im Einklang mit Nietzsche beobachtet Jaspers, daß die Lebenskräfte die objektiven Werte sich nicht nur aneignen, indem sie sie für das Subjekt lebendig machen, sondern ihren eigenen Ursprung durch jenes Phänomen ermöglichen, das das Leben selbst charakterisiert, das heißt durch die konkreten und besonderen *Wertungen*, in denen sich die Lebenskräfte objektivieren.[53] Auch der Wertepolitheismus, der nach der für Jaspers sehr bedeutenden Analyse Max Webers die Moderne charakterisiert, verweist seinerseits auf subjektiv persönlicher Ebene auf den existentiellen Konflikt, als einem der Existenz innewohnenden Konflikt, der zugleich ein Konflikt zwischen den Existenzen ist: das heißt die Wahl zwischen den Werten und der Kampf um ihre Behauptung verweisen auf die antinome Natur der Lebensentscheidungen selbst.[54]

51 Ebd., S.37.
52 Ebd., S.36.
53 Vgl. ebd., S.220–222.
54 Ebd., S.221.

5.

Die antinome Natur des Lebensprozesses und die Zweideutigkeit, welche die Weltanschauungen auszeichnet gewinnen in der jaspersschen Analyse an Deutlichkeit durch die Ausarbeitung des Begriffs der Grenzsituation, einem Begriff, der nicht nur eine besondere Bedeutung innerhalb der Psychologie der Weltanschauungen einnimmt – dem »das Ganze der Arbeit verfestigenden Kern«, wie Heidegger in seiner Rezension schreibt[55] –, sondern bekanntlich auch ein zentrales Thema der philosophischen Existenzerhellung ist.[56] Nach Jaspers gibt es nämlich einige entscheidende, der Natur als solcher eigene und mit ihrer Endlichkeit verbundene Situationen, in denen die antinome Natur des Existierens in ihrer Gänze manifest wird; derartige Situationen, wie der Kampf, der Tod, der Zufall, die Schuld, werden von Jaspers als »Grenzsituationen« bezeichnet und das all diesen Grenzsituationen gemeinsame Element bildet das Leiden[57] und ihre Unverständlichkeit: durch sie, kann man sagen, ist das Subjekt vor eine Art Diskontinuität der Erfahrung gestellt, vor einen Bruch oder einen Konflikt entgegengesetzter und zugleich miteinander verbundener Instanzen: alles was gültig ist, ist beispielsweise an Bedingungen geknüpft, die an und für sich einen negativen Wert besitzen; mit jeder gewollten Sache ist unabhängig von der konkreten Verwirklichung eine nicht gewollte verbunden; mit jedem Willensakt ein Akt des Nichtwollens.[58]

Daß sich in den Grenzsituationen die antinome Bedingung des Menschen offenbart, bedeutet in Grunde genommen, daß durch sie die Unruhe und das Leiden deutlich werden, die das Existieren zutiefst charakterisieren, die es überragende Versuchung des Nichts. Auf die Versuchung des Nichts, auf die Angst und das Leiden, die die Existenz zu beklemmen scheinen, antwortet der Mensch auf verschiedene Weisen, die Jaspers unter Verwendung eines weberschen Begriffs als »Gei-

---

55 Vgl. Martin Heidegger: *Anmerkungen zu Karl Jaspers' »Psychologie der Weltanschauungen« (1919–21)*, in: Karl Jaspers in der Diskussion, a.a.O., S.70–100, besonders S.77.
56 Nach Hannah Arendt versucht Jaspers im Ausgang von den Grenzsituationen und im Verweis auf Kierkegaard und Nietzsche eine neue Weise der Philosophie zu entwerfen. Vgl. dazu Hannah Arendt: *Was ist Existenz-Philosophie?*, Heidelberg 1948, S.74.
57 Vgl. Jaspers: *Psychologie*, a.a.O., S.247.
58 Vgl. ebd., S.230.

stestypen« definiert: »Die konkreten Situationen ändern sich, die formalen Grenzsituationen kehren aber immer wieder. Die Reaktionen sind unendlich mannigfaltig, aber der Form nach spielt sich ein ähnlicher lebendiger Prozeß ab. Dieser Prozeß kommt fast immer wieder auch zu scheinbarer Ruhe, z. B., wie geschildert wurde, in einem höchsten Gut, einem dogmatisierten antinomischen Weltbild, in Optimismus oder Pessimismus usw.; dadurch entstehen die mannigfaltigen Gestalten der Geistestypen. Der lebendige Prozeß, als Ganzes vorgestellt, gibt uns die Grundeinteilung dieser Geistestypen«[59]. Als anschauliche Totalität, das heißt »Schemen« der Weltanschauungen, die in sich eine gut artikulierte und definierte einheitliche Struktur haben, differenzieren sich die geistigen Typen in der Hauptsache in Bezug auf die Reaktionen und Entscheidungen gegenüber dem paradoxen und im Grunde unerträglichen Charakter der Grenzsituationen. Die Reaktion auf die Grenzsituationen charakterisiert also den Typus der Lebens- und Geisteskraft, der eine Weltanschauung strukturiert.

Unter den von Jaspers beschriebenen Geistestypen scheinen zwei eine besondere Bedeutung zu gewinnen. Zum einen der »rationalistische« Geistestyp, der gegenüber »dem Abgrunde des Nihilismus« jene Sicherheiten sucht, die seine Ängste zum Schweigen bringen, der also »einen Halt« im »Begrenzten«, im »Endlichen« sucht – zum Beispiel »in Grundsätzen, Dogmen, Beweisbarkeiten, traditionellen Einrichtungen, absoluten und zugleich generellen Forderungen«, die »der rationalen Form unterworfen« sind, das heißt der Form des Allgemeingültigen; und zum anderen jener »im Unendlichen lebendige und haltgewinnende«[60] Geistestyp, der dem Typen des »dämonischen Menschen« entspricht, das heißt dem Existierenden, der an seiner Aussetzung gegenüber den Grenzsituationen festhält und sich durch den Willen nach Unendlichkeit und Jenseitigkeit, das heißt durch den Wunsch nach einer Beziehung zur Transzendenz, inspirieren läßt. Diese beiden Geistestypen drücken auf anschauliche Weise diese antinome Bedingung des Lebensprozesses aus, die Tatsache, daß er sich durch antinome Paare hindurch vollzieht, wie dies eben der Kampf und die gegenseitige Hilfe sind, das Leben und der Tod, der Zufall und der Sinn, die Schuld und das Bewußtsein der Reinigung, die Echtheit und

---

59 Ebd.
60 Ebd., S. 304–305.

die Unechtheit, die Auflösung und die Schöpfung begrenzter und endlicher Halte, das heißt unechter und künstlicher Gehäuse, sowie unendlicher und unbedingter Halte.

Durch die Phänomenologie der »Geistestypen« scheint auch die zweideutige Struktur der Weltanschauung klarer hervorzutreten. Auf der einen Seite sieht es also so aus, daß die Weltanschauungen, da sie für sich genommen ein »festes Gehäuse« darstellen können, eine sichere Verankerung gegenüber der schöpfenden und zugleich auflösenden Kraft des Lebensprozesses, im Wesentlichen dem Geistestyp der Suche nach einem Halt im Begrenzten entsprechen, das heißt dem rationalistischen Geistestyp. Auf der anderen Seite gewinnt man den Eindruck, daß die Weltanschauungen, auch wenn sie der Suche nach einem Halt im Unendlichen und Unbedingten entspringen, dazu bestimmt sind, sich als »Gehäuse« herauszukristallisieren und zu präsentieren, in denen das Leben zu sterben und die Existenz als Freiheit sich zu verlieren drohen: »Der im Gehäuse existierende Mensch – schreibt Jaspers – ist der Tendenz nach abgesperrt von den Grenzsituationen. Diese sind ihm durch das fixierte Bild der Welt und der Werte ersetzt. So kann er, dem schwindelerregenden Prozeß entronnen, sich gleichsam in einem behaglichen Wohnhaus einrichten«[61].

Angesichts des Menschen in seiner besonderen existentiellen Erfahrung setzt die Vernunft »etwas Allgemeingültiges, etwas Notwendiges und Geordnetes, ein Gesetz als Pflicht« – eine Regel, ein Gesetz, die für ihn die Kraft einer Pflicht besitzt – und konstruiert auf der Grundlage dieser Elemente »ein geschlossenes Weltbild«[62]. Diese Rationalisierungstätigkeit zeichnet, wie Jaspers wiederum von Weber lernt, besonders die aus der griechischen Kultur geborene westliche und vor allem die moderne Menschheit aus. Den rationalistischen Weltanschauungen jedoch entgeht der Sinn des Werdens und der Geschichtlichkeit, entgeht im Allgemeinen die der Existenz eigenste Dimension, das heißt jene Dimension, die von Jaspers in der *Psychologie der Weltanschauungen* mit dem »Geist, dem die Welt *nicht zum Bilde* wird, dem das Letzte Grenzsituationen und Paradoxien« der Erfahrung und des Denkens sind, identifiziert wird.[63]

---

61 Ebd., S.305.
62 Ebd., S.306.
63 Ebd., S.310.

Die philosophischen Systeme neigen dazu, sich in sich selbst zu verschließen, sich wie tote »Gehäuse« zu trennen, die wieder von neuem aufgelöst gehören. Es sieht dennoch so aus, als ob es unmöglich wäre, ohne Weltanschauungen und ihre rationalen Ausdrucksformen auszukommen. Jaspers selbst scheint dies zu bestätigen, wenn er beispielsweise beobachtet, daß die Weltanschauungen zur Kommunikation bestimmt sind und deswegen einer sprachlichen und rationalen Transponierung bedürfen: »Weltanschauliche Kräfte sind nur dadurch, daß sie als Lehre rationale Formen gewinnen, fähig, in Kommunikation zwischen den Individuen zu treten«[64].

So ist es also vorstellbar, daß zwischen Geist und Weltanschauung, zwischen Leben und Gehäuse, es so etwas wie eine unendliche Kreisbewegung gibt, die – wie man Simmel wieder aufnehmend sagen kann –, »Leben« und »Form« immer wieder von vorn zusammenführt und eng zusammen hält, so daß das Leben immer mehr als Leben, das heißt Form ist, ihrerseits aber die Form, um nicht zu sterben, immer auch mehr als Form ist. Wie wir gesehen haben, hebt der Lebensprozeß im übrigen immer von der antinomen Natur an und die Suche nach einem Halt im Unendlichen kommt zwischen Chaos und Form hervor, die das Leben unvermeidlich charakterisieren und die das Leben lernen muß, anzunehmen, ohne vom Chaos verschüttet zu werden, aber auch indem es versucht, die Formen als *einfache Mittel* der Kommunikation zu benutzen. Antinome Natur des Lebens bedeutet also, daß das Leben niemals gänzlich vollkommen ist und ein Streben nach Vollkommenheit darstellt, es ist Verwurzelung im Endlichen und zugleich Suche nach dem Ewigen. Das Leben ist ein Prozeß, der ständig präkonstituierte Formen überwindet und die Kristallisierungen in Schwierigkeiten bringt. Die Antinomie betrifft auch die für das Verständnis des Phänomens der Kommunikation so entscheidende Beziehung zwischen dem Allgemeinen und dem Individuellen: »Der Mensch kann sich daraus nicht ins Allgemeine retten, oder er verliert dann die lebendige Existenz, nicht ins Individuelle seines Einzeldaseins, oder er verliert den lebendigen Geist. In beiden Fällen hört die Antinomie und damit der Prozeß auf«[65].

---

64 Ebd., S.375.
65 Ebd., S.380.

6.

So gewinnt also die Suche nach einer unterschiedlichen Denkmodalität an Bedeutung, um sich dem Geistesleben und jener die geistige Existenz charakterisierenden Idee der *Freiheit* anzunähern.[66] Für Jaspers heißt das soviel, daß neben dem Aspekt der Rationalisierung und des Rationalismus, die dem Verstand entwachsen, es noch einen anderen Denkaspekt geben muß, der aus der Vernunft hervorgeht und die Existenz in die Unruhe der Frage und des Problems drängt. Die Vernunft erlaubt es dem Existierenden, die Antinomien und die Widersprüche, die Grenzsituationen und die Paradoxien der Erfahrung, den Abstand zwischen Denken und Leben zu entdecken und wahrzunehmen und sie erweckt in ihm den unauslöschlichen Wunsch nach der dies- und jenseits der Bewußtseinsentzweiung, der Entzweiung von Subjekt und Objekt, gesetzten, ursprünglichen Einheit des Lebens, sie erweckt in ihm den Willen, das Absolute, die Idee zu suchen. Gerade kraft dieses Aspektes der nach Kants, aber auch nach Hegels Hinweis vom Verstand unterschiedenen Vernunft, reagiert das Leben auf die Konsequenzialität des Rationalismus und auf seinen allein ins Begrenzte gesetzten Halt und öffnet sich so gegenüber dem Unendlichen. Aus dieser Suche nach dem Halt im Unendlichen besteht in Wahrheit das Geistesleben, das im Fortgang über Krisen, Wendepunkte, Umschmelzungen und Neufassungen sich vor die Polarität der Verzweiflung, des Nihilismus, und des *Glaubens* gestellt sieht. Der Geist, das heißt die Existenz, die das Unendliche im Endlichen, das Ewige in der Zeit, das Relative im Absoluten sucht, geht dem immer wieder erneut auftretenden und dramatischen Widerspruch entgegen, dasjenige nicht erreichen zu können, was er derweil erstrebt, und zwar deshalb, weil er in demselben Augenblick, da er den Anspruch erhebt, es erlangt zu haben, es in sein Gegenteil verwandelt. Dennoch läßt der Geist nicht nach und fährt fort, einen Weg zwischen dem »toten Gehäuse« und der Verzweiflung, dem Nihilismus zu suchen: »Will man bezeichnen – schreibt Jaspers –, was der Halt sei, der in den Erschütterungen der Wendepunkte auftaucht, was die Kraft sei, die immerfort zugleich hält

---

66 Vgl. besonders ebd., S. 327–332.

und treibt, so nennt man es *Glaube*«[67] – das heißt Glaube in ein Unbedingtes, wenn nicht gar in ein Sich-Ausrichten auf das Unbedingte. Wenn es also wahr ist, daß die Weltanschauung aufgrund des Vorwiegens des rationalen Elementes vor allem als »Wissenschaft« auftritt oder für sich beansprucht, »wissenschaftlich« zu sein, so ist es ebenfalls wahr, daß es für Jaspers einer echt philosophischen Weltanschauung gelingen kann, den Geist auszudrücken, das heißt die auf die Transzendenz, auf das Absolute ausgerichtete Existenz, und zwar unter der Bedingung, daß sie sich auf den Glauben gründet – den philosophischen Glauben, wie er ihn definiert. Der Glaube stellt sich dem Wissen entgegen – dem Wissen des Verstandes, des Bewußtseins überhaupt, der positiven Wissenschaften –, aber nicht dem philosophischen Wissen als Existenzerhellung und als Metaphysik der »Chiffre«: der Glaube ist die Kraft des Subjckts, die sich der objektiven und unpersönlichen Gewißheit des Allgemeingültigen und des empirisch Gesicherten entgegenstellt. »Der Glaube – schreibt Jaspers bereits in der *Psychologie der Weltanschauungen* – ist nicht eine Vorstufe zum Wissen, sondern ein Akt, der überhaupt erst auch die Bewegung zum Wissen hin möglich und sinnvoll macht. Er ist das Umfassende, nicht ein Einzelnes, nicht eine bloß vereinzelte Kraft, und nicht ein einzelner Inhalt, nicht etwas spezifisch Religiöses, sondern letzte Kraft des Geistes«[68]. So verstanden kann der Glaube nicht mit dem religiösen Glauben und in dem bestimmten Inhalt eines historischen Glaubens identifiziert werden, das heißt er kann sich nicht mit einem bestimmten religiösen Gehäuse decken: er neigt vielmehr dazu, sich mit dem »subjektiven Denken« Kierkegaards zu identifizieren, jenem Denken in dem es um die Existenz selbst geht, des »Einzelnen« gegenüber der unpersönlichen Natur des »objektiven Denkens«: »Im Glaube – schreibt Jaspers – lebt der Mensch subjektiv existierend, im Wissen erfaßt er etwas objektiv Geltendes«[69]. Dieser existentielle Charakter des Glaubens bewirkt seine dialektische Natur. Denn wenn auf der einen Seite »die absolute Gewißheit in der subjektiven Existenz des Glaubens« immer an eine »objektive Ungewißheit« und ein »Unbeweisbare[s]« gebunden ist, das in seinen »objektiven Formulierungen« verbleibt, ist er auf der ande-

---

67 Vgl. ebd., S.337.
68 Ebd.
69 Ebd., S.338.

ren Seite »zugleich sicherer als alle Beweise, was die Fähigkeit, dem Existieren Halt zu geben«[70] anbetrifft: das Wissen kann – im Unterschied zum Glauben – niemals gänzlich den Zweifel aufheben, kann niemals die Totalität und das Absolute ergreifen, kann sich niemals ins Unendliche hineinbeugen; das Wissen ist – im Unterschied zum Glauben – keine »Kraft der Persönlichkeit«, durchdringt nicht die gesamte Wirklichkeit der Seele: »im Glauben – erklärt Jaspers – erfährt der Mensch Sinn und Ziel, das Wissen ist für die Seele als Ganzes letzthin nur Mittel«[71].

Mit dem Hinweis auf die Philosophie als Glauben und Appell an das einzelne Individuum hat sich Jaspers den Weg zur Existenzphilosophie gebahnt, also nicht zu einer Theorie über die Weltanschauung, sondern zu einer eigenen Weltanschauung. Von diesem Gesichtspunkt aus unterstreicht Jaspers – im ersten Buch seines Werkes *Philosophie* und zwar genauer gesagt im 5. Kapitel über den Ursprung der Philosophie – die enge Beziehung zwischen Philosophie und Weltanschauung: die Philosophie beschränkt sich nämlich nicht allein auf die rationale, wissenschaftliche Orientierung in der Welt und im Bewußtsein der Grenzen, sondern ist auch Bewußtsein des aus einem anderen Ursprung stammenden Seins, und dieses Bewußtsein ist eben Weltanschauung: »Der Ursprung, der selbst nicht Wissen ist, sondern in den Weisen philosophischen Denkens sich erhellt, [...] ist über alle Rundung des Wissens hinaus: *Weltanschauung*. Er ist über Wißbarkeit hinaus: die Spannung von *Glaube* und *Unglaube*. Er ist über die Sphären der geistigen Daseinswirklichkeit hinaus: *das Eine*, worin ihre Unbedingtheit wurzelt«[72].

Die Philosophien sind explizierte Weltanschauungen; aber die Weltanschauung ist nicht nur Weltbild, ist nicht nur Form, sondern verweist vielmehr auf die Art und Weise, in der die Existenz sich in ihrer Totalität auf die Welt bezieht: »Der Kern der Weltanschauung ist Glaube«[73]. Der philosophische Gedankenvollzug – schreibt Jaspers in der *Einführung in die Philosophie* – »beginnt an den Grenzen dieses Wissens des Verstandes. Die Ohnmacht des Rationalen in dem, worauf es uns eigentlich ankommt: im Setzen der Ziele und letzten Zwecke,

---

70 Ebd.
71 Ebd.
72 Jaspers: *Philosophie I*, a.a.O., S. 240–241.
73 Ebd., S. 246.

in der Erkenntnis des höchsten Gutes, in der Erkenntnis Gottes und der menschlichen Freiheit, erweckt ein Denken, das mit den Mitteln des Verstandes mehr als Verstand ist. Daher drängt das Philosophieren an die Grenzen der Verstandeserkenntnis, um sich zu entzünden«[74]. Die Philosophie ist keine Lehre, kein ein für allemal definierbares und für alle verständliches System der Wahrheit. Im Vorwort zur ersten Ausgabe von *Philosophie* warnt Jaspers vor der Gefahr dieses Mißverständnisses, eine Gefahr, der die Philosophie ausgesetzt war und noch weiter ist: »Im Philosophieren ist nicht noch einmal die Befriedigung zu erwarten, welche die Sachkunde von Dingen in der Welt gewährt. In ihm wird mehr gesucht und gefordert: Das *Denken, das mein Seinsbewußtseins verwandelt*«[75] – das heißt jenes Denken, das mich zu den »ursprünglichen Antrieben« führt, von denen mein Denken und mein Handeln her anheben, zu jener ursprünglichen, nicht bedingten, nicht phänomenischen, nicht objektiven Sphäre, in der »ich werde, was ich bin«[76].

Die Wahrheit der Philosophie ist die Wahrheit, die die Existenz im Glauben »erfährt«; eine Wahrheit, derer man sich in der Handlung und in der Kommunikation der sich als *Existierende* setzenden Menschen versichert: »Als *Existenz* spricht der Mensch, der selbst da ist. Er wendet sich an die Existenz, dieser Unvertretbare an den anderen Unvertretbaren«[77]. Die Wahrheit bildet sich in der Bewegung der Kommunikation. Das Sein ist das, was kommuniziert, mitgeteilt wird. Deshalb ist der Wille zur Kommunikation ein immer offener Prozeß, um zu ermöglichen, daß all das, was erfahren werden kann, auch erfahren werde. So schreibt Jaspers in *Von der Wahrheit*: »Das, was nicht mitteilbar ist, ist als ob es nicht wäre, drängt die Offenheit dazu, alles nur Mögliche in das Medium der Mittelbarkeit zu bringen, damit es Sein für uns gewinne« [78].

Für jede Existenz ist die Wahrheit eine unbedingte, aber nicht eine an sich allgemeingültige; allein indem die Unbedingtheit und die naive unmittelbare Absolutheit verlassen werden und indem mit dem Anderen kommuniziert wird, kann man eine gemeinsame, aber nicht

---

74 Jaspers: *Einführung*, a.a.O., S.107.
75 Jaspers: *Philosophie I*, a.a.O., S.VII.
76 Ebd.
77 Karl Jaspers: *Existenzphilosophie*, a.a.O., S.33.
78 Karl Jaspers: *Von der Wahrheit* (1947), München 1983, S.973.

unbedingte Wahrheit suchen, das heißt eine werdende Wahrheit, eine Wahrheit in der Zeit: »Nicht Betrachtung der vielfachen Wahrheiten, sondern Kommunikation im Reiche der unbedingten Wahrheiten bringt im Wahren eigentlich voran«, ja es ist so, daß »die Glaubenswahrheit nur in Kommunikation vom Einzelnen zum Einzelnen sich erhellt«[79]. Während die Wahrheiten des Verstandes, des Bewußtseins überhaupt, Wahrheiten sind, deren Inhalt exakt, aber für alle äquivalent sind, ist die Kommunikation zwischen den Existenzen, und die sich dort bildende Wahrheit, ans Dasein gebunden, an das Wesen einer jeden dieser Existenzen, an die Situationen: sie ist eine geschichtliche Wahrheit. Es gibt kein Verfolgen einer absoluten, wie ein Gegenstand oder eine bestimmte Figur vollzogenen Wahrheit. Wenn der Sinn der Wahrheit, des Wissens der Wahrheit, die Bewegung der kommunikativen Vernunft bleibt, so vergegenwärtigt sich der Vollzug der Wahrheit immer und allein als Transzendenz, als Jenseitigkeit. Die Transzendenz – gerade weil sie eine solche ist als das, was sich jenseits befindet – kann niemals an sich auf objektive Weise gekannt werden, weshalb die Wahrheit zugleich *eine* und *viele* ist: »Jede Gestalt muß in der Welt scheitern, keine kann sich als die Wahrheit schlechthin durchsetzen« [80].

Hinter dieser Abgrenzung der Aufgabe der Philosophie und der Behauptung der Zentralität des Existierenden kann man Jaspers eigene Zeitdiagnose erkennen, welche er zur gleichen Zeit der Publikation von *Philosophie* in der Schrift *Die geistige Situation der Zeit* präsentiert. In ihr stützt er sich dabei auf zwei charakteristische Aspekte der Moderne und der in ihr von Mensch und Kultur erfahrenen Krise: die Herrschaft der Technik und der Masse. Nach Jaspers Ansicht war es vor allem Max Weber, »der der Not unserer Zeit ins Auge blickte, und sie mit umfassendem Wissen erkannte, in einer zerfallenden Welt sich auf sich selbst stellend«[81]. Es ist die Verabsolutierung und die Pervertierung des wissenschaftlich-technologischen Projekts, die den Sinn des Menschen umgewälzt, die ihn zu einem Un-Sinn gemacht haben, nicht nur indem er als Zweck an sich negiert und allein zu einem Mittel macht wird, sondern – wie Hannah Arendt in einem Brief an

---

79 Ebd., S. 975.
80 Ebd., S. 980.
81 Jaspers: *Philosophie I*, a.a.O., S. IX.

Jaspers aus den 50er Jahren bemerkt – indem der Mensch absolut überflüssig gemacht wird.

Möchte man die jasperschen Hinweise aufsammeln und eine mögliche theoretische Konsequenz in einem provisorischen Schluß ziehen, so kann man sagen, daß in der Auseinandersetzung mit dem positiven Wissen und seiner Erkenntnismacht die Philosophie nicht nur und nicht so sehr als Theorie und Geschichte der Weltanschauungen geschützt werden kann, als vielmehr als eine Weltanschauung, die in der Lage ist, gegen den Nihilismus im Zeitalter der Technik anzugehen.

(Übersetzung: Steffen Wagner)

Paweł Dybel

Lebenswelt und Technologiewelten

I.

Der Begriff der Lebenswelt ist in den späten Texten Husserls zu einem der Schlüsselworte seiner transzendentalen Phänomenologie geworden. Er hat in den Sozial- und Kulturwissenschaften eine Karriere gemacht und so viele neue Bedeutungen angenommen, so daß es heute praktisch unmöglich ist, ihn eindeutig zu charakterisieren. Er war auch schon bei Husserl selbst sehr vieldeutig und paßte nicht ganz in sein Programm der transzendentalen Phänomenologie hinein. Der Begriff der Lebenswelt stellte innerhalb dieses Programms einen Fremdkörper dar, weil er nicht die Funktion einer angestrebten universellen apodiktischen Grundlage für alle Formen des menschlichen Wissens (und Selbstwissens), einschließlich des wissenschaftlichen und technologischen Wissens, zu spielen vermochte. Selbst wenn man zustimmt, daß der Hinweis auf Lebenswelt Husserl erlaubt auf wesentliche ontologische Vernachlässigungen schon im Geburtsprozeß der neuzeitlichen Wissenschaften, welche aus ihrer Trennung vom Baum der Philosophie resultierten, aufmerksam zu machen, so scheint der durch Husserl eingeschlagene Weg, das transzendentale Ur-Ich als apodiktische Grundlage alles Wissens aufzuweisen, den eigenartigen «horizontalen» Status des Begriffes Lebenswelt völlig zu verkennen.

Eine ähnliche Aporie ist in der Husserlschen Auffassung des Verhältnisses zwischen der Philosophie und Lebenswelt zu beobachten. Dieser Auffassung gemäß ist der Entfremdung der neuzeitlichen Wissenschaften von der Lebenswelt das Abbrechen des ursprünglichen Zusammenhangs von der Lebenswelt seitens der neuzeitlichen Philosophie vorangegangen. Die neuzeitliche Philosophie war nicht imstande ihren Erkenntnissen und Einsichten innerhalb der Lebenswelt eine feste Grundlage zu geben. Darin bestand ja – so Husserl - der Hauptfehler von Descartes, der, statt in *ego cogito* die letzte egologische Basis der apodiktischen Gewißheit aller wissenschaftlichen Erkenntnisse wiederzuerkennen, sie fälschlich psychologistisch interpretierte, wodurch er auch in einen Widerspruch mit seinem Konzept des objektiven wissenschaftlichen Wissens geraten ist.

Die Krise der europäischen Wissenschaften hat also letztlich ihre Wurzel in der Krise der Philosophie selbst, welche nicht imstande war in sich selbst ihren »Wahrheitssinn« zu ergründen (Husserl, VI, 7). Die Folge dessen ist die Entwicklung der Wissenschaften aus eigenem Antrieb ohne Reflexion auf ihre lebensweltlichen Grundlagen. Letzten Endes sind es nicht die Wissenschaften selbst, sondern die bereits in der Renaissance beginnende »innere Auflösung« (Husserl, VI, 9) des Ideals der universalen Philosophie, die für die Entfremdung der Wissenschaften von dem Baum der Philosophie verantwortlich ist.

Wenn dem aber so ist, wie soll dann das Verhältnis der Philosophie zur Lebenswelt aufgefaßt werden, um diese Entfremdung zu überwinden? Wie ist eine »Urstiftung der neuen Philosophie« möglich, um auf der Basis eines neu aufgefaßten universalen Ideals den ursprünglichen Zusammenhang mit der Lebenswelt wiederherzustellen?

Husserl hat ein großes Problem mit diesen Fragen. Die Lebenswelt gehört zum Bereich von *doxa*: es machen sie die alltäglichen Meinungen über die Wirklichkeit aus, welchen, wie es scheint, oft eine rationale Basis und Begründung fehlen. Dennoch machen die alltäglichen Meinungen das Wesen des Philosophischen aus. Denn die Vernunft:

> »ist es, die allem vermeintlich Seienden, allen Dingen, Werten, Zwecken letztlich Sinn gibt, nämlich ihre normative Bezogenheit auf das, was seit den Anfängen der Philosophie das Wort Wahrheit – Wahrheit an sich – und korrelativ das Wort Seiendes – *ontos on* – bezeichnet« (Husserl, VI, 10-11)

Es drängt sich die Frage auf, ob Husserl dann nicht etwas im Prinzip Unmögliches anstrebt? Erinnert nicht sein Vorhaben, den ursprünglichen Zusammenhang zwischen Philosophie und Lebenswelt wiederherzustellen, an den Versuch Wasser mit Feuer zu versöhnen? Denn wie kann man zum einen behaupten, daß es möglich ist ein neues apodiktisches Konzept der Vernunft herauszuarbeiten, welches die ursprüngliche Einheit zwischen der Lebenswelt und Philosophie wiederherstellen wird, zum anderen aber der Vernunft selbst den Status einer sich-selbst-begründenden Norm zugestehen, welcher mit dem alltäglichen horizontalen Status der Wahrheiten (Evidenzen) der Lebenswelt offensichtlich nicht zu vereinbaren ist?

Viele Autoren haben schon darauf hingewiesen, daß in dem Versuch Husserls, von der Lebenswelt ausgehend den ursprünglichen Sinn des wissenschaftlichen Vorgehens wiederherzustellen, etwas Widersprüchliches enthalten ist. Diese kritische Stellungnahme ist u.a. in den Arbeiten von Jan Patočka, Bernhard Waldenfels, Alfred Schütz zu erkennen. Ich möchte hier an diese Tradition anknüpfen und werde versuchen, manche Aspekte der durch diese Autoren vollzogenen Kritik noch weiter zu radikalisieren.

Was in dieser Interpretationstradition als höchst fragwürdig gilt, ist Husserls Behauptung, daß die phänomenologisch aufgezeigte Idee einer universalen Philosophie imstande sein wird, dem wissenschaftlichen Verfahren seinen ursprünglichen Sinn, welcher immanent der Lebenswelt angehört, wiederzugeben. Diese Behauptung setzt voraus, daß die Wissenschaften, welche – so Husserl – wie die Äste aus dem Baum der Philosophie wachsen, mit ihr im ursprünglichen organischen Zusammenhang verbleiben. Dieser Zusammenhang ging nur infolge verschiedener Mißverständnisse und Vernachlässigungen in der neuzeitlichen philosophischen Tradition (Descartes) verloren und wurde vergessen.

Man kann sich fragen – um bei dieser Metapher zu bleiben - ob das Verhältnis zwischen Philosophie und den Wissenschaften nicht eher an das zwischen dem Baum und einem parasitären Reis an ihm erinnert? Ist es nicht so, daß die Wissenschaften aus dem Baum der Philosophie alle lebensspendende Säfte schöpfen und sich dann frei ihrer erkenntnistheoretischen Logik gemäß entwickeln und ihre eigenen Früchte gebären? Gehört dann nicht die Entfremdung der Wissenschaften aus ihrem philosophischen Boden zu ihrem unvermeidlichen Schicksal? Geht es hier nur um eine Vernachlässigung, welche man berichtigen könnte?

Gibt es dann überhaupt »eine Krise« der Wissenschaften? Ihre Seinsweise besteht ja darin, das erkenntnistheoretisch zu entwickeln, was in die Matrix ihres Ablegers eingeschrieben wurde, und das heißt mit immer größerer Präzision verschiedene Seinsbereiche auszurechnen.

Es gibt zwei mögliche Antworten auf diese Frage, beide schwer akzeptable für Husserl. Entweder ist die Wissenschaft selbst mit der Krise identisch. Dann fungiert sie als der parasitäre Ableger auf dem Baum des Lebens, von dem sie sich selbst entfremdet hat. Aber dann hat es keinen Sinn, der Wissenschaft vorzuwerfen, daß sie etwas in ihren Anfängen vergessen hat oder daß sie in ihrer Entwicklung etwas vereinfacht oder verunstaltet hat. Die Krise hängt ja mit dem methodischen Wesen der Wissenschaft auf innerste zusammen und ist ihrem Wesen nach permanent.

Oder ist der Wissenschaft die Erfahrung der Krise völlig fremd, weil sie, seitdem sie ihre Wurzel am Baum des Lebens geschlagen hat, zum permanenten Fortschritt ihrer eigenen Forschungsprozeduren einfach verurteilt ist? Die Entfremdung der Wissenschaft vom Baum des Lebens ist also ihre Bedingung und entscheidet über ihr Schicksal. Wenn sie geschieht, findet die Wissenschaft ihren Rechtfertigungsgrund in sich selbst. In dem Vergessen des Baums des Lebens, an dem sie gepflanzt wurde, beginnt sie wie ein parasitärer Ableger in ihren Erkenntnissen und methodischen Substanz zu wuchern. Die gewaltige Ausbreitung der Wissenschaft folgt dann aus ihrem Wesen und ist nicht aufzuhalten.

Während also infolge dieses Prozesses, der als fortschreitende Beherrschung der natürlichen und der sozialen Welt des Menschen durch die modernen Wissenschaften vor sich geht, der Baum des Lebens in seinem Wachstum bedroht wird, sind dessen die Wissenschaften von ihrem Wesen aus nicht imstande innezuwerden. Die Krise des Lebensbaumes ist nicht ihre eigene Krise und geht sie überhaupt nichts an. Die Wissenschaften können nicht versuchen diese Krise zu überwinden, denn das würde ihrem methodischen Wesen widersprechen. Sie können auch nicht ihr Wachstum verlangsamen. Die Wissenschaften können sich nur ungehemmt in der Jagd nach immer neuen Entdeckungen entwickeln, woran sie an einen Serienkiller erinnern, der nach immer neuen Opfern sucht.

Die Krise, welche Husserl im Sinne hat, ist also die Krise des Baumes des Lebens selbst, welcher mit seinem parasitären Ableger, der sich wie ein Fremdkörper auf seine Kosten gewaltig entwickelt, nicht auskommen kann.

Das bedeutet aber nicht, daß das Problem der Neubestimmung der abstrakten, höchst formalisierten und technologisierten Welt der Wissenschaft in Bezug auf die Lebenswelt ein Scheinproblem ist. Husserl greift in seinem Text zum ersten Mal dieses Problem so komplex auf und sieht es als das Hauptproblem des Selbstverständnisses des Menschen der Moderne. Der Mensch, mit der gewaltigen Entwicklung der Wissenschaften und Technik konfrontiert, welche ihm ihre abstrakten Symbole und Gleichungen als die einzig wahren und zuverlässigen

Maßstäbe der Auffassung und Beurteilung all der Komponenten der inneren und äußeren Wirklichkeit aufzwingen, ist ja nicht imstande, sie mit den anschaulich gegebenen ursprünglichen Evidenzen, welche seiner sozialen Lebenswelt zugrunde liegen, in Einklang zu bringen.

Infolgedessen zieht Husserls Rekonstruktion des Vorgangs der Entfremdung der neuzeitlichen Wissenschaften von der Lebenswelt auch heute unsere besondere Aufmerksamkeit auf sich. Die Vorwürfe, die er gegen die neuzeitlichen Wissenschaften richtet, sind in seiner scharfsinnigen und präzisen Wiederherstellung der einzelnen Etappen dieses Vorgangs voll bahnbrechender Einsichten und Erkenntnisse, wie es u.a. Jan Patočka in seinem Essay *La philosophie de la crise des sciences d'aprés Edmond Husserl* gezeigt hat. Dieser Vorgang war zwar ohne Bedeutung für ihre weitere Entwicklung, ja, er hat eher den gewaltigen Fortschritt ihrer Erkenntnisse ermöglicht. Gleichzeitig aber hatte er schwerwiegende Folgen für das Selbstverständnis des Menschen in seinem Alltagsleben, indem er ihn mit einer Welt völlig anderer Wahrheiten und Maßstäbe als die, welche für ihn bisher als selbstverständlich galten, konfrontiert hat.

Selbst wenn man annimmt, daß die Wissenschaft, welche den Anspruch erhebt über den letzten Grund ihres methodischen Vorgehens faktisch oder nur potentiell zu verfügen, einen autonomen Seinsbereich hinsichtlich der Lebenswelt darstellt, bedeutet das nicht, daß ihr Weltbild auch als völlig selbständig, von der letzten radikal abgesondert, betrachtet werden kann. Das Problem liegt eher darin, daß die Wissenschaft als ein parasitärer Ableger auf dem Baum des Lebens auch *ihre eigene Welt schafft*, welche sie dem Menschen als den einzigen glaubwürdigen Maßstab all seiner alltäglichen Urteile, seiner Ideale und Werte aufzuzwingen sucht.

Die Fragen also, welche Husserl in der *Krisis* stellt, beziehen sich nicht auf die Wissenschaft selbst sondern auf ein durch diese Prozeduren impliziertes *Weltbild*, welches die Wissenschaften dem modernen Menschen als das einzige zuverlässige Vorbild für alle seine Weltauslegungen und Seinsweisen vor Augen führen. Als das Vorbild also, nach welchem er sich ausschließlich orientieren soll.

2.

Die Krise hat also Husserl zufolge ihre Ursache nicht darin, daß die europäischen Wissenschaften als Äste oder Ableger am Baume des Lebens sich in Selbständigkeit und Selbstgenügsamkeit ihrer erkenntnistheoretischen Prozeduren von diesem Baum etabliert haben. Die Krise kommt erst dadurch zustande, daß die Wissenschaften den Anspruch erheben am Platz der Lebenswelt ihre eigenen Welten der objektiven Wahrheiten und Maßstäbe zu stiften und damit auch all die alltäglichen Evidenzen, welche die Lebenswelt ausmachen, aus dem Wege zu räumen. Mit anderen Worten, sie versuchen den Platz des Baumstammes, aus dem sie wachsen, voll einzunehmen. Aus diesem Grunde ist der Konflikt zwischen diesen zwei Welten im Prinzip unauflösbar, er nimmt die Form eines entweder – oder an.

Das Problem liegt also darin, daß die Welten der Wissenschaft zum einen aus dem Baum des Lebens wie aus ihrem Nährboden schöpfen, zum anderen aber kehren sie sich gegen ihren Stamm, indem sie ihr erkenntnistheoretisches Ideal der objektiven Wahrheit an seiner statt zu etablieren und ihn diesem Ideal unterzuordnen versuchen. Infolgedessen halten sie sich für etwas, was sie im Prinzip nicht sind und nie sein können.

Die Krise ist letzten Endes nicht die Krise der Wissenschaft als solcher. Es ist eher eine Krise, in welche die Lebenswelt selbst, der «totalitären» Ansprüche der Welten der Wissenschaft wegen, geraten ist. Infolgedessen ist es eine permanente und unüberwindbare Krise.

Wenn also später Heidegger und Philosophen der Postmoderne die ontologischen Gründe der modernen Wissenschaft einer noch radikaleren Kritik unterziehen, indem sie ihre Stelle innerhalb des heutigen Weltbildes völlig neu zu bestimmen versuchen, haben diese Versuche – wie es scheint – nicht viel an den »totalitären« Ansprüchen der Wissenschaften selbst hinsichtlich der Lebenswelt geändert. Mehr noch, unsere heutige Lebenswelt scheint noch radikaleren Herausforderungen der einzelnen Wissenschaften als in Husserls Zeiten, ausgesetzt zu sein. Die Entdeckungen und der Fortschritt der Erkenntnis in solchen Disziplinen wie z.B. in der molekularen Biologie haben Perspektiven für die Herausbildung von neuen Technologien eröffnet, welche direkt und weitreichend in Bereiche der menschlichen Lebenswelt eingreifen, die man bisher entweder als durch natürliche Gesetze determiniert oder als ausschließlich vom menschlichen freien Willen abhängig betrachtet hat. Das Besondere an diesen Entdeckungen ist, daß sie Perspektiven der technologischen Mitgestaltung der genetischen Ausstattung des Menschen eröffnen. Die genetische Ausstattung des Menschen stellt seine letzte biologische Grundlage dar, auf die sein ganzes physiologisches und psychisches Funktionieren zurückgeführt werden kann. Infolgedessen, scheint es, haben diese Entdeckungen weitreichende Folgen sowohl für unser Verständnis der ontologischen Grundlagen der Selbstidentität des Menschen als auch für die Gestalt der zwischenmenschlichen Verhältnisse in der Zukunft.

Husserl konnte noch daran glauben, daß die radikale philosophische Einsicht in die ontologischen Ursprünge der modernen Wissenschaften ihre abstrakte technisierte Welt der Lebenswelt zurückbringen kann, weil er diese Welt als ein der Lebenswelt total entfremdetes ontisches Derivat betrachtet hat. Es ist aber schwer die Idee des geklonten Menschen als ein solches Derivat zu betrachten, die, wenn einmal verwirklicht, die ontologischen Grundlagen des bisherigen menschlichen Selbstverständnisses und damit auch seiner Lebenswelt in Frage stellen wird. Die Theorie von Kopernikus oder die modernen Theorien der Atome haben unsere alltägliche Erfahrung der Welt kaum verändert. Für uns geht die Sonne immer wieder auf und unter wie für die Menschen des Mittelalters.

Menschen jedoch, deren genotypische Struktur schon bei Geburt tiefgreifend verändert sein wird, oder auch vaterlose Menschen, welche auf dem Wege des Austauschs des genetischen Materials der weiblichen Zelle hergestellt werden, werden keine reinen theoretischen Konstrukte sein, welche nur der Welt der Wissenschaft gehören. Sie werden die ursprüngliche anschauliche Realität unserer sozialen Lebenswelt gleichermaßen wie die »traditionellen« Menschen ausmachen.

Niemand weiß, ob die heutigen Verbote der Forschungen und Experimente dieser Art durch die Wissenschaftler in der Zukunft eingehalten werden. Wenn nicht, könnte das, was wir heute nur in Filmen sehen oder in Büchern lesen, einmal zur alltäglichen Evidenz des sozialen Seins werden. Das ist aber nicht der Kern der Sache. Denn schon selbst durch molekulare Biologie eröffnete Möglichkeiten des weitreichenden Eingreifens in die genotypische Struktur des menschlichen Körpers stellen eine enorme Herausforderung für unser Selbstverständnis dar, indem sie uns mit den Fragen konfrontieren, welche sich direkt auf die ontologischen Grundlagen unseres Selbstverständnisses beziehen.

Das Problem liegt darin, daß die Welt der Wissenschaft und die Lebenswelt heute schon keine ganz autonomen in ihren ontologischen Grundlagen sich einander ausschließenden Welten darstellen, die miteinander konkurrieren, welche von ihnen den universalen Maßstab des menschlichen Selbstverstehens darstellt. Das Neue an ihrem Verhältnis zueinander ist, daß oftmals die auf der Basis der wissenschaftlichen Erkenntnisse herausgebildeten Technologien d i r e k t die Hauptformen der Lebenswelt affizieren und sie mitgestalten. Der Welt der newtonschen Physik lag der Anspruch zugrunde, nicht nur in der Form der objektivierten mathematischen Modelle die Naturwelt zu erklären, sondern auf die letzten auch all andere Lebensformen des Menschen zurückzuführen. Dagegen stellen die Erkenntnisse der molekularen Biologie und die durch sie eröffneten Perspektiven der Herausbildung neuer Technologien des systematischen Eingreifens in die genotypische Struktur des Menschen eigentlich keine Alternative für die Lebenswelt dar, sondern scheinen unmittelbar, irgendwie von innen her, in sie einzugreifen und all das, was bisher als selbstverständlich in ihr galt, in Frage zu stellen. Bedeutet das dann aber, daß die Krise der neuzeitlichen Wissenschaften, von der Husserl spricht, welche in der Tat die Krise der Lebenswelt des Menschen der Moderne ist, inzwischen nicht nur nicht überwunden wurde, sondern sich sogar vertieft hat?

3.

Eine Herausforderung anderer Art stellt für die soziale Lebenswelt heute die stürmische Entwicklung der Computer-Technologien dar, mit denen die Herstellung virtueller Welten auf dem Bildschirm von jedem PC einhergeht. Diese Computer-Welten sind – anders als die Lebenswelt – hinsichtlich ihrer Struktur und der ihr innewohnenden Entwicklungsmöglichkeiten schon im vorhinein programmiert. Sie enthalten in sich immer einen bestimmten Kode, demgemäß sie hergestellt wurden und den auch ihre Empfänger gerecht identifizieren sollen. Wenn ihnen das gelingt, werden sie zu den omnipotenten Subjekten in diesen Welten, welche eine uneingeschränkte Macht über sie ausüben und bereit sind allen Überraschungen, die auf sie dort warten, entgegenzutreten.

Das klassische Beispiel ist die Welt der Computer-Spiele. Das ist immer eine Welt mit einem Kode, in der die gerechten Züge der Spieler schon im vorhinein programmiert worden sind. Wenn sie dem Kode folgen, sind sie imstande, diese Welt total zu beherrschen. Wenn sie dagegen nur einen Fehler machen, werden sie nicht nur das Spiel verlieren, sondern auch die Welt dieses Spiels total vernichten. Es ist also das in der programmierten Struktur der Computer-Spielwelten enthaltene Versprechen ihrer totalen Beherrschung durch das spielende Subjekt, das ihrer besonders starken Einwirkung auf das Seelenleben des letzten zugrunde liegt. Dieses Versprechen ist ja ein Appell an den Narzißmus des Subjekts, welches, solcherweise verlockt, sich der Phantasie seiner Omnipotenz voll hingeben soll.

Von den klassischen Spielen unterscheidet sich die Computer-Spielwelt auch dadurch, daß sie durch ihre besonders reiche visuelle Dimension und Mobilität stark auf die Einbildungskraft der Empfänger einwirkt. Sie ist eine Welt mit einer besonders intensiven Koloristik, voll von verschiedenen, fantastischen Geschöpfen, welche sich auf dem Bildschirm bewegen und manchmal sogar sprechen und den Spieler zu verschiedenen Interaktionen auffordern. Sie verlangt also von ihm ein besonders starkes emotionales und motorisches Engagement während des Spiels. Anders als beim Schachspiel ist er nicht mehr dem Führer einer Armee ähnlich, welcher den Verlauf des Kampfes aus einer reflexiven Distanz beobachtend, über die Züge der einzelnen Figuren und Truppen entscheidet. Er ist direkt motorisch ins Spiel eingebunden, indem er mittels der entsprechenden Bewegungen des Joysticks »persönlich« mit Ungeheuern kämpft und verschiedenartige Hindernisse auf seinem Wege überwindet. Es kommt ihm also im Spiel die Rolle des Haupthelden zu, von dessen motorischem Reflex und Entscheidungen nicht nur die Entwicklung der Welt des Spiels sondern auch ihre weitere Existenz abhängt.

Es sind also vor allem vier Momente: (1) direktes motorisches Engagement der Computer-Spieler, (2) der suggestive Appell an ihren Narzißmus und ihre Omnipotenzansprüche, (3) eine besonders krasse und mobile visuelle Dimension und (4) die den Spielern angebotene Möglichkeit direkt an der Spielwelt (d.h. als ihr immanenter Held) teilzunehmen und ihre Entwicklung entscheidend zu beeinflussen, welche sehr stark auf ihr Seelenleben und ihre Einbildungskraft einwirken. Damit bieten die Computerspiele ein besonders attraktives Substitut der realen sozialen Lebenswelt an, in welchem all die potentiellen Hindernisse und Widerstände immer überwunden werden können.

Man kann natürlich diese Wirkung mit Recht mit der der Welten von kitschiger Literatur oder Filmen vergleichen. Das sind ja auch Welten mit einem Kode, in denen alle Ereignisse nach einem klaren Schema verlaufen und man normalerweise ihren guten Ausgang schon am Anfang voraussehen kann. Nun treten in ihnen das erste und vierte Moment gar nicht auf, das zweite und dritte normalerweise in abgeschwächter, milderer Form. Man kann also sagen, daß die Welten der Computer-Spiele viel effektiver als die der kitschigen Literatur und Kunst auf das Seelenleben ihrer Empfänger einwirken. Wenn Don Quichotte heute als Paradebeispiel des naiven Lesers gilt, welcher die Welt der literarischen Fiktion mit der realen Welt vertauscht hat, gilt er zugleich als ein Ausnahmebeispiel, welches es eigentlich nicht gibt. Dagegen sind die Fälle von völliger Abhängigkeit Jugendlicher von den Internet- und Computer-Spiel-Welten heute so verbreitet, daß sie ein echtes soziales Problem darstellen.

Für diese Spieler ist die «aktive» Teilnahme an den Computer-, Internet- oder Spielwelten zur Hauptform ihrer Seinsweise geworden. Die Lebenswelt mit ihren unendlich offenen Perspektiven ihrer möglichen Transformation erfordert vom menschlichen Subjekt ständige Bereitschaft, dem Unerwarteten und oftmals Schmerzlichen zu begegnen und auch verschiedene Formen des Widerstands direkt zu erfahren. Dies erschreckt die Jugendlichen oft. Sie ziehen es vor, diese rohe und komplexe Welt durch ihr ideales schwarz-weiß Surrogat der virtuellen Computer-Welt, welche ihnen freie Verwirklichung ihrer narzißtischen Omnipotenzphantasien verspricht, zu ersetzen. Sie identifizieren sich mit dieser Welt auf dem Wege sehr starker »positiver« Übertragung.

Es ist dabei hervorzuheben, daß mit dem steigenden Einfluß der Computer-Welten auf das Weltbild und die Lebensweise ihrer Empfänger analoge Veränderungen in der Welt der Massenmedien und der Werbung einhergehen. Auch hier sieht man die Tendenz, durch immer mehr raffinierte technologische Mittel an den Narzißmus der Empfänger zu appellieren und sie damit zu einer tiefen unbewußten Identifizierung mit dem in ihnen programmierten Weltbild und den ihm zugrunde liegenden Werten, Präferenzen, Auslegungen usw. zu veranlassen. Damit versucht man, immer effektiver auf die narzißtischen Selbstvorstellungen der Empfänger einzuwirken, um bestimmte politische, ökonomische, nationale und religiöse Ziele zu erreichen. Infolge all dieser Prozesse wird die Husserlsche Lebenswelt heute immer mehr zu einer Übertragungs-Welt, deren Kern die imaginären egozentrischen Selbst-Bilder der an ihr teilhabenden Individuen ausmachen. Es erhebt sich die Frage, ob dieser Vorgang auf Dauer zur Etablierung von immer mehr in sich eingekapselten Gesellschaften führen wird, welche nicht imstande sein werden, etwas weiter als bis zum Ende ihrer Nasenspitze zu sehen.

Aber gleichzeitig fragt man sich, ob trotz all dieser neuen raffinierten Formen der Simulation der komplexen ontologischen Struktur der Lebenswelt durch die virtuellen Computer-Welten, die Lebenswelt in der unendlichen Offenheit der Verhaltensmöglichkeiten und der Transformation der sozialen Umgebung, welche sie dem Subjekt anbietet, im kleinsten Grade verändert wurde? Oder ist es eher so, daß die Computer-Welten in ihrer programmierten, geschlossenen Struktur immer mehr in unserem Alltag den Platz der traditionellen Lebenswelt einnehmen, ohne daß es von uns bemerkt wird?

Wenn man heute manche Philosophen der Postmoderne liest – wie z.B. Baudrillard –, bekommt man oftmals den Eindruck, daß infolge der enormen Verbreitung der verschiedenen Formen der virtuellen Welten in der gegenwärtigen Kultur der ontologische Unterschied zwischen ihnen und der realen sozialen Lebenswelt in dem menschlichen Selbstverständnis höchst relativiert wurde. Ist das aber tatsächlich der Fall? Haben wir es hier nicht eher mit einer falschen Mythologisierung mancher sozialer Phänomene von beschränktem Umfang zu tun und ihrer unbegründeten Erhebung auf den Rang des universellen Paradigmas? Sind nicht zahlreiche Beispiele von Internet-abhängigen Menschen, für welche das Verbleiben in virtuellen Computer-Welten zur Hauptform ihrer Existenz geworden ist und die große Probleme haben, den Anforderungen der sozialen Umwelt gewachsen zu sein, eher ein Beweis dafür, daß dieser ontologische Unterschied im menschlichen Selbstverständnis als im Prinzip nicht relativierbar beibehalten werden soll?

Wenn dem so ist, dann bewahrt auch der Husserlsche Begriff der Lebenswelt seine Aktualität im Diskurs der gegenwärtigen Philosophie und Sozialwissenschaften. Zum einen haben sich inzwischen, auch infolge der zwei oben charakterisierten neuen Typen des Eingreifens der Technologiewelten in seinen Bereich, nicht nur sein Sinngehalt, sondern auch die sie ausmachenden Formen des sozialen Miteinanderseins der Menschen wesentlich geändert. Zum anderen aber fungiert die Lebenswelt wie bisher als die Welt, in welcher sich eröffnende unendliche Möglichkeiten der Transformation der sozialen Umgebung mit der Erfordernis, dem starken Widerstand der realen Zusammenhänge (z.B. der verschiedenen Voreingenommenheiten und Vorurteile) zu begegnen und den unerwarteten schmerzlichen Ereignissen gewachsen zu sein, einhergehen. Das ist stets eine völlig anders strukturierte Welt als die Welt der Wissenschaft mit ihren entwickelten Technologien, obwohl letztere heute die Lebenswelt von innen her immer effektiver mitzugestalten scheinen. Die Lebenswelt unterscheidet sich auch wesentlich von den virtuellen Computer-Welten, denen zum einen immer mehr raffinierte Techniken der Nachahmung von offenen horizontalen Strukturen und der suggestiven Interpellation an den Narzißmus der Empfänger zugrunde liegen, die zum anderen aber ihren von oben programmierten, systemisch geschlossenen Charakter heimtückisch verdecken. Die Computer-Welten sind letzten Endes die Welten der Simulation und trotz all der Innovationen, welche ihnen die Entwicklung der neuen Computer-Technologien anbietet, werden sie nie imstande sein den Platz der sozialen Lebenswelt einzunehmen, denn dann würden sie den Grund, die *ratio,* ihres Seins verlieren.

Bibliographie

Husserl, Edmund: *Die Krisis der europäischen Wissenschaften und die transzendentale Phänomenologie,* Gesammelte Werke, Bd.VI, Den Haag 1976.
Krasnodębski, Zdzisław; Nellen, Klaus (Hg.): *Świat przeżywany,* Warszawa 1993.
Patočka, Jan: *La philosophie de la crise des sciences d'après Edmond Husserl* in: Archiwum Historii Filozofii i Myśli Społecznej, 18, 1972, S.3–18.
Waldenfels, Bernhard: *Die verachtete Doxa. Husserl und die fortdauernde Krisis der abendländischen Vernunft,* in: ders., In den Netzen der Lebenswelt, Frankfurt a.M. 1985.

Marek J. Siemek

Technische Vernunft als »Herrschaftsrationalität«: Kritik oder Sozialmythos?

Die Denkfigur der »Herrschaftsrationalität«, die ihre reife und für das 20. Jahrhundert vorbildliche Gestalt vor allem in der *Dialektik der Aufklärung* von Horkheimer und Adorno erreicht hat, gehört zum breiteren Paradigma einer Kritik der »instrumentellen Vernunft«, die sich in erster Linie auf die moderne Kultur der Wissenschaft und Technik bezieht. Dieses Paradigma hat dabei nicht nur einen erkenntnistheoretisch-methodologischen, sondern auch, und vor allem, einen ethischen und soziopolitischen Sinn. Die globale »Herrschaft der Technik« in unserer Welt wird immer häufiger als neues Mittel der menschlich-gesellschaftlichen Herrschaft und Unterdrückung dargestellt. Die philosophische Kritik des instrumentellen Rationalitätsbegriffs verbündet sich hier merkwürdigerweise mit dem kultur- und gesellschaftskritischen Ethos des Denkens, das auf die Befreiung des Menschen von jeder ihm »entfremdeten« Macht hinzielt. Die Forderung einer »anderen«, nicht-mehr-instrumentellen Rationalität des Denkens und Handelns findet ihre konsequente Ergänzung im ethisch-politischen Programm der menschlichen und gesellschaftlichen *Emanzipation*.

Dieses emanzipatorische Ethos pflegt dabei jene menschlichen, moralischen und soziopolitischen Bedrohungen der technologischen Entwicklung der Gegenwart vor allem mit der *modernen* Form der Vergesellschaftung in Verbindung zu setzen, die in der industriellen bürgerlich-kapitalistischen Gesellschaft ihren vollständigen Ausdruck findet. Die Ablehnung der »technologischen Vernunft« in ihrer gesellschaftlichen Irrationalität tritt hier also auf als Bestandteil einer globalen Kritik des Kapitalismus überhaupt und insbesondere der gegenwärtigen »spät«- oder »postkapitalistischen« Gesellschaft. Die bloß instrumentelle Rationalität der technischen und soziotechnischen Verfügbarkeit wird als noch ein »ideologisches« Unterdrückungs- und Manipulationsmittel betrachtet, dessen Wesen darin besteht, die repressive Herrschaftsstruktur aus dem Verhältnis des Menschen zur Natur auf die gesellschaftlichen Beziehungen zwischen den Menschen zu übertragen, und das umso gefährlicher ist, als es die Irrationalität der soziopolitischen Gewalt und Entfremdung hinter der unschuldigen Fassade des »Rationalen schlechthin« versteckt. Und umgekehrt: Das Problem der menschlichen Emanzipation, der Selbstverwirklichung des Menschen als eines *freien Subjekts* inmitten seiner gesellschaftlichen *Lebenswelt*, und das heißt auch: in einer sinnvollen, zwanglosen *Gemeinschaft* mit anderen Subjekten, übersetzt sich nunmehr direkt auch in die Frage nach einer »anderen«, nicht-mehr-instrumentellen Rationalität des menschlichen Denkens und Handelns, die selbst nicht mehr technisch verwendbar, doch aber dazu fähig wäre, die Verwendung und Entwicklung der Technik vernünftig zu kontrollieren.

Es geht also um jenen Topos der »echten«, *weil* »nicht-instrumentellen« Vernunft, der den engen Zusammenhang der wissenschaftlich-technischen Zivilisation mit dem kapitalistischen *Modernisierungsprozeß* der Gesellschaft feststellt und *darum* die gesellschaftliche Befreiung des Menschen auch von der Überwindung jener »eindimensionellen« Instrumentalität in seinem Denken und Handeln abhängig macht. Mit verschiedenen Graden von Deutlichkeit und Intensität läßt er sich in allen wichtigen Standpunkten des heutigen Philosophierens wiederfinden, die sich auf Marx und die kritisch-emanzipatorische Tradition des Marxismus berufen. So bei Lukács, Horkheimer, Adorno und zumindest beim frühen Habermas; so noch deutlicher bei Marcuse und Bloch. Freilich nicht ganz so bei Marx selbst.

Marx erforschte nämlich den *gesellschaftlichen Modernisierungsprozeß*, der mit der Entwicklung kapitalistischer Produktionsverhältnisse einhergeht, als den eigentlichen *Rationalisierungsprozeß* der menschlichen Gesellschaft, und zwar *ohne* den Inhalt und Wert dieser Rationalität zu differenzieren. Er rückte in den Mittelpunkt seiner Analysen die Irreversibilität und Unüberschreitbarkeit dieses Prozesses, weit davon entfernt, der in ihm entstehenden Ratio die utopische Perspektive einer anderen, höheren oder »echteren« Vernünftigkeit entgegenzusetzen. Schließlich erblickte er das Wesen dieser modernen Rationalitätsform gerade darin, daß sie dem Denken und dem Handeln zum ersten Mal einen angemessenen, d.i. *offenen und freien* Raum erschließt, der der richtige, weil der einzige Raum der menschlichen Emanzipation ist. In diesen rationalen, durch den Prozeß der modern-kapitalistischen »Vergesellschaftung der Gesellschaft« hervorgebrachten *Freiheitsraum des menschlichen* Lebens gehört selbstverständlich für ihn auch die *Technik*, als rationalisierte Verlängerung und Objektivierung instrumenteller Bedingungen der menschlichen Tätigkeit überhaupt.

Die technische Herrschaft über die Außenwelt wird hier als Fragment eines breiteren Ganzen aufgefaßt, das mit dem gesellschaftlichen Modernisierungsprozeß und dem darin entstehenden System der gesellschaftlich organisierten Rationalität identisch ist.

Die tieferen Grundlagen jenes Ganzen findet Marx bekanntlich in der Struktur des *gesellschaftlichen Arbeitsprozesses*. Er hebt dabei stark hervor, daß die technisch-instrumentelle Rationalität im Bereich materieller Bedingungen dieses Prozesses (ständige Entwicklung der Produktivkräfte, »Stoffwechsel mit der Natur«) nicht nur relativ unabhängig von den soziopolitisch irrationalen Strukturen der Klassenherrschaft innerhalb der gesellschaftlichen Produktionsverhältnisse ist, sondern auch einen mächtigen Faktor der Befreiung von jener rein sozialen Irrationalität bildet. Die Steigerung dieses Faktors im kapitalistischen Prozeß der »Vergesellschaftung der Gesellschaft« hält Marx immer für eine notwendige Bedingung der »Menschwerdung des Menschen« im Kommunismus. Insbesondere beim späteren Marx macht die hochentwickelte Technologie (»Automatisierung«), neben der Arbeitsteilung, Spezialisierung und Kooperation, die unaufhebbare Grundlage der künftigen kommunistischen Gesellschaft als einer »Assoziation von freien Produzenten« aus, in der die eigentliche Dimension der menschlichen *Freiheit* vor allem durch die zunehmende Quantität der von der Arbeit *freien Zeit* bestimmt wird. Das so aufgefaßte »Reich der Freiheit« soll also nicht mehr – wie beim jungen Marx, der noch tief in die vorindustrielle Utopie einer Aufhebung der »entfremdeten Arbeit« verwickelt bleibt – durch einen einmaligen »Sprung« erreicht werden: es soll vielmehr erst allmählich aufgebaut werden, und zwar durch extensive Erweiterung seiner Grenzen – d.h. *auf Kosten* der Grenzen des immer mehr zu reduzierenden »Reiches der Notwendigkeit« oder der Arbeit. Nicht »Befreiung *der Arbeit*«, sondern »Befreiung *von* der Arbeit« wird zur Hauptforderung der sozialen und menschlichen Emanzipation. Und diese Forderung setzt natürlich das unbegrenzte Wachstum der technisch-instrumentellen Macht und Kontrolle des vergesellschafteten Menschen über die Außenwelt voraus. (Ständiges »Zurückweichen der Naturschranke« als technologische Vorbedingung des Kommunismus; Ablösung der gesellschaftlich irrationalen Herrschaftsverhältnisse durch die organisatorische Rationalität der »Verwaltung von Sachen«).

Horkheimer und Adorno gingen also in ihrer Gesellschafts- und Kulturkritik auch über Marx selbst weit hinaus. Sie haben uns eine umfassende Diagnose der Krise hinterlassen, die in der modernen Welt kulminiert, deren Keime aber die europäische Vernunft von ihren ältesten Anfängen an in sich trägt. Jenes krisenhafte und letzten Endes selbstzerstörerische Potential liegt nach den Autoren schon im allgemeinsten Begriff dieser Vernunft als Instanz und zugleich Prozeß der unaufhaltsamen »Aufklärung«. Dieser Begriff bedeutet für sie eigentlich alle Formen der rationalisierenden, sinnstiftenden Tätigkeit des Menschen in seiner Geschichte, Gesellschaft und Kultur. Eine so umfassend gedachte Aufklärung (wie man sieht, im Grunde genommen mit der Menschwerdung gleichbedeutend) kann demnach ihren ersten Vertreter und Träger in Odysseus haben, jener noch vorgeschichtlichen Symbolfigur der souveränen menschlichen Subjektivität, die selbständig ihr Leben gestaltet, indem sie sowohl ihre eigene Triebnatur, als auch jegliche Widerstände der äußeren Umgebung selbstbewußt beherrscht und kontrolliert. Als Emanzipation des Menschen von Zwängen der außermenschlichen Mächte der Natur, des Mythos, des blinden Schicksals oder der religiösen Transzendenz, bleibt die Aufklärung vorerst und immer eine solche Odyssee der Vernunft und Freiheit. Da sie durch den Bruch mit dem Mythos entsteht und ständig die Entmythologisierung erstrebt, ist der Mythos in jeder Form für sie der Schrecken und die gefährliche Herausforderung – als Stimme der Natur, als Zeichen der Abhängigkeit des Menschen und der Gebrechlichkeit seiner Existenz. Was die Metapher der Odyssee für die Autoren symbolisiert, ist also nicht so sehr die mythische Rückkehr in die verlorene Heimat, wie vielmehr dasjenige, was der klassische Aufklärungsbegriff von Kant beinhaltet: »*Aufklärung ist der Ausgang des Menschen aus seiner selbst verschuldeten Unmündigkeit. Unmündigkeit* ist das Unvermögen, sich seines Verstandes ohne Leitung eines anderen zu bedienen. *Selbstverschuldet* ist diese Unmündigkeit, wenn die Ursache derselben nicht am Mangel des Verstandes, sondern der Entschließung und des Mutes liegt, sich seines Verstandes ohne Leitung eines andern zu bedienen. *Sapere aude*! Habe Mut dich deines *eigenen* Verstandes zu bedienen! ist also der Wahlspruch der Aufklärung.«[1]

Von der »Leitung eines anderen« kann sich aber der »eigene Verstand« des Menschen wirkungsvoll und dauernd nur dadurch befreien,

---

[1] Immanuel Kant: *Beantwortung der Frage: Was ist Aufklärung?*, Akademie-Ausgabe VIII, S. 35.

daß er selbst die ganze Leitung übernimmt, über sich und über alles andere. Die Aufklärung selbst muß also diese Hauptfunktion des Mythos erfüllen, die ursprünglich gerade in solcher Ausübung der geistigen Zentralmacht bestand und die darauf hinzielte, die menschliche Welt sinnvoll zu ordnen und ihr unerschütterliche Grundlagen und Orientierungsprinzipien zu geben. Sofern der Mythos demnach schon die erste Gestalt der Aufklärung bildet, unterliegt die Aufklärung in ihrem Kampf gegen ihn einer besonderen Dialektik, die dazu führt, daß die Aufklärung selbst wieder mythologisiert wird, indem ihr »Verstand« in die undurchsichtige Irrationalität eines neuen Mythos mündet. Gerade dieser Prozeß steht im Mittelpunkt des Interesses beider Autoren: »schon der Mythos ist Aufklärung, und: Aufklärung schlägt in Mythologie zurück.«[2]

Das Hauptproblem liegt aber in der verhängnisvollen Ambivalenz, die dem Begriff der souveränen »Leitung« als *Beherrschung* innewohnt. Wenn der Mensch durch die Aufklärung zum Herrn seiner selbst wird, dann geschieht es vor allem infolge dessen, daß er sowohl seine innere, als auch die äußere Natur systematisch beherrscht. Seiner inneren Natur zwingt er nämlich eine rigide Disziplin der Selbstentsagung auf, die das ursprüngliche Element der mimetischen Impulse rücksichtslos unterdrückt, wodurch die ganze Sphäre der menschlichen Leiblichkeit und Triebhaftigkeit unter die aufsichtsführende Kontrolle des subjektiven Ich als Instanz der höchsten »Leitung« gebracht wird. Auf die äußere Natur wird dieselbe Gewalt der Verfügbarkeit und Kontrolle durch das instrumentelle Handeln des Menschen übertragen, welches seinerseits die Gegenständlichkeit der Natur selbst diszipliniert, so daß sie in ihrer substantiellen Wesenheit verletzt und zur Arbeit im Dienst von Bedürfnissen und Zwecken der menschlichen Selbsterhaltung gezwungen wird. Kurz, die Aufklärung als Prozeß der entmythologisierenden Befreiung und Selbstbehauptung des Menschen bringt mit sich unausweichlich auch die repressive Rationalitätsform, die der Mensch sich selbst und seiner Welt aufdrängt und so die Welt und sich selbst dem Joch eines neuen Mythos wieder unterwirft.

Auf diese Weise haben Horkheimer und Adorno das grundsätzliche Paradigma aller »Kritiker der instrumentellen Vernunft« von heute

---

2 Horkheimer und Adorno: *Dialektik der Aufklärung*. Vorrede, in: Horkheimer, Gesammelte Schriften, Bd. V, Frankfurt a.M. 1987, S.21.

und gestern vorbildlich formuliert. Laut dem Paradigma ist dasjenige, was diese Vernunft ihrem innersten Wesen nach und bereits in ihrem ältesten Ursprung verkörpert, nichts anderes als die *Herrschaftsrationalität*, oder die Logik und Technik der selbstsicheren Bewältigung, Unterdrückung und Beherrschung jeder selbständigen Andersheit. Das Paradigma ist dabei so umfassend, daß es sich auf sehr verschiedene Bedeutungen und Formen dieser »Herrschaft« anwenden läßt, und zwar in unterschiedlichen Zeitperspektiven. So gilt es erstens als Topos einer radikalen, aber prinzipiell auf die neuzeitliche Geschichte beschränkten Kritik der geistigen, kulturellen und gesellschaftlichen Modernisierung, nämlich als Gesamtprozeß, in dem vor allem die rationale Naturbewältigung durch den Menschen stattfindet, was freilich die Verdinglichung der Natur selbst und ihre Herabsetzung zum bloßen Mittel der menschlichen Selbsterhaltung mit sich bringt. Hierher gehört die ganze auch heutzutage so breite und vielstimmige Front der kritischen Reflexion über die Herausforderungen und Gefahren, die insbesondere durch die moderne Wissenschaft, Technik und Zivilisation erzeugt werden. Dabei geht man oft und gern auf die philosophischen Wurzeln der modernen Vernunft zurück, und zwar bis auf das Cartesianische *Cogito* und die damit zusammenhängende Weltkonstitution im Dualismus der reinen Subjektivität und der bloß äußeren Gegenständlichkeit der Natur als »vorgestelltes« und »hervorgebrachtes« Objekt. Obwohl diese technik- und wissenschaftskritische Protestbewegung in der zweiten Hälfte des Jahrhunderts für ihren Patron lieber Heidegger als Horkheimer oder Adorno erklärt, ist es doch nicht schwer einzusehen, daß ihr eigentlicher Denkhorizont vielmehr durch die von den beiden letzteren erstmals formulierte »Kritik der instrumentellen Vernunft« vorgezeichnet wurde, die gerade darauf hinauslief, negative Auswirkungen der »Herrschaftsrationalität« im Bereich der theoretischen und praktischen Eingriffe des Menschen in die äußere Gegenständlichkeit der ihn umgebenden Natur zu enthüllen.

Das gleiche gilt auch für das zweite Hauptmotiv von Horkheimer und Adorno, nämlich dasjenige, was sich im Paradigma der »Herrschaftsrationalität« auf die autoritäre Machtausübung des Menschen nicht über die äußere Natur, sondern über sich selbst bezicht, d.h. über eigene Freiheit und Persönlichkeit des Einzelnen und seiner anderen Mitmenschen. Die *Dialektik der Aufklärung* selbst rückt diese »innere«, sowohl subjektiv psychologische, als auch intersubjektiv soziale und politische Dimension der repressiven Herrschaft, die durch die Vernunft mit ihrem Anspruch auf die unbedingte und exklusive Universalität ihrer »Leitung« ausgeübt wird, sehr stark in den Vordergrund. Hier bleiben die Autoren übrigens dem großen Ansehen treu, welches die beiden Klassiker der modernen Demystifizierung, Marx und Freud, im Wirkungskreis der Frankfurter »kritischen Theorie« schon immer hatten; aber diese Treue geht auch damit einher, daß jeder von den beiden hier stets mit dem anderen komplementär ergänzt und zugleich gewissermaßen gegen den anderen ausgespielt wird. Das Paradigma der »Herrschaftsrationalität« hat darum immer jene zwei Pole: einerseits geht es um die psychologische Führungsmacht des bewußten Selbst (im Sinne des Freudschen *Ego*) über die unterdrückten und in den Untergrund der menschlichen Persönlichkeit verdrängten Triebe und mimetischen Impulse, andererseits aber um die politische Übermacht und geistige Hegemonie der jeweils herrschenden Klasse (die etwa als gesellschaftlich-geschichtliches *Super-Ego* auftritt) über die unterdrückte, weil verdinglichte Subjektivität der Klassen, die nur arbeiten, und zwar nicht für sich selbst, sondern für ihre Herrscher. Freilich büßt diese Dimension der unmittelbaren Klassenherrschaft in der *Dialektik der Aufklärung* ihre klassisch marxistische Spitze schon weitgehend ein; denn die Kritik beschränkt sich hier nicht nur auf die moderne kapitalistische Gesellschaft, sondern sie wird eigentlich auf die ganze Geschichte der europäischen Kultur ausgedehnt. (Es ist nicht umsonst Odysseus, der schon fast fertige Hauptprinzipien einer »bürgerlichen« Sozialordnung mit ihren Tugenden der selbstbewußten Führung und Kontrolle als erster vertritt und verkörpert.) So unterliegt die Figur der soziopolitischen Herrschaft einer übergeschichtlichen Universalisierung und wird zum unabänderlichen Bestandteil des »menschlichen Schicksals« überhaupt. Demzufolge wird die Rekonstruktion ihrer »reinen«, überzeitlichen Formen möglich, die bereits auf der Ebene der primitivsten Vergesellschaftung vorkommen sollten, z.B. in den fundamentalen Strukturen der menschlichen Sprachkommunikation und insbesondere ihrer Störungen. Die klassische Ideologiekritik im Sinne von Marx schlägt damit in die allgemeine Begriffs- und Sprachkritik um.

Durch diesen universalisierten, sprach- und begriffskritischen Ansatz wird das Paradigma der »Herrschaftsrationalität« zur breiten Basis, aus der auch viele »postmoderne« Forscher und Kritiker der Kultur bis heute reichlich schöpfen können. Insbesondere betrifft das diejenigen, die, wie Lacan und Foucault, Baudrillard und Deleuze, Lyotard und

Derrida, eine vielseitige »Dekonstruktion« verschiedener Formen des oppressiv-repressiven »Diskurses« der Moderne unternehmen und dabei auf eine mehr oder weniger fruchtbare Weise unabänderlich nach derselben hermeneutischen Grundstrategie greifen, die erstmals durch die *Dialektik der Aufklärung* vorbildlich angewendet wurde. Das Wesen dieser Strategie liegt in der unaufhaltsamen Verfolgung des Mythos, den die selbstbewußte Subjektivität der aufgeklärten Vernunft von Anfang an in sich trägt und ihn in verschiedenen »großen Erzählungen« systematisch ausbaut. Nun zeigt sich jener Mythos mit seiner lichtvollen Metaphorik der souveränen Selbstbehauptung des »Ich« überall auf dieselbe Art und Weise: als die reine Herrschaft selbst, die unverschämte Macht der Exklusion, Unterdrückung und Erniedrigung, die autoritäre Protzerei von Manager und Experten, Kontrolleur und Aufseher, Staatsanwalt zusammen mit Psychiater, Richter, Gefängniswärter und Henker. Zum Opfer fällt auch immer derselbe Funken der echten Menschlichkeit, der unter dem erstickenden Druck aller jener verbündeten Mächte der psychischen, sprachlichen, kulturellen, ökonomischen und soziopolitischen »Herrschaft« unvermeidlich erlöschen muß. Da es eigentlich schon niemandes Herrschaft ist, denn selbst der Mythos des »Menschen« als Großen Subjekts hat sich selbst samt allen anderen Mythen in der monopolistischen, aber unpersönlichen Übermacht der »Diskurse« innerhalb der allgegenwärtigen Anonymität des »Systems« aufgelöst, so wird der Mensch durch den Triumph der erfüllten Aufklärung auf der »verwüsteten Erde« wieder der nackten Gewalt ausgeliefert. Auch diese Lieblingsidee von Horkheimer und Adorno findet man sehr oft bei ihren gegenwärtigen Epigonen: der aufgeklärte Verstand selbst fällt am Ende der durch ihn systematisch unterdrückten Natur zum Opfer, die sich an ihm so verkehrt rächt, daß gerade sie, die Natur, und zwar in ihrer gefährlichsten, weil elementarsten, äußerst irrationalen Form, als endgültiges Ergebnis der Aufklärung zurückkehrt. Die totale Herrschaft der menschlichen »instrumentellen Vernunft« über die unterjochte Natur schlägt in ihr Gegenteil zurück, nämlich in eine überhaupt nicht mehr kontrollierbare Diktatur von primitivsten Kräften der »nackten Natur« im Menschen und in seinem gesellschaftlichen Leben, die jede Menschlichkeit brutal fesseln und zerstören.

Heutzutage sehen wir klarer die Aporien und Paralogismen jener hyperkritischen Kritik der modernen Vernunft, deren Grundschema erstmals von Horkheimer und Adorno umrissen wurde. Von diesen

Aporien weisen wir kurz nur auf die zwei wichtigsten hin. Die erste und auffallendste hängt mit dem verabsolutierten Begriff der »instrumentellen Vernunft« zusammen, der von vorn herein und pauschal disqualifizierend ist, und zwar nicht nur in bezug auf die entfremdete Rationalität eines engstirnigen Pragmatismus im Denken und Handeln, der jede selbständige Objektivität der Natur und der menschlichen Welt tatsächlich »unterjocht«, sondern auch im Hinblick auf die Rationalität schlechthin. Die Disqualifizierung umfaßt ja hier, mit der Technik und mathematisierten Naturwissenschaft, so gut wie die ganze Logik, Semantik und Ethik des *menschlichen* Denkens und Handelns überhaupt. Indessen beginnt die unaufhebbare Instrumentalisierung unserer Vernunft schon mit der Sprache selbst, die als allererstes Werkzeug und Medium jeder sinnbildenden Orientierung des Menschen in der Welt angesehen werden muß. Durch diese unhintergehbare Sprachlichkeit baut sich die menschliche Erfahrung schon immer im Horizont einer gebildeten und vorgestellten Welt, die ebendarum auch eine vom Menschen »instrumentell« hervorgebrachte Welt ist. Die Leere und Vergeblichkeit aller Versuche, über diesen Horizont hinauszugehen, zeigt sich vollständig, wenn man nur daran denkt, wie inhaltslos und scheinbar alle hier nachgesuchten Alternativfiguren sind. Die angebliche »nicht-instrumentelle Vernunft« in ihren mythischen Schwärmereien für eine *andere* Technik«, »andere Wissenschaft« oder sogar »*andere* Rationalität«[3] beruft sich ja keineswegs auf irgendwelche radikal *andere* Logik, ebensowenig wie sie eine grundsätzlich *andere*, »alternative« *Sprache* spricht. Daher kann man eine solche »Vernunft« als philosophisch bedeutende Alternative kaum ernst nehmen. Sie setzt sich mit sich selbst in Widerspruch, und zwar in den typisch »performativen« oder »pragmatischen«: dasjenige nämlich, *was* sie sagt, steht im Widerspruch damit, *daß* sie es eben *sagt*. Im Zauberkreis dieses Widerspruchs bewegen sich alle technik- und wissenschaftsfeindlichen Jeremiaden der heutigen Verehrer Heideggers und der in das Ende des 20. Jahrhunderts verirrten Epigonen von Nietzsche.

Nun sind Horkheimer und Adorno gewiß an jenem Bacchanal des Unsinns mitschuldig, den manche hyperkritischen »Kritiker der ins-

---

3 Im Gegenteil zur »irrationalen Rationalität« oder sogar »rationalisierten Irrationalität«, die Horkheimer der instrumentellen Vernunft und ihrer »Zivilisation« pauschal zuschreibt. (Vgl. etwa Horkheimer: *Zur Kritik der instrumentellen Vernunft*, Frankfurt a.M. 1967, S.91, 95.)

trumentellen Vernunft« auch heutzutage vor unseren Augen treiben. Die beiden haben doch die letzteren mit dem ganzen Arsenal ausgerüstet, freilich nicht so sehr der Begriffe, wie vielmehr der ideologischen Symbole und mythologisierten Stereotype. In der Tat liefert ihre Dialektik der Aufklärung, außer vielen erstklassigen Leistungen einer philosophisch-kritischen Reflexionen über unsere Gegenwart, auch nicht weniger Kunstgriffe der sophistischen Rhetorik und Argumentationsweise, die durch ihren Mangel an historischer Einbildungskraft und ihre kompromittierende Kurzsichtigkeit den heutigen Leser verblüffen müssen. Zwei typische Beispiele liegen nahe: zum einen der durchaus irrationale Haß, den bei den Autoren das Auto erregt, nämlich als Verkörperung und Symbolfigur der technisch-zivilisatorischen Entfremdung des Menschen (»Isolierung durch Verkehr«[4]), zum anderen die erstaunliche Verurteilung mancher bereits klassisch gewordenen Expressionsformen der spätmodernen Kunst wie etwa Jazz oder Western, die für äußerst entstellte und ästhetisch wertlose Produkte der technisierten »Kulturindustrie« erklärt werden.[5] Freilich hat keiner von ihnen dabei die Grenzen der intellektuellen und ethischen Anständigkeit des Philosophen überschritten, wie es – nicht zum ersten Mal – Heidegger passiert ist, der schon vier Jahre nach dem Ende des zweiten Weltkrigs Mut oder auch Arroganz genug hatte, um die Mißbräuche der »instrumentellen Vernunft« auf einem anderen Gebiet mit folgenden Worten, die zu leicht vergessen werden, zu verdammen: »Ackerbau ist jetzt motorisierte Ernährungsindustrie, im Wesen das Selbe wie die Fabrikation von Leichen in Gaskammern oder Vernichtungslagern, das Selbe wie die Blockade und Aushungerung von Ländern, das Selbe wie die Fabrikation von Wasserstoffbomben.«[6] Aber das Grundschema solch einer totalen Hyperkritik der wissenschaftlich-technischen Zivilisation stammt doch von Horkheimer und Adorno her.

Damit hängt auch die zweite grundlegende Aporie ihres Denkens zusammen. Sie ist nämlich im Begriff der »Herrschaftsrationalität« verborgen. Hier sind die beiden Autoren offenkundig nicht in der Lage,

---

4   Vgl. Horkheimer und Adorno: *Dialektik der Aufklärung*, a.a.O., S.252.
5   Vgl. ebd., S.144–196.
6   Martin Heidegger: *Das Ge-stell*. Aus dem Vortragszyklus: Einblick in das was ist. Zweiter Vortrag, S.4. (Unveröffentlicht; zitiert nach W. Schirmacher: *Technik und Gelassenheit*, Freiburg-München 1983, S.25).

oder sie wollen es einfach nicht, die »Rationalität der Herrschaft« von einer *Herrschaft der Rationalität* zu unterscheiden. Indem sie die »Herrschaft« mit der oppressiven und repressiven Domination von »Jemand« über die Anderen ohne weiteres ineinssetzen, übersehen sie die für das ganze Gesellschaftsleben der Moderne entscheidende Struktur der allgemeinen Abhängigkeit eines jeden von allen. Damit verfehlen sie das Wesen einer von allen *gemeinsam anerkannten* Herrschaft des Vernünftigen und Sinnvollen – etwa so verstanden, als wenn wir sagen, »es herrscht die Meinung« oder »es herrscht der Gebrauch«. Nun war es selbst für Karl Marx, den großen Meister beider Autoren, schon einleuchtend, daß auch »die Gedanken« in diesem Sinn »herrschen" können. Zunächst freilich als bloßer Ausdruck der reellen, materiellen Herrschaft: »Die Gedanken der herrschenden Klasse sind in jeder Epoche die herrschenden Gedanken, d.h. die Klasse, welche die herrschende *materielle* Macht der Gesellschaft ist, ist zugleich ihre herrschende *geistige* Macht.«[7] Jedoch weist Marx gleich an derselben Stelle ganz ausdrücklich darauf hin, daß sich solche »Herrschaft der Gedanken« keinesfalls auf die »gewöhnliche« Herrschaft schlechthin zurückführen läßt, die durch die unmittelbare physische Gewalt oder vermittelst des äußeren, sei es ökonomischen, politischen oder rechtlichen Zwangs ausgeübt werden kann. Er stellt nämlich fest, daß »immer abstraktere Gedanken herrschen, d.h. Gedanken, die immer mehr die Form der Allgemeinheit annehmen. Jede neue Klasse nämlich, die sich an die Stelle einer vor ihr herrschenden setzt, ist *genötigt*, schon um ihren Zweck durchzuführen, ihr Interesse als das gemeinschaftliche Interesse aller Mitglieder der Gesellschaft darzustellen, d.h. ideell ausgedrückt: ihren Gedanken die Form der Allgemeinheit zu geben, sie als die einzig vernünftigen, allgemein gültigen darzustellen.«[8]

Demnach unterscheidet sich die rationale »Herrschaft der Gedanken« von der bloßen Herrschaft der Menschen über Menschen wesentlich, und zwar dadurch, daß sie eine begriffliche und normative *Universalisierung* vertritt und mit sich bringt, die auch einen unbedingt einzulösenden *Geltungsanspruch* erhebt: ein Gedanke »herrscht« nämlich nur, wenn er von allen akzeptiert, d.i. von allen als wahrer und richtiger Gedanke anerkannt wird. Kurz, er »herrscht« nur *als* Gedan-

---

7 Karl Marx: *Die deutsche Ideologie*, in: Marx-Engels-Werke Bd.3, S.46.
8 Ebd., S.47–48.

ke, nur *durch* seine »Form der Allgemeinheit«. Eben darin besteht die eigenartige »Nötigung«, von der Marx spricht: was hier »nötigt«, ist der besondere *Zwang der Rationalität*, der aber die *freiwillige* Unterordnung *aller* Beteiligten voraussetzt. Die Grundlage dieser Unterordnung bildet das Fürwahrhalten von etwas durch den Einzelmenschen, seine subjektive Überzeugung, die es möglich macht, daß sich der Mensch mit dem, was er für wahr und richtig hält, auch persönlich identifiziert. Aber den eigentlichen Entstehungsort jener subjektiven Anerkennung, in der jedes einzelne Ich etwas als je »mein« ansieht, macht ursprünglich der intersubjektive Raum des gesellschaftlichen Diskurses und Dialogs aus, in dem alle Subjekte miteinander verkehren und sich in der kommunikativen Gemeinschaft der gegenseitigen Anerkennung aufeinander beziehen. Durch diese Gegenseitigkeit, deren erste Dimension die unaufhebbare Sprachlichkeit der menschlich-gesellschaftlichen Lebenswelt bildet, wird dasjenige, was für jeden von uns als das »Meine« gilt, immer und nur vermittelst dessen artikuliert, was für uns alle zum »Unseren« wird: zum Gemeinschaftlichen, für alle gleichermaßen Verbindlichen, kurz: zum Allgemeingültigen.

Die rhetorisch-kritische Figur der »Herrschaftsrationalität« verwischt diesen Unterschied und dadurch wird sie selbst zum möglichen Instrument einer durchaus ideologisierenden Denkweise, nämlich im neuen »Sozialmythos«[9], der den kritischen Scharfsinn des Denkens und der Einbildungskraft nicht verstärkt, sondern schwächt, und so nicht der Befreiung des Menschen, sondern seiner neuen Unterdrückung (diesmal durch die Verwirrung in seinen Gedanken) dient. Durch das hyperkritische Paradigma der »Herrschaftsrationalität« wird das Bewußtsein dessen verwischt und verloren, daß es nur eine Vernunft gibt, die nur in ihren Gebrauchsweisen unterschiedlich sein kann, z.B. bloß instrumentell oder nicht, oppressiv-repressiv oder »herrschaftsfrei« bzw. emanzipatorisch. Die klare Einsicht in diese Wahrheit brauchen wir heute mehr als je, und so müssen wir auch Horkheimer und Adorno lesen: als große Meister des echt kritischen Vernunftgebrauchs,

---

9 Gerade diesen Ausdruck verwendet Herbert Schnädelbach in seiner sehr gründlichen Auseinandersetzung mit der *Dialektik der Aufklärung*.(Vgl. Herbert Schnädelbach: *Die Aktualität der Dialektik der Aufklärung*, in: ders., Animal rationale, Frankfurt a.M. 1992, S.231–249.) Auf eine ähnliche Weise wurden die beiden Autoren von Jürgen Habermas kritisiert.(Vgl. Jürgen Habermas: *Theorie des kommunikativen Handelns*, Bd.I, Frankfurt a.M. 1981, S.489f.)

aber zugleich als exaltierte Verkünder einer neuen und gefährlichen Sozialmythologie. Der mehrdimensionale, komplexe Raum unserer spätmodernen Gesellschaft, der neben den kommunikativen Formen des interpersonalen Verkehrs offenbar auch verschiedene durchaus instrumentelle Aspekte der technischen Rationalität in sich umfaßt, läßt sich mit solchen abstrakt dualistischen Gegensätzen kaum ausmessen. Insbesondere kann man der dadurch aufgezwungenen Forderung nicht zustimmen, die sprachlich-kommunikative Intersubjektivität der menschlichen Lebenswelten sei aus dem instrumentell-strategischen Gebiet der modernen Technologie grundsätzlich auszuschließen und vielmehr in den hypothetischen Bereich einer »anderen«, immerhin durchaus »nicht-instrumentellen« Rationalität zu versetzen.

Ferdinand Fellmann

Europäische Lebenswelten – Ende der Kolonialisierung?

Die Globalisierung vollzieht sich auf mehreren Ebenen. Treibende Faktoren sind die Ökonomie und die Technologie. Die Vernetzung der Medien kommt als stilbildender Faktor hinzu. Er führt zu einer Verschiebung des Wirklichkeitsbegriffs in die reine Potenzialität. Was Max Weber nach 1900 für die europäischen Industriegesellschaften als »Rationalisierung« beschrieben hat, gilt heute weltweit. Hier vollzieht sich ein globaler Paradigmenwechsel in den Lebensformen, die Traditionen abstreifen und ganz auf die Gegenwart ausgerichtet sind. Dieser Prozeß wird nicht nur von konservativen, sondern auch von linken Intellektuellen in der Regel der »instrumentellen Vernunft« zugeschrieben, die keine über die Zweckrationalität hinausgehende Sinngebung beinhaltet. Resultat sei eine »Kolonialisierung der Lebenswelt«, eine Zerstörung gewachsener Strukturen. Sie erzeugt einen neuen Menschentyp, der sich mit dem traditionellen Subjektbegriff nicht mehr beschreiben läßt und als »Massenindividualismus« bezeichnet werden kann.

Die Rede von der »Kolonialisierung der Lebenswelt« geht auf Jürgen Habermas zurück, der »Lebenswelt« und »Systemwelt« gegenüberstellt. Unter »Lebenswelt« versteht er eine ursprünglich kulturelle Umgebung, in der die Menschen eine unentfremdete Existenz führen können. Die gewachsenen Lebenswelten als unthematische, aber immer schon vorverstandene Horizonte der Vergesellschaftung werden in der Moderne durch ökonomische und politische Subsysteme erweitert und ausdifferenziert. Das sei zwar unvermeidlich, aber auch gefährlich, da bald ein Punkt erreicht wird, wo sekundäre Systeme intersubjektive Verständigung gefährden und in diesem Sinne die Lebenswelt »kolonialisieren«. Insbesondere die Europäer erfahren sich selbst als Opfer ihrer eigenen Kolonialisierung der Welt. In entfernten Winkeln der Erde, wo sie ursprüngliche Kulturen anzutreffen hoffen, begegnen sie Mac Donald. Die *characteristica universalis* von Leibniz kommt in Form der »*green card*« aus Indien zurück.

Es gehört zu den genialen ideenpolitischen Schachzügen von Habermas, den Begriff der Lebenswelt durch Verbindung mit der Kolonialisierungsmetapher aus seinem phänomenologischen Bedeutungsfeld herausgelöst und ideologisiert zu haben. »Lebenswelt« rückt damit in die Nähe von Antonio Gramscis »Zivilgesellschaft«, und »Kolonialisierung« kommt der Tendenz des europäischen Geistes zur Selbstanklage entgegen. Damit war der Weg für Habermas frei, seine Theorie kommunikativen Handelns als Überwindung der Kolonialisierung anpreisen zu können. Daher ist es auch nicht verwunderlich, daß das kommunikative Erlösungsversprechen von Habermas seine machtpolitische Umsetzung heute im »Dialog der Kulturen« findet.

So ideologisch attraktiv das Habermas-Projekt auch erscheinen mag, ich stelle die Frage: Führt die von ihm entwickelte Diskursrationalität wirklich zum Ende der Kolonialisierung? Meine Antwort lautet: keineswegs. Ich möchte meine Skepsis durch einen Rückgriff auf den Referenzautor von Habermas, auf Edmund Husserl, begründen, der dem Lebensweltbegriff im Zusammenhang mit seiner Kulturkritik der 1930er Jahre zu Ehren verholfen hat. Husserl spielt »Lebenswelt« gegen die »Technisierung« aus, die zwar nicht identisch ist mit Technik, aber mit dieser doch in Verbindung steht. Meine Darlegungen verstehen sich als Klärung der Logik von Technisierung. Sie richten sich damit sowohl gegen Husserls Vorstellung von einer Krise der europäischen Kultur infolge der wissenschaftlichen Rationalität als auch gegen das Kolonialisierungssyndrom von Habermas. Beide halte ich für sozialromantische Legenden, die dem Selbstverständnis des europäischen Geistes Schaden zugefügt und zu seiner kulturellen Verspätung beigetragen haben. Das gegenwärtige Elend der europäischen Philosophie, ihr Historismus und der eklatante Verlust an kultureller Meinungsführerschaft sind dafür alarmierende Zeichen.

I. Umwelten

Statt mit Husserl zu beginnen, wende ich mich einem Denker zu, der die phänomenologische Lebenswelt-Thematik leichter verständlich macht: Jakob von Uexküll. Er ist insofern eine interessante Persönlichkeit, als er dem Geschlecht der letzten ›Kolonisatoren‹ innerhalb Europas angehört: dem Deutschen Ritterorden in Estland. Wie immer man seine geopolitische Funktion beurteilen mag, an seiner sozialen Progressivität dürfte kein Zweifel bestehen. Immerhin hat der Deutsche Ritterorden als Erster im russischen Zarenreich die Leibeigenschaft abgeschafft und durch den Protestantismus die Ideen der europäischen Aufklärung im Osten verbreitet.[1]

Von Uexküll gehört zu den Gründervätern der biologischen Umweltlehre, die sich als Korrektur des Darwinismus versteht. Ihr zur Folge leben Tiere nicht in einer allen Arten gemeinsamen Welt, sondern jede Tierart trägt seine Umwelt wie ein Hülle mit sich. Zwar sind alle Umwelten der Tiere formal nach den gleichen Grundsätzen gebaut: Kopplung von »Merkwelt« und »Wirkwelt«. Inhaltlich aber differieren die Umwelten der Tiere so erheblich, daß die Arten nur nebeneinander, nicht miteinander leben können.[2]

Von Uexküll hat seine Umweltlehre auf den Menschen übertragen. Seine Umwelten unterscheiden sich durch kulturelle Eigenarten. Das subjektive Definiens der Umwelt ist ihre Selbstverständlichkeit. Die Menschen erleben ihre Kultur als *singulare tantum*. Aus der Perspektive des außenstehenden Betrachters gibt es Umwelten im Plural, für die Beteiligten aber nur im Singular. Im Unterschied zu den Tieren sind Menschen in der Lage, ihre Umwelten durch die wissenschaftliche Konstruktion einer alle umfassenden objektiven Welt zu erweitern. Das ist sicherlich ein Fortschritt, durch den sich der Mensch vor dem Tier auszeichnet. Eine Gefahr sieht von Uexküll jedoch darin, daß die Naturwissenschaftler dazu neigen, die von ihnen konstruierte objektive Welt für die eigentliche Wirklichkeit zu halten. Mit dieser positivistischen Einstellung mache man, wie von Uexküll sich ausdrückt, »den Schatten zum Herrn der Wirklichkeit«. Demgegenüber komme es darauf an, die Subjektivität der menschlichen Erfahrung wieder in ihre Rechte einzusetzen. Es gelte, die Autonomie der kulturellen Subjekte zu retten.

Von Uexküll sieht in seiner Umweltlehre das biologische Fundament der Kommunikation. Nur wenn man die kulturelle Umwelt berücksichtige, sei es möglich, sich mit anderen Menschen zu verständigen. Das ist sicherlich eine richtige Einsicht. Die Frage ist allerdings, ob man den kulturellen Pluralismus und Perspektivismus so weit treiben darf, daß man dem Konstrukt einer einzigen objektiven Welt tatsächlich jede Realität absprechen muß, wie von Uexküll das tut. Hier

---

[1] Jakob von Uexküll: *Niegeschaute Welten. Ein Erinnerungsbuch*, Berlin 1936.
[2] Jakob von Uexküll/Georg Kriszat: *Streifzüge durch die Umwelten von Tieren und Menschen. Bedeutungslehre*, Hamburg 1956.

scheint er mir das Kind mit dem Bade auszuschütten. Denn immerhin bewährt sich die gedankliche Konstruktion in Form der Technik, deren Vorteile auch für die Kommunikation unübersehbar sind. Von Uexküll erwähnt in seinem Erinnerungsbuch witzigerweise das Telefon, das zu benutzen sich seine Großmutter strickt weigerte.

II. Lebenswelt

Von Uexkülls Umweltlehre wirft Licht auf den phänomenologischen Begriff »Lebenswelt«, der entgegen einer immer noch weit verbreiteten Meinung nicht von Husserl selbst gebildet worden ist. Als Terminus für die vorwissenschaftliche Erfahrung wird »Lebenswelt« schon um 1900 von William James (»*world of life*« im Unterschied zu »*organic world*«, dt. »Lebewelt«) und im Kulturprotestantismus von Ernst Troeltsch gebraucht.[3] Auch Husserl stellt in den 1930er Jahren »Lebenswelt« als subjektiven Erfahrungsraum dem mechanistischen Weltbild der Naturwissenschaften gegenüber. In der Hochschätzung der lebensweltlichen Erfahrung äußert sich eine konservative, geradezu anti-modernistische Einstellung gegenüber Naturwissenschaft und Technik, die insbesondere das deutsche Bildungsbürgertum bis zum Zweiten Weltkrieg geprägt hat. Husserls Kritik an Einsteins Relativitätstheorie ist dafür bezeichnend. Soweit der gemeinsame geistesgeschichtliche Hintergrund.

In systematischer Hinsicht allerdings unterscheidet sich Husserls Lebensweltbegriff in einem wichtigen Punkt von der Umweltlehre. Auch für Husserl ist Lebenswelt subjektiv und selbstverständlich – darin liegt ihre Sicherheit –, aber sie ist für alle Menschen gleich. Husserl blendet inhaltliche und kulturelle Unterschiede aus. Lebenswelt wird von ihm gleichsam ein Stockwerk tiefer gelegt, sie ist kulturanthropologisch invariant. Daher betont er, Lebenswelt gebe es nur im Singular; sie habe eine allgemeine, nicht-relative Struktur.[4] Die allgemeine Struktur der lebensweltlichen Erfahrung liegt in der Offenheit des Horizonts, die Uexkülls Kopplung von »Merkwelt« und »Wirkwelt«

---

3 Vgl. Thomas Rolf: Art. *Lebenswelt*, in: Enzyklopädie Philosophie, hg. von H. J. Sandkühler, Hamburg 1999.
4 Edmund Husserl: *Die Krisis der europäischen Wissenschaften und die transzendentale Phänomenologie*, Husserliana VI, S.142; 146.

sprengt. In diesem Sinne entspricht Husserls Lebensweltkonzept seinem Bewußtseinsbegriff. Wie der Bewußtseinsstrom bildet die Lebenswelt den permanenten Hintergrund des Selbstverständlichen, der dem Menschen Weltvertrauen und Seinsgewißheit vermittelt. Als »Reich ursprünglicher Evidenzen« gleicht die Lebenswelt methodisch Rousseaus Konstruktion eines vorgeschichtlichen Naturzustands.

Wie bekannt, hat Husserl eine kulturphilosophische These entwickelt, die man heute als »Eurozentrismus« bezeichnen würde. Er betrachtet den griechischen Logos als die einzige Denkform, die den universalen lebensweltlichen Hintergrund begrifflich aufhellt, ohne damit die Seinsgewißheit zu zerstören. Darin sieht er die Vorrangstellung des europäischen Geistes, aus der er die Legitimität einer »Europäisierung« der Welt ableitet: »Es liegt darin etwas Einzigartiges, das auch allen anderen Menschengruppen an uns empfindlich ist als etwas, das, abgesehen von allen Erwägungen der Nützlichkeit, ein Motiv für sie sein wird, sich im ungebrochenen Willen zu geistiger Selbsterhaltung doch immer zu europäisieren, während wir, wenn wir uns recht verstehen, uns zum Beispiel nie indianisieren werden« (Hua VI, 320).

Dieser aus der griechischen Idee der Episteme zwingend hervorgehende Führungsanspruch, das »geistige Telos des europäischen Menschentums«, ist nach Husserls Meinung freilich durch die Entwicklung der neuzeitlichen Naturwissenschaften ernsthaft gefährdet worden. In seiner Rekonstruktion der europäischen Geistesgeschichte sieht Husserl in Galilei einen ›Sündenfall‹ der griechischen Rationalität. Kurz gesagt: Die euklidische Mathematik wird rein formalistisch. Er nennt diesen Vorgang »Technisierung«, heute würden wir sagen: »Kalkülisierung« als Operieren mit an sich bedeutungslosen Zeichen nach Regeln der Iteration. Durch die mathematische Formalisierung verändert sich nach Husserl der ontologische Status der modernen Naturwissenschaften. Ihre Gesetze bekommen rein konstruktiv-hypothetischen Charakter und bleiben trotz der Bewährung in der Technik irreal.[5] Husserl bringt diesen Prozeß auf die kritische Formel: Methode werde mit Sein »verwechselt«.

---

[5] Hua VI, S.41f.; vgl. Hannah Arendt: *Vita activa oder Vom tätigen Leben*, Stuttgart 1960, 280.

Aus heutiger Sicht erscheint Husserls Position als ambivalent. Für richtig halte ich seine Behauptung von der Sonderstellung des europäischen Geistes und der europäischen Kultur. Denn allein ihr Logos ist in der Lage, aus der Infragestellung der eigenen kulturellen Überzeugungen einen allgemeinen Geltungsanspruch abzuleiten. Die in der europäischen Aufklärung entstandene Idee der Menschenrechte ist dafür ein schlagender Beweis. Für falsch halte ich dagegen Husserls Bewertung der Technisierung als ›Sündenfall‹ des europäischen Geistes. Technisierung hat zusammen mit der Digitalisierung eine neue Dimension der Wirklichkeit erschlossen. Von Digitalisierung oder digitaler Darstellung spricht man, wenn ein Kontinuum von physikalischen Größen durch ein Diskretum endlich vieler Werte ersetzt und in Symbolfolgen codiert wird. Im Computer sind alle Werte durch Binärcodierung digital dargestellt. Natürlich entfernt sich die auf mathematischen Formalismus aufbauende elektronische Technik von der traditionellen Werkzeugherstellung. Insofern steht der moderne Mensch in Wissenschaft und Technik nur noch sich selbst gegenüber.[6] Es macht aber angesichts der lebensweltlichen Bestätigung und Bewährung keinen Sinn, der Technisierung jede Realität abzusprechen. Vom empirisch-pragmatischen Standpunkt ist nichts realer als die Computer-Technik. Freilich ist es eine virtuelle Realität, die sich von der Wirklichkeit der unmittelbaren Erfahrung dadurch unterscheidet, daß sie die Inhalte von Raum und Zeit ablöst und jederzeit reproduzierbar macht. Wenn Husserl der lebensweltlichen Erfahrung einen höheren Realitätsgrad zuspricht, so steckt dahinter ein ontologisches Seinsverständnis, das bei seinem Schüler Martin Heidegger dann unverblümt als Hinterwäldlertum hervortritt.

Löst man sich vom ontologischen Seinsverständnis, wandelt sich das Bild, das Husserl von der Krisis der europäischen Kultur zeichnet, die angeblich eine Folge der Technisierung bzw. Kalkülisierung des Denkens sein soll. Die den mathematischen Naturwissenschaften unterstellte »Sinnentleerung« und »Sinnveräußerlichung« ist in Wirklichkeit der neuzeitliche Abschied von der Ursprungsorientierung des metaphysischen Denkens. Husserls Rede von einer »Urstiftung« weist eindeutig in diese Richtung. Aber damit wird Husserl der Dynamik der neuzeitlichen Rationalität nicht gerecht, die gerade darin liegt,

---

6 Vgl. Werner Heisenberg: *Das Naturbild der heutigen Physik*, Hamburg 1955, S.17.

daß die Geltungsansprüche des Denkens von den Ursprüngen auf die Folgen verlegt werden. Alles Wurzelhafte, Entwicklungsgeschichtliche wird ausgeschieden. An die Stelle tritt die Möglichkeit punktueller Anfänge. In diesem Sinne betrachte ich Technisierung als Vollendung des griechischen Logos. Mit ihr hat der europäische Geist seinen globalen Siegeszug antreten können.

Die Krise, die nach Husserl aus der Technisierung resultieren soll, hat in Wahrheit nichts mit der Technik zu tun, sondern spiegelt die Unfähigkeit des ontologischen Denkens, die Technisierung als das anzuerkennen, was sie ist: ein Teil der lebensweltlichen Rationalität. Deren Sicherheit beruht gerade darauf, daß sie sich von der Herkunft löst und auf die Zukunft richtet. Technisierung gehört nicht nur zur Normalität des Lebens, sondern auch zu ihrer Normativität.[7] Diese liegt darin, daß nur diejenigen Geltungsansprüche anschlußfähig sind, die auf »Urevidenzen« verzichten und damit die Mehrdimensionalität der Wirklichkeit bestätigen. Die Mehrdimensionalität äußert sich in den virtuellen Welten der elektronischen Medien, deren Darstellungen interaktiv veränderbar sind. Dabei bleiben die Benutzer wie die Zuschauer im Theater physisch unberührbar. Das schafft einen erweiterten Erlebnisraum, den auszufüllen vom Menschen eine distanzierte Einstellung zu sich selbst erfordert. Die Distanzierung fällt dem herkunftsorientierten Selbstverständnis nicht leicht, scheint mir aber der einzig gangbare Weg zu sein, mit den Herausforderungen der neuen Wirklichkeiten fertig zu werden.[8]

III. Kolonialisierung

Meine These lautet: Das Habermas-Projekt ist nach demselben Muster gestrickt wie Husserls phänomenologische Teleologie. Das mag überraschen, da Habermas als Vertreter der Kritischen Theorie gegen den Konservatismus kämpft.[9] Aber in Wirklichkeit vertritt er die für die

---

7   Vgl. Thomas Rolf: *Normalität. Ein philosophischer Grundbegriff des 20. Jahrhunderts*, München 1999.
8   Vgl. die neuerlichen Überlegungen zur Rolle des »flexiblen Menschen« bei Richard Sennett: *Die Kultur des neuen Kapitalismus*, Berlin 2005.
9   Die verborgene Denkformenaffinität zwischen Husserl und Habermas habe ich schon 1983 in meinem Buch *Gelebte Philosophie in Deutschland*, Freiburg / Mün-

Bundesrepublik der Brandt-Ära typische Position des Links-Konservatismus, der den Modernisierungsprozeß aufgehalten hat. Denn auch Habermas sieht wie Husserl die Integrität gewachsener Lebensweltstrukturen durch »systemische« Rationalität bedroht.[10] Nur seine Theorie kommunikativen Handelns könne die Welt vor der angeblichen Kolonialisierung der Lebenswelten retten. Ich betrachte das als Traum, der wie die von Husserl erträumte intuitionistische Überwindung der Technisierung an der begrenzten Praktikabilität scheitert. Obwohl Habermas als Chefideologe links-liberaler Weltverbesserung die Überwindung des Ontologismus auf seine Fahne geschrieben hat, bleibt seine Handlungstheorie dem Seinsdenken verhaftet. Zwar orientiert er sich am Pragmatismus der Sprachhandlungstheorie, aber in seiner Diskursethik hält er mit K.-O. Apel transzendentalphilosophisch an »Letztbegründung« fest. Das entspricht der erkenntnistheoretischen Transformation der Ontologie, wie sie auch vom transzendentalen Idealismus Husserls praktiziert wurde. Wo Habermas später sich von Apels Transzendentalismus entfernt, tritt der Ontologismus sogar noch krasser zutage. Der die ideale Sprechsituation definierende Diskurs ist nämlich nichts anderes als eine dialogische Form der Auslegung des einzigen Seins der Welt, dessen Wahrheit im Konsens erreicht werden soll. Heidegger und sein Sprachrohr Gadamer lassen grüßen!

Was folgt daraus für das Wirklichkeitsverständnis? Eine angemessene Beurteilung erfordert m. E. die Einführung eines Begriffs, der schon bei Husserl und auch bei Habermas auftaucht, aber nicht die notwendige Präzisierung erfährt: »Medium«.[11] Husserl bezeichnet in seinem programmatischen Logos-Aufsatz von 1913 das lebensweltliche

---

chen herausgearbeitet. Das ist bei den Vertretern der Kritischen Theorie auf wenig Gegenliebe gestoßen. Auch seitens der phänomenologischen Orthodoxie dieser Jahre wurde die geistesgeschichtliche Einordnung der Krisis-Abhandlungen als ›Verunreinigung‹ des Transzendentalismus zurückgewiesen. Noch heute stößt die Aufdeckung des unthematischen Hintergrunds der ideenpolitischen Strömungen auf Unverständnis. So bei dem Lebensphilosophen Karl Albert: *Lebensphilosophie, gelebte Philosophie und Erfahrung des Seins*, in: I. Jahrbuch für Lebensphilosophie, München 2005, S.193–205.

10 Jürgen Habermas: *Theorie des kommunikativen Handelns*, Frankfurt a.M. 1981.
11 In meinem Buch *Phänomenologie zur Einführung*, Hamburg 2006 stelle ich die Phänomenologie als allgemeine Theorie der Medialisierung dar, um so den Anschluß der akademischen Texte Husserls an die gegenwärtigen Kulturwissenschaften zu gewinnen.

Ende der Kolonialisierung?

Bewußtsein als »Medium der Phänomenalität«, aus dem die Wissenschaften ihre Weltmodelle »herauskonstruieren«. Habermas bezeichnet die Sprache als gegenüber Macht und Geld ausgezeichnetes »Medium der Vergesellschaftung«, in dem Erkenntnis und Interesse zusammenfallen. Das sind fruchtbare Ansätze, die aber beide nicht aus dem Ontologismus herausführen, weil sie die technologische Dimension des Mediums nicht ernst nehmen. Dieser Schritt blieb Marshall McLuhan vorbehalten.[12]

McLuhan expliziert seinen Medienbegriff in technologischen Kategorien. Medien sind wie Technologien organisierte Mittel, die durch ihre Struktur und Dynamik dazu tendieren, die Stelle der Zwecke, für die sie eingesetzt werden, einzunehmen. Damit wird das Medium selbst und nicht der Inhalt zur Botschaft: »The medium is the message«. Aufschlußreich und leider kaum beachtet ist die Tatsache, daß McLuhan seinen Medienbegriff eng an die Phänomenologie Husserls anschließt. Sein postum erschienenes Buch *Laws of Media* (1988) sollte den Titel *Phenomenology of Media* tragen. McLuhan betrachtet Medien als Bedeutungsvermittler, die in der Regel wie die Lebenswelt unthematisch bleiben, aber gerade wegen bzw. trotz dieser Verdecktheit die Bedeutung wesentlich prägen. Dieses Hintergrund-Figur-Modell, das McLuhan in der Phänomenologie vorgebildet sieht, ist bei ihm aber nicht wie bei Husserl ontologisch belastet. Denn die Hintergrundfunktion üben die neuen elektronischen Medien durch die Digitalisierung aus und nicht durch intuitive ›Urevidenzen‹ wie bei Husserl.

Der Vergleich zeigt: Husserl hat noch nicht gesehen, was McLuhan aufgegangen ist: daß nämlich die Technisierung dem Bewußtseinsstrom als dem »Medium der Phänomenalität« darin gleicht, daß sie immer neue Techniken erzeugt und in dieser Selbstreproduktion sich erhält. Die Technik wird für die Benutzer genauso selbstverständlich wie die eigenen Bewußtseinszustände. Technisierung läßt sich demnach als nach außen verlegter Bewußtseinsstrom auffassen. Im inneren wie im äußeren Medium findet sich der Mensch immer schon vor; beide Medien prägen seine Identität, auch wenn niemand den Ursprung dieses Stromes kennt und allen der »Sinn von Sein« verschlossen bleibt. Damit entsteht ein neuer Phänotyp des medialisierten Menschen, der

---

12 Marshall McLuhan: *Die magischen Kanäle. Understanding Media* (1964), Düsseldorf 1992.

in virtuellen Welten leben kann. Die vorindustrielle handwerkliche Einstellung, die noch Heideggers Persönlichkeitsbild geprägt hat, ist einer postindustriellen Lebensform gewichen, die auf kurzfristige Beziehung zu Menschen und auf permanenten Konsum von Gütern ausgerichtet ist. Das aber bedeutet keineswegs den Verlust von Individualität, sondern ihre massenhafte Reproduzierbarkeit. Die Serie ist ihre adäquate Form der Repräsentation.

Für die Kommunikationstheorie von Habermas ergibt der Vergleich mit McLuhans Medienbegriff einen ähnlichen Befund. Habermas nennt Macht und Geld »Steuerungsmedien«, die als Instrumente der Kolonialisierung der Lebenswelt dienen. »Kommunikationsmedien« dagegen, insbesondere die Sprache, erleichtern Verständigung und Konsens und bilden somit ein Bollwerk gegen die Zerstörung der lebensweltlichen Erfahrung. Diese Leistung kann Habermas der Sprache aber nur deshalb zuschreiben, weil er sie trotz der Übernahme des handlungstheoretischen Vokabulars im Grunde ontologisch im Sinne von Seinserschließung auffaßt. Daher macht es für Habermas keinen wesentlichen Unterschied, in welcher Form Kommunikationsmedien materialisiert werden: als Handschrift, als Buchdruck oder als elektronisches Massenmedium. Hierin liegt aber ein wichtiger Unterschied, insofern damit eine Zunahme an Technisierung verbunden ist, welche die universale Verwendbarkeit allererst ermöglicht.

Die Reihe: von Uexküll, Husserl, Habermas und McLuhan führt mich zu folgendem Fazit: Im Umwelt- bzw. Lebensweltkonzept steckt ein traditioneller Wirklichkeitsbegriff, der sich erst durch Einführung eines qualifizierten Medienbegriffs überwinden läßt. Durch Berücksichtigung der technologischen Komponente löst sich der Ontologismus auf. Damit aber entpuppen sich »Technisierung« und »Kolonialisierung« der Lebenswelt als von Husserl und Habermas aus unterschiedlichen Motiven ausgedachte Gespenster, deren Vertreibung die heile Welt der integralen Rationalität wiederherstellen soll. Stattdessen erscheint es mir realistischer und ehrlicher, Technik mit Ernst Cassirer als »symbolische Form« aufzufassen bzw. mit McLuhan als universales Medium, das infolge der Digitalisierung allen bisherigen Wirklichkeitsbegriffen überlegen ist. Die Überlegenheit sehe ich über die Praktikabilität hinaus gerade in ihrem normativen Gehalt. Der liegt darin, daß Menschen trotz unterschiedlicher Weltanschauungen sich in der virtuellen Realität begegnen, ohne sich die Köpfe blutig zu schlagen.

Für das Problem der Globalisierung folgt daraus: Erst Technisierung liefert den »Hintergrund massiver Übereinstimmung« (Donald Davidson), auf dem kommunikatives Handeln Sinn macht. Der viel beschworene »Dialog der Kulturen« führt semantisch ebenso wenig zur Verständigung wie die Ökumene. Horizonte verschmelzen auch durch Diskursregeln nicht. Worüber man Konsens herbeiführen kann, ist lediglich die Art und Weise des Umgangs mit der Technik, da Technologien die Problemlösungen zwingend vorschreiben. Ansonsten gilt für die Vielheit der Kulturen nicht das Konsensprinzip, sondern das Toleranzprinzip. Dieses sieht die Ausklammerung ontologischer Differenzen vor, die solange bestehen bleiben werden, wie die Menschen metaphysische Fragen stellen, die sich nicht rational beantworten lassen. Unterdessen schreitet die »Kolonialisierung der Lebenswelt« durch den europäischen Geist wissenschaftlich-technischer Rationalität fort. Keine Nostalgie nach authentischer Erfahrung von Sein wird sie aufhalten.

Hans Poser

Teleologie der Technik
Über die Besonderheiten technischen Wissens

1. Technik[1]

Eine bekannte Geschichte: Der Wagen eines Autofahrers will nicht anspringen. So bemüht er einen Mechaniker. Dieser greift zum Hammer, versetzt dem Motor einen Schlag – und der Motor läuft. »Macht 25 $«, sagt er, doch der Wagenbesitzer traut seinen Ohren nicht und verlangt eine spezifizierte Rechnung. Die liefert der Mechaniker: »1 Hammerschlag: 1 $. Gewußt wo: 24 $«

Technisches Wissen ist von grundsätzlich anderer Art als das Wissen in den Wissenschaften. Es genügt auch nicht, es als ein Können, als Know how zu bezeichnen, obgleich natürlich beides, empirisch-wissenschaftliches Wissen und ein Handlungs-Können, in das technische Wissen eingehen. Die Besonderheit technischen Wissens beruht vor allem auf der Besonderheit von Technik, eine grundsätzlich andere ontologische Struktur zu besitzen als die Gegenstände der Natur. Ich möchte sie hier als *Teleologie* bezeichnen, also mit einem etwas aus der Mode gekommenen Begriff, der die nötige Distanz schafft, die Spezifika des Technischen hervortreten zu lassen.

Die Besonderheiten werden schon in einer Begriffsbestimmung Friedrich Dessauers deutlich, der Technik als »*Realisierung von Ideen durch finale Gestaltung*« bezeichnete.[2] Hier wird ein Spannungsverhältnis sichtbar, denn auf der einen Seite geht es um vorgängige Ideen, auf der anderen um deren Realisierung, Verwirklichung, Umsetzung in Materielles oder Prozessuales. Die Umsetzung geschieht intentional, sie ist absichtsvoll-zielgerichtet. Genau dieses intentionale Element schlägt sich im technischen Artefakt oder im technischen Prozeß nieder.

---

1 Die vorliegenden Thesen machen Gebrauch von meinem Aufsatz *Perspektiven einer Philosophie der Technik*, in: Allgemeine Zeitschrift für Philosophie 25 (2000) S. 99–118. Zugleich werden von Kai Weiß erarbeitete Resultate des DFG-Projekts »Teleologie der Technik« einbezogen.
2 Friedrich Dessauer: *Streit um die Technik*, Frankfurt a.M. 1956, S. 234.

Auch Kunst ist Realisierung von Ideen, auch Kunst wird intentional hervorgebracht, auch in der Kunst schlägt sich das intentionale Element im Artefakt nieder. Es geht also zunächst darum, die Werke der ›schönen Künste‹, wie man früher sagte, von den Werken der mechanischen Künste zu unterscheiden. Dies gelingt durch die Bezugnahme auf die besondere Art des Zwecks, der Intention, des Ziels, das mit dem Artefakt verbunden ist: das technische Artefakt wird, um es mit Heidegger zu sagen, als ein Zuhandenes begriffen, als das Mittel zu einem wohldefinierten Zweck. Nur von diesem Zweck her erhält Technik ihren Sinn, denn sie muß so gestaltet sein, daß das intendierte Ziel (und nichts sonst) mit ihr als Mittel auch erreicht wird (andernfalls handelt es sich nicht mehr um Technik, sondern um Schrott); nur vom Ziel her erhält Technik ihren Sinn, und nur von diesem Ziel her hat sie den Charakter einer »in Dienst nehmenden Beherrschung« – im Gegensatz zur »dienenden Erfüllung« der Kunst (so Heinrich Beck).[3] Technik ist auf Funktionserfüllung im Hinblick auf das Ziel ausgerichtet, nicht – wie Wissenschaft sonst – auf Erkenntnis und Wahrheitsnähe; deshalb denken und argumentieren Technikwissenschaftler nicht in Deduktionen aus universellen Gesetzen, sondern in Modellen, Regeln und Prozessen, wie ein Sachverhalt A in einen Sachverhalt B zu überführen sei. Insbesondere ist es gleichgültig, auf welche Weise diese Transformation gelingt, mit welchen Mitteln also die Funktion erfüllt und das Ziel erreicht wird – entscheidend ist nur, *daß* es erreicht wird. So soll eine Uhr die Zeit messen – eine Funktion, die in gleicher Weise von Pendeluhren, Federuhren, Quarzuhren, Wasseruhren oder Sonnenuhren erfüllt wird.

Damit dürfte umrissen sein, in welchem Sinne Technik als teleologisch zu verstehen ist. Seit der Renaissance gilt Teleologie jedoch als unwissenschaftlich: in der gängigen Wissenschaftstheorie zählen teleologische Erklärungen nicht; fast dasselbe gilt für funktionale Erklärungen. Selbst menschliche Handlungen werden im praktischen Syllogismus nicht als final, sondern als intentional rekonstruiert. Doch eine Maschine hat keine Intentionen, wohl aber ihr eingebaute Ziele. Gewiß, ein Messer ist für das Kartoffelschälen geradeso wie zum Morden geeignet; und ein Computer hat im Gegensatz zu einer Fabrikationsmaschine gerade kein fixiertes Ziel; wohl aber ist der Computer

---

3   Heinrich Beck: *Kulturphilosophie der Technik*, Trier 1979, S.30.

gebaut im Hinblick auf umrissene Bearbeitungsmöglichkeiten (vorgegeben durch die Software, die genau dies den Käuferwünschen entsprechend sicherstellen soll). Es bedarf also einer neuen *Teleologie der Technik*, die, wenn sich die aristotelische Denkweise von dynamischen Möglichkeiten übertragen läßt, auch geeignet sein muß, ein Modell der Technikdynamik zu liefern. Wie sich zeigen wird, schließt eine solche Teleologie der Technik auch eine *Technikhermeneutik* ein,[4] denn schwerlich lassen sich heute Ziele als ein ontischer Bestand auffassen, vielmehr müssen sie als eine Deutung verstanden werden, die *wir* dem technischen Artefakt geben.

2. Materia, forma und finis: Das ontologische Problem

Eine Neuauflage aristotelischer Teleologie wäre nach dem Durchgang durch ein geradezu teleologiefeindliches Denken der Neuzeit verwegen; woran sich aber anknüpfen läßt, ist die Transformation, die die Teleologie erfahren hat. An drei markante Positionen – Leibniz, Wolff und Kant – sei deshalb erinnert:

Leibniz stand vor der Schwierigkeit, die naturwissenschaftlich so erfolgreiche kausale und nicht-finale Sicht der Welt der Dinge mit der planvollen, also finalen göttlichen Schöpfung der Weltmaschine in Einklang zu bringen. Zur Lösung deutete er diese kausale Welt als Erscheinung. Die Erscheinungen gehorchen dem Prinzip des zureichenden Grundes im Sinne eines Kausalprinzips. Sie sind wohlfundiert – nämlich im Reiche der organismischen Monaden, deren Zustände teleologisch einem individuellen Gesetz folgend durch eine innere Dynamik hervorgebracht werden. Dieses Verhältnis von Phänomen und Monade erlaubt wiederum, jedes Lebewesen als Maschine zu verstehen – allerdings im Gegensatz zu den von Menschen geschaffenen als unendlich komplexe Maschine von Maschinen, weil jeder Teil – etwa eine Zelle – selbst wiederum in einer gewissen Weise als eine organismische Maschine gesehen werden kann. Der abgestimmte, prästabilierte Zusammenhang der Monaden aufeinander beruht seinerseits darauf, als

---

4 Einen ersten Ansatz in dieser Richtung hat Bernhard Irrgang vorgelegt in: Nestor A. Corona, Bernhard Irrgang: *Technik als Geschick? Geschichtsphilosophie der Technik bei Martin Heidegger. Eine handlungstheoretische Entgegnung*, Dettelbach 1999.

Teil des Weltplans von der besten aller möglichen Welten verwirklicht zu sein – also als Teil eines monadologischen Teleologiekonzeptes. Aufgrund dieser Konstruktion kann Leibniz vom Reich der Kausalursachen auf der einen, vom Reich der Zwecke hinsichtlich der göttlichen Wahl auf der anderen Seite sprechen: Diese Reiche durchdringen einander überall, doch sie berühren einander, wie er sich ausdrückt, nie. Die Weltmaschine ist kausal und materiell, aber ihr eigentlicher Seinsgrund ist final und immateriell. Damit ist ein Moment herausgehoben, das für jedes technische Artefakt vom Werkzeug bis zum Großsystem zutrifft, ein Moment, welches für Friedrich Dessauer leitend war, als er das Handeln des Ingenieurs als Suche nach der idealen Lösungsgestalt und deren Realisierung sah: Die Maschine ist materiell, zugleich aber finale Realisierung einer Idee.

Beide, Leibniz wie Dessauer, verbinden ihr Teleologie- und Technikverständnis mit einem Platonismus: Die Zwecke und Ziele sind objektiv in einer Ideenwelt gegeben, und deshalb treten sie im Falle einer Realisierung an den Artefakten in Erscheinung. Das würde aber heißen, Zwecke seien beobachtbar. Daß dies nicht der Fall sein kann, sondern daß *wir* es sind, die die Zwecke mit der Voraussetzung der Existenz eines Schöpfergottes oder eines Reiches der idealen Lösungsgestalten in die Dinge hineintragen, hat wohl als erster Christian Wolff gesehen, als er seiner *Deutschen Physik* eine *Deutsche Teleologie* – nämlich *Vernünftige Gedanken von den Absichten der natürlichen Dinge* – an die Seite stellte. Kant sollte diesen Schritt radikalisieren und systematisch von der Konstituierung der Struktur der Phänomene durch Denkformen trennen: Die Teleologie wurde zu einer Angelegenheit der Urteilskraft, bei deren Behandlung – symptomatisch für das neue Problemverständnis – auch der Begriff der »technischen Urteilskraft« auftritt.[5]

Nun soll es hier nicht um historische Positionen gehen. Doch gilt es mit Kant festzuhalten, daß auch Technikphilosophie vom Menschen her aufzubauen ist, nicht von einem platonischen Reich der Zwecke und idealer Lösungsgestalten, denn *wir* sind es, die etwas – einen bestehenden Sachverhalt – in einer konkreten historischen Lage mit konkreten historischen Wertzuschreibungen als veränderungsbedürftig bewerten und ihm einen anderen, von uns für besser gehaltenen

---

5 Vgl. z.B. *Erste Einleitung* zur *Kritik der Urteilskraft*, X und XII.

Sachverhalt gegenüberstellen, um dann auf ebenfalls zu bewertende technische Mittel zu sinnen, wie der eine Zustand in den anderen zu überführen sei: Menschliches Werten und Wollen, menschliches Können, menschliche Kenntnis und Kreativität in ihrer geschichtlichen Gebundenheit verschmelzen dabei zum technischen Wissen und lassen technische Artefakte oder Prozesse entspringen. Genauer, sie lassen sie nicht entspringen, vielmehr entsteht handelnd etwas, das wir als ein technisches Mittel zur Erreichung des intendierten Ziels *deuten*. Technik ist also ein Interpretationskonstrukt im Sinne Hans Lenks.[6]

Technik als realisierte Idee enthält ein Stoff- und ein Form-Element im aristotelischen Sinne, nämlich eine *materia* als das, woraus ein technisches Artefakt herzustellen ist, und eine *forma*, die zugleich ein *finis* ist, nämlich das Wie und Wozu des Artefakts. Das Woraus entstammt der Natur, das Wie und Wozu ist von außen, vom Techniker, hineingetragen. (Lassen wir einmal im Augenblick außer acht, daß heutige Materialien selbst längst nicht mehr der Natur entstammen, sondern als Metallegierungen, Kunststoffe, Industriekeramiken, Transurane, polarisiertes Laserlicht etc. längst selbst technische Hervorbringungen sind; doch deren Ausgangspunkt ist letztlich immer ein in der Natur Vorgefundenes.) Daß dabei das Materiale als Substrat seinerseits die *Möglichkeit der Realisierung* mitbringen muß und deshalb dem Techniker, der das Artefakt plant und realisiert, bekannt sein muß, ist offensichtlich. Die *Idee*, wie Dessauer sie versteht, wird also vom Techniker ausgehend von der *materia* in doppelter Weise transformiert, nämlich im Sinne der *forma* im Hinblick auf das *finis*; denn was am Ende vorliegt, ist ein materielles Ding (oder ein Prozeß), das dann als Artefakt unabhängig von ihm existiert (beziehungsweise als Prozeß abläuft) und einen der Intention des Technikers entsprechenden Zweck als »reine intrinsische Finalität«[7] enthält! Dabei darf nicht vergessen

---

6 Hans Lenk: *Handlung als Interpretationskonstrukt. Entwurf einer konstituenten- und beschreibungstheoretischen Handlungsphilosophie*, in: ders. (Hg.): Handlungstheorien interdisziplinär, Bd. 2.1, München 1978, S. 279–350.

7 Jean Ladrière: *The Technical Universe in an Ontological Perspective*, ch. 2, in: Advances in the Philosophy of Technology: Proceedings of the International Academy of the Philosophy of Science, hrsg. v. Hans Lenk, Evandro Agazzi and Paul Durbin, Karlsruhe, Germany, May 1997, in: Philosophy and Technology: Quarterly Electronic Journal 4 (1998). Wiederabdruck in Hans Lenk, Matthias Maring (eds.): Advances and Problems in the Philosophy of Technology (= Technikphilosophie Bd. 5), Münster 2001, S. 71–92.

werden, daß – trotz des ontologischen Realismus eines Technikers – auch die zugesprochenen Substrateigenschaften, insbesondere die Realisierungsmöglichkeiten, der zeitgebundenen Wissens- und Könnensperspektive entspringen und damit von Verstehensbedingungen und Sinnzuschreibungen abhängen.

Kein Artefakt ist isoliert; gerade die moderne Technik ist durch ihren *Systemcharakter* gekennzeichnet. Dieser ist durchaus nicht immer explizit und unmittelbar wahrnehmbar wie die Verkabelung eines Informationsnetzes, sondern er kann unauffälliger und vor allem in seinen Einzelelementen nicht als Gesamtsystem intendiert sein. Ein Auto etwa erscheint als etwas Einzelnes, aber es ist auf Straßen, Tankstellen, Reparaturwerkstätten, Ersatzteillieferungssysteme etc. angewiesen, die alle in der Idee des Autos und ihrer Materialisierung implizit vorausgesetzt sein müssen – nicht zwar als eine bestimmte Straße, eine bestimmte Tankstelle und so fort, sondern nur als grundsätzlich erreichbare Gegebenheit. Hier aber liegt eine der Wurzeln der Technikdynamik und ihres Verständnisses: Einerseits ist das System auf die Teilkomponenten angewiesen, andererseits sind diese nicht Teil einer Gesamtintention, so daß man – und hierum ging es an dieser Stelle – im Falle solcher offenen Systeme keine intendierte Finalität annehmen kann, während sich ein funktionelles Zusammenspiel der Teile beobachten läßt. Dieser Systemcharakter der Technik hat verschiedentlich dazu geführt, technische Systeme mit Leibnizens Vorstellungen von der Organisationsform der Körper im Monadensystem oder allgemein mit Lebewesen zu vergleichen. Diese Sicht liegt nahe, weil das technische System ähnlich wie ein Lebewesen eine gewisse teleologische Eigendynamik besitzt, die fraglos der Deutung bedarf. Doch vergleicht man die Teleologie von Lebewesen mit der von Maschinen, so bestehen beachtliche Unterschiede:

Lebewesen haben das Ziel der Selbst- und Arterhaltung, der Reduplikation; davon kann bei Maschinen (jedenfalls als eine allgemeine Kennzeichnung) keine Rede sein.

Die Finalität bei Lebewesen ist intrinsisch, in gewisser Hinsicht autonom und gegebenenfalls evolutionär bestimmt; bei Maschinen ist sie von außen, extern, durch menschliche Intentionalität eingeplant und ›eingebaut‹.

Die menschliche Teleologie ist intentional-autonom, die Maschinenteleologie korrespondiert unserer Intention, mit der wir die Maschine bauen (Innenperspektive) und deuten (Außenperspektive).

Es empfiehlt sich also, die Analogie nicht zu weit zu treiben und die Differenzen nicht aus dem Auge zu verlieren, auch wenn der Gedanke zunächst bestechen mag, Eigenschaften technischer Systeme, die nicht intendiert sind, nach dem Muster von Eigenschaften selbständig agierender Wesen zu sehen.

An dieser Stelle tut sich eine Schwierigkeit auf, die mit dem Begriff des Artefakts verbunden ist: Läßt sich dieser Begriff – und der eben skizzierte Gegensatz – angesichts der Biotechnologie überhaupt noch aufrechterhalten? Bin ich, wenn ich einen Herzschrittmacher eingepflanzt bekomme, ein Artefakt? Oder werde ich es, wenn mir aus multipotenten Zellen künstlich gezüchtetes Gewebe implantiert wird? War Dolly, das geklonte Schaf, ein Artefakt? Wie steht es um gentechnisch veränderte Tomaten und deren Saatgut? Es zeigt sich, daß der bisher verwendete Begriff zu eng und insbesondere die Einschränkung auf klassische Maschinen nicht sachgerecht ist, weil die Biotechnologie fraglos gleichberechtigt neben die klassischen physikalisch-chemischen Technologien getreten ist.

Das selbe Dilemma ergibt sich bei Informationsverarbeitungssystemen, die nicht ganz unzutreffend im Gegensatz zum Werkzeug als ›Denkzeug‹ apostrophiert worden sind. Es würde äußerst schwierig, wollte man Informationsverarbeitung nach einem maschinentechnischen Modell behandeln, denn auch wenn der Verarbeitungsprozeß ein materieller ist (Biocomputer eingeschlossen), auch wenn das Resultat – nämlich Datenmengen – materiell aussieht, weil es auf Bildschirmen oder gedruckt erscheint, ist es doch genausowenig materiell wie der Inhalt eines Buches: Man denke an einen mit einem Computer geführten mathematischen Beweis. Vielmehr ist das, was sich da zeigt, erst in Verbindung mit einer semantischen Deutung das intendierte Resultat des Prozesses.

Doch ein entscheidender, die bisherigen Überlegungen leitender Unterschied gegenüber Nicht-Technischem bleibt in beiden Fällen bestehen: stets geht es darum, einen gegebenen Sachverhalt A durch einen planvollen Eingriff in einen erwünschten Sachverhalt B zu überführen, also einer Intention folgend eine Zielvorstellung im Materiellen, ob belebt oder unbelebt, ob interpretiert oder uninterpretiert, zu realisieren. Diese Bestimmung ist allerdings wieder so weit, daß sie die aristotelischen Begriffe von poiesis *und* praxis umfaßt und in den Technikbegriff einschließt, mit dem Ergebnis, daß auch das Haarschneiden und Musizieren, kurz, alles menschliche Handeln zur Technik wird.

Will man ihn enger fassen, läßt sich dies nur bewerkstelligen, wenn man genauer umreißt, um welchen Sachverhaltstyp und um welche Art von Ziel es bei der intendierten Transformation geht. Wenn seit kurzem gentechnisch veränderte Lebewesen patentiert werden können, so zeigt dies eine Ausweitung des bisherigen poiesis-Begriffes, die uns nur wegen ihrer Neuartigkeit fremd ist. Die Notwendigkeit, das, was ein informationsverarbeitendes System liefert, selbst als Information zu deuten, zeigt einmal mehr, daß, wenn der Computer einschließlich seines Programms als Artefakt aufgefaßt wird, dies immer voraussetzt, ihn zugleich final zu interpretieren. Daß diese Zwecke hierbei vor allem Potenzen – nämlich Bearbeitungs*möglichkeiten* – sind, verstärkt nur die hier ausgezogene Leitlinie: Für jedes technische Artefakt und für jeden technischen Prozeß macht die Finalität deren Wesen aus. Sie wird schon im Erfindungs- und Entwicklungsvorgang als Intention des Entwicklers hineingelegt, und sie wird im Gebrauch in Gestalt einer Deutung hineingetragen – was beides eine materia und eine dem finis korrespondierende *forma* verlangt. Auch wenn die beiden Reiche nie zusammenfallen, so durchdringen sie einander überall.

Zusammenfassend gilt es also festzuhalten, daß nach der schrittweisen Erweiterung des Technikbegriffs vom (zumeist physikalischen) Artefakt zum (zunächst chemischen) Prozeß nun auch der Bereich biotischer Artefakte und Prozesse ebenso aufzunehmen ist wie das ›Denkzeug‹, also die Transformationsmittel, die der Bearbeitung von Information dienen. Dies bedeutet aber, daß sich klassische ontologische Zuschreibungen, die mit der sogenannten Realtechnik immer verbunden waren, als zu eng erweisen: Die Ausgrenzung von etwas als Technik kann nicht allein ontologisch gelingen, sondern sie muß über die Zwecke, mithin über die dahinterstehende Intentionalität erfolgen. Dies gilt es, als erstes fundamentales Element eines technischen Wissens festzuhalten: der kognitive Anteil ist nicht vom intentionalen ablösbar. ›Wissen daß‹, ›wissen wie‹ und ›wissen warum‹ bilden im technischen Wissen eine unauflösbar Einheit.

3. Intention und Finalität: Das Hermeneutikproblem

Jedes Artefakt und jeder technische Prozeß ist intentional hervorgebracht und angelegt auf eine *Funktionserfüllung*. Der Intentionalität der poiesis korrespondiert eine Finalität des Hervorgebrachten. Dem läßt sich jedoch sofort entgegenhalten, Finalitäten seien zumindest in der materiellen Natur nirgends zu finden, vielmehr laufe jedenfalls das, was von der Technik in Dienst genommen wird, nur kausal ab; wäre dem nicht so, wäre Technik, wäre die regelhafte Erfüllung von Funktionen durch technische Mittel zur Erreichung von gegebenen Zielen überhaupt nicht möglich. Und in der belebten Natur handele es sich neben der Kausalität allein um Evolutionsprozesse, die ebenfalls jede Finalität ausschließen; biotische Artefakte im Sinne einer Biotechnologie seien aber ebenfalls nur so weit möglich, als ein fester Regelzusammenhang gegeben sei, der die Funktionserfüllung gewährleiste.

In der Sache trifft dies zu; Technik ohne Kausalität oder Regularität ist unmöglich. Aber diese Regularitäten sind selbst noch nicht Technik; es muß eben dies hinzukommen, daß die Regeln für eine »in Dienst nehmende Beherrschung« der Sache (H. Beck) herangezogen werden. Eben dies macht auf der Seite des Technikers die Intentionalität aus, während es auf der Seite des Artefakts in der Finalität besteht. Wenn das unmittelbare Ziel einer gentechnischen Veränderung eines Gemüses die Fäulnisresistenz ist und dabei das mittelbare Ziel der Eßbarkeit verfehlt wird, werden wir das Resultat sicherlich nicht mehr ein Gemüse nennen wollen! Eine Maschine, die nicht oder nicht mehr das herstellt, was intendiert war, sondern beispielsweise nur Ausschuß produziert, ist im einfachsten Fall defekt, in einem tieferen Sinne jedoch nicht mehr die fragliche Maschine: sie ist sinnlos geworden. Das wiederum macht klar, daß, wenn von einer Maschine gesprochen wird, sie im Hinblick auf ihren Zweck gesehen und *interpretiert* wird. *Die Finalität des Artefakts ist also dessen Deutung unter Zweckgesichtspunkten.* Doch tritt diese Deutung nicht additiv zu anderen Eigenschaften hinzu, sondern ihr teleologischer Inhalt macht gerade die Wesensbestimmung des Artefakts aus. Dies ist uns so selbstverständlich, daß der Zusammenhang nur dann überhaupt erkennbar wird, wenn er einmal in einem Einzelfall nicht gegeben ist. So liegt im Berliner Völkerkunde-Museum in der Südsee-Abteilung ein Gegenstand, dessen Beschriftung verrät: »Kultgegenstand. Gebrauch unbekannt.« Nun ist ein Kultgegenstand kein technisches Gerät in unserem Sinne, wohl aber für eine mythisch-magisch organisierte Kultur; darum verdeutlicht das Beispiel, daß von der magischen Technik gar nichts bleibt, sondern allein ein inventarisierter Holz- oder Knochengegenstand, der unserem Verstehen entzogen ist. Damit erweist sich Technikverstehen und mit ihm technisches Wissen in einer sehr spezifischen Weise auf eine sachgerechte *Hermeneutik* angewiesen, die den Zusammenhang von Intentionalität und Telos-Zuschreibung zu ihrem Gegenstand macht. Das Beispiel läßt zugleich erkennen, daß eine der Voraussetzungen darin besteht, ein geschichtlich gegründetes Vorverständnis von Technik und ihren Zwecken zu haben. Wenn dies üblicherweise nicht auffällt, so deshalb, weil in den Technikwissenschaften ebenso wie in den Naturwissenschaften durch die schulische und universitäre Ausbildung eine Standardisierung des Vorverständnisses gesichert wird, das damit ahistorisch und objektiv zu sein scheint.

Das nur in einer technologischen Hermeneutik zu Erfassende geht noch über das Verstehen von Intentionalität und Finalität hinaus: jede Zuschreibung von Werten – vom *Funktionieren* über die *Sicherheit* bis zu *ethischen Werten* – gehört ebenso hierher wie das Verstehen der besonderen Anwendungssituation in ihrer historischen Einmaligkeit. Damit hält eine sonst den Geisteswissenschaften allein zugesprochene Methode Einzug in eine angemessene Behandlung der Technik und des technischen Wissens.

Oben wurde der Systemcharakter heutiger Technik hervorgehoben. Mit ihm ergeben sich aber besondere Schwierigkeiten sowohl hinsichtlich der Finalität als auch bezüglich der Intentionalität; denn weder lassen sich Einzelfinalitäten von Systemteilen ausgrenzen, ohne den Systemzusammenhang einzubeziehen, noch addiert sich die Intentionalität einzelner Handelnder zu einer Gruppen- oder gar Gesamtintentionalität. In kleinem Maßstab gilt dies auch für jede aus Teilen zusammengebaute Maschine; Kai Weiß hat dies näher untersucht und das Gesamtziel über die den Teilen zugeschriebenen *Funktionen* erfaßt. Sein Vorgehen hat sich als äußerst fruchtbar erwiesen, doch wird hierbei die Ausrichtung auf ein Endziel zum Ausgangspunkt genommen: der Konstrukteur einer Waschmaschine will am Ende eine funktionierende Waschmaschine bauen, er wählt deshalb Systemteile aufgrund ihrer Funktionen. Betrachten wir jedoch komplexe Systeme wie etwa das Ineinandergreifen von Automobilbau, Straßenbau, Tankstellen, Reparaturwerkstätten etc., so fehlt eine gemeinsame Zielrichtung ebenso wie die Möglichkeit, ein Gesamtziel über Einzelfunktionen zu bestimmen. Zwar gibt es entsprechende Ansätze bezüglich gesellschaftlichen Handelns,[8] doch einstweilen ohne jede Bezugnahme auf technisches Handeln. Vor allem aber fehlt ein Modell, das darzustellen vermag, daß und warum das System zu Zuständen führt, die von keinem der einzelnen Handelnden intendiert waren – ein für komplexe Systeme charakteristisches Phänomen, welches vor allem für die Verantwortungsfrage in der Technikbewertung und Technikfolgenabschätzung relevant wird. Deren Fragestellung wird aber heute auch als Teil des technischen Wissens verstanden.

Die ethische Problematik soll hier nicht weiter verfolgt werden, wohl aber ist im vorliegenden Zusammenhang eine Vergewisserung nötig. Bisher war vereinfachend vom ›Techniker‹ als Inbegriff dessen gesprochen worden, der aufgrund seines technischen Wissens ein technisches Artefakt plant, baut und anwendet. Davon kann aber schon seit Beginn der Arbeitsteilung – und das heißt bei Werkzeugen: spätestens seit der Steinzeit, man denke an den ausgedehnten Handel mit Obsidianwerkzeug im Mittelmeerraum – nicht mehr die Rede sein. Um so mehr gilt dies für eine durchgängig arbeitsteilige Gesellschaft mit komplexen technischen Systemen: Planer, Erbauer und Nutzer sind völlig getrennt, alle drei befinden sich ihrerseits in vernetzten Systemen, ja, es handelt sich nicht mehr um je einzelne Individuen, sondern um hochkomplexe Systeme – die Entwicklungsabteilung, die Fabrikation, das Vertriebssystem, die erwerbende Firma, die Bediener etc. Sie alle begegnen dem zu planenden, zu bauenden und anzuwendenden Systemelement mit völlig unterschiedlichen Intentionen, denen allein gemeinsam ist, daß Planer und Erbauer die tragende Intention des Nutzers (oder des Systems von Nutzern), also dessen Vorstellung eines mit dem Systemelement für ihn zu erreichenden Ziels antizipieren müssen. Damit aber – und darauf kommt es hier an – wird die Finalität des Artefakts zum verbindenden Element auch in diesem Falle. Zugleich wird aber diese Finalität ihres Bezugs auf die Intention eines bestimmten Individuums beraubt, denn antizipierbar ist in der Regel nur eine sehr abstrakte Vorstellung einer möglichen Intention eines möglichen Nutzers. Dies hat auf der Gegenseite die Austauschbarkeit nicht nur

---

8 – so John R. Searle: *The Constitution of Social Reality*, New York 1995, dt. Übers.: *Die Konstruktion der gesellschaftlichen Wirklichkeit. Zur Ontologie sozialer Tatsachen*, Reinbek 1997, oder auch Raimo Tuomela, Kaarlo Miller: *We-Intentions*, in: Philosophical Studies 35 (1988), S.367ff.

des Nutzers, sondern auch des Erbauers und des Planers zur Folge. Die Massengesellschaft mit ihrer Standardisierung von Bedürfnissen und Zielvorstellungen des Einzelnen, die Auswechselbarkeit des Arbeiters ebenso wie die Ersetzbarkeit des Konstrukteurs durch einen, der das gleiche, durch die Ausbildung standardisierte Wissen und Können besitzt, spiegelt dies; entscheidend ist allein das Funktionieren des Systemzusammenhangs. So ist es nicht verwunderlich, daß Lewis Mumford von einer »Megamaschine« und Max Weber von einer sozialen, etwa von einer »militärischen und staatlichen Maschine« spricht.[9]

4. Technisches Wissen

Wenden wir uns nun der Frage zu, wie sich die herausgearbeiteten Elemente zu der Feststellung verhalten, technisches Wissen unterscheide sich von anderen Formen des Wissens. Natürlich ist in jeder Konzipierung, Entwicklung, Fertigung und Anwendung von Technik auch kognitives Wissen vorausgesetzt, doch treten entscheidende neue Elemente hinzu, weil ein kognitives Wissen frei von Intentionen, Zwecken und Funktionsvorstellungen ist.

Charakteristisch für Intentionen, Zwecke und Funktionen ist es, nicht in ein deduktives Gefüge von Aussagen eingebettet zu sein. Sicherlich lassen sich einzelne Intentionen allgemeineren Intentionen unterordnen, gleichfalls können Zwecke als Mittel für allgemeinere Zwecke fungieren; und ebenso lassen sich komplexere Funktionen bis zu einem gewissen Grade aus elementareren Funktionen zusammengesetzt denken. Doch stets geht es hierbei um inhaltliche Beziehungen, nicht um begriffliche Ableitungen. Dies ist der Grund, warum Technikwissenschaften nicht einfach als angewandte Erfahrungswissenschaften verstanden werden dürfen, sondern gemäß der Struktur von Handlungen modelliert werden müssen, die erstens durch eine Verknüpfung von *Zielvorstellungen* mit empirisch gegründetem *Wissen um Funktionen* und mit einem *Wissen um dafür passende Mittel*, sowie zweitens durch bestimmte Formen des *Könnens* gekennzeichnet sind. Darum auch gilt für technische Artefakte geradeso wie für

---

[9] Lewis Mumford: *Mythos der Maschine*, Frankfurt a.M. 1977, S.220; Max Weber: *Gesammelte Aufsätze zur Soziologie und Sozialpolitik*, Tübingen 1924, S.519.

Handlungen, daß sie gar nicht direkt beobachtbar sind, sondern in ein Interpretationsschema eingepaßt werden. Wissen, daß ein bestimmter Blechhaufen ein Auto ist, bedeutet seine Zwecke zu kennen. Werden solche Blechhaufen mit Beton umgossen und in vertikaler Position aufgestellt, sind sie eine Skulptur – wie jene Cadillacs von Wolf Vostell auf dem Rathenau-Platz in Berlin. Entsprechend ist das Wissen in den Ingenieurwissenschaften nur zum Teil, nämlich dann, wenn es um den rein kognitiven Anteil geht, in einem empirischen Gesetzes- oder Regelwissen einzufangen. Vielmehr muß ein Wissen um Zweck-Mittel-Beziehungen und um Zweck-Mittel-Hierarchien hinzutreten, das allererst erlaubt, zu Zwecken Funktionen und geeignete Mittel zu bestimmen, um eine Realisierung des intendierten Artefakts zu ermöglichen. Daß diese komplexe Form des Wissens in aller Regel keine besonderen Schwierigkeiten bereitet, liegt entscheidend daran, daß wir mit den zugrundeliegenden Strukturen aufgrund unseres Handlungsverständnisses vertraut sind. Dennoch gilt festzuhalten, daß wir technische Artefakte stets teleologisch deuten und ihre Zwecke als ihren Wesensbestandteil sehen. Technisches Wissen schließt damit wesensmäßig eine Interpretationskomponente ein, die auf eine eindeutige Standard-Interpretation abzielt.

5. Die Dynamik technischen Wissens

Unser heutiges Leben ist in höchstem Maße durch Technik bestimmt. Die Dynamik der technischen Entwicklung verändert radikal das Alltagsleben geradeso wie das friedliche und kriegerische, geschäftliche und informationelle Zusammenleben der Individuen, Institutionen und Staaten. Die Technikdynamik ist – anders als eine natürliche Dynamik – vom Menschen hervorgebracht, obgleich sie als von ihm unabhängig erfahren wird. Wenn sie steuerbar sein soll, bedarf es eines Technikverständnisses, das die Brücke schlägt zwischen dem technischen Handeln der Individuen und der als Phänomen gar nicht zu bestreitenden Eigendynamik der Technikentwicklung, die unabhängig von Individuen ist oder zu sein scheint. Dabei kommt der Wissensdynamik eine ganz ausgezeichnete Bedeutung zu, denn natürlich beruht die Technikdynamik nicht auf einer eigenständigen Evolution, sondern auf einem Wissenszuwachs. Es gilt abschließend, auch dies in das entwickelte Modell einzufügen.

Gehen wir aus von dem von Aristoteles herausgearbeiteten Unterschied zwischen *genesis* und *poiesis*: Erstere gilt nur für Leben, letztere für Artefakte. Die poiesis beruht auf einer Idee, einer Erfindung. Diese wiederum verlangt ein Wissen auf der einen Seite, auf der anderen die Bewertung eines gegebenen Zustands als unbefriedigend, verbunden mit der Vorstellung von einem möglichen besseren Zustand. Die Erfahrung hat die Aufgabe, Zusammenhänge festzumachen, die als Mittel dienen können, den ersten Zustand in den zweiten zu überführen. Nun gehört es wesentlich zum aristotelischen Verständnis des Stoff-Form-Verhältnisses, daß der Form stets weiterführende, nämlich dynamische und gerichtete Möglichkeiten – *Potenzen* – innewohnenden, deren Realisierung nicht allein von inneren, sondern auch von kontingenten äußeren Bedingungen abgehängt. Unter Verwendung dieses Verständnisses von Potentialität läßt sich nun auch die Eigendynamik der als teleologisch verstandenen Technik beschreiben, und es läßt sich verstehen, wieso, obwohl alles Machen, alle Technik immer poiesis, Hervorbringen durch den Menschen ist, und obwohl die Dynamik ihren Impuls allein aus dem Handeln von Individuen erhält, diese technische Potentialität eine dynamische aristotelische Möglichkeit ist! Dem korrespondiert die dem Artefakt bereits zugesprochene Telos-Orientierung aufgrund der in ihm materialisierten Zweckbestimmung.

Rückblickend fällt ins Auge, daß zentrale Bestimmungen sowohl des Technikbegriffs als auch der technogenen Denkformen Modalbegriffe sind: Wenn Technik die Realisierung von Ideen ist, ist sie Verwirklichung von Möglichkeit. Wenn das Charakteristikum der Systemtechnik die Bereitstellung von Potenzen ist, so handelt es sich um Möglichkeiten. Und wenn Machbarkeit die zentrale Denkform der Gegenwart ist, so geht es ebenfalls um Möglichkeit, nämlich des Machens. Alle drei sind höchst verschieden, doch mit den üblichen modaltheoretischen Unterscheidungen in ihrer Verschiedenheit nicht unmittelbar einzufangen:

Die *Möglichkeit einer Idee*, die in der Realisierung verwirklicht wird, ist zunächst als ontische Möglichkeit gemeint – nämlich als Seinsmöglichkeit im Sinne tatsächlicher Realisierbarkeit (wiederum alles Modalbegriffe; aber eine nichtmodale Kennzeichnung ist grundsätzlich nicht möglich). Doch dies greift einerseits zu kurz, andererseits zu weit. Zu kurz, weil die Möglichkeiten mehr sind als irgendwelche ontischen Möglichkeiten, denn sie sind Lösungsgestalten im Sinne

Dessauers, nämlich mögliche Mittel, bezogen auf ein Ziel. Damit sie Mittel sein können, müssen sie also nicht nur realisierbar sein, sondern überdies bei der Realisierung die Funktionserfüllung bezüglich des Ziels gewährleisten. Es handelt sich mithin um *Funktionserfüllungsmöglichkeiten*: Die Lösungsgestalten schließen dieses teleologische Moment schon im Status der Möglichkeit als eine Notwendigkeit ein – und zwar im Sinne einer notwendigen Bedingung als auch im Sinne einer physischen Notwendigkeit, daß im Falle der Realisierung der Sachverhalt A in den gewünschten Sachverhalt B überführt wird. – Dennoch: dies greift zu weit, weil ungebrochen von ontischer Möglichkeit gesprochen wird, wo uns ein Zugang nur über ein Wissen von Kausalbeziehungen, Prozessen und Anfangsbedingungen gegeben ist und ein Ziel nur über eine wertende Interpretation von Sachverhalten ausgemacht werden kann. Das bedeutet aber, daß die ontische Möglichkeit in einer epistemischen Möglichkeit, eben in der Erfüllung von Erkenntnisbedingungen eines Wissens um kausale und finale Zusammenhänge gründet. Dies zeigt sich, wenn man fragt, wozu eigentlich Ingenieure an den Technischen Universitäten ausgebildet werden: gerade nicht zum Bau und zur Benutzung technischer Artefakte, Prozesse und Systeme, sondern zur Entwicklung von Möglichkeiten! Ein Ingenieur denkt in Möglichkeiten (auch wenn sein Realitätssinn ihm das zuzugeben versagt). Eine Konstruktionswissenschaft vermittelt die Regeln, die die Mittel zu einer Sachverhaltstransformation bezeichnen, und sie unterweist in der sachgerechten Anwendung dieser Regeln auf Sachverhaltstypen möglicher Sachverhalte. Die Konstitution der Möglichkeit, um die es als Funktionserfüllungsmöglichkeit geht, erfolgt auf der Grundlage technikwissenschaftlichen Regel- und Materialwissens, sie ist also eine epistemische Möglichkeit, die durch die Art der Konstruktion zugleich sicherstellen muß, realisierbar, also eine ontische Möglichkeit zu sein.

Ganz anders liegen die Dinge im Falle der *als Potenzen bereitgestellten Möglichkeiten*: Diese sind in ihrer Bereitstellung offenkundig – genauer: wir sehen einen bestehenden Sachverhalt als Ermöglichung für anderes, ohne daß dieses andere als Ziel für uns primär wäre, wenn wir uns das Potentialitäts-Angebot zunutze machen, indem wir uns in die Systemstruktur hineinbegeben. Scheinbar geschieht dies frei – bin ich es doch, der sich einen Telefonanschluß legen läßt. Tatsächlich jedoch lassen wir uns auf die Bedingungen des Systems ein, mit dem Resultat, das System zu stabilisieren, zu dynamisieren und in seiner Potentialität zu potenzieren. Die bereitgestellten Möglichkeiten erweisen sich also als dynamische Möglichkeiten, allerdings mit zwei Unterschieden gegenüber den aristotelischen Entelechien: Zum einen ist die Dynamik abgeleitet, nämlich mittelbar aus der Intentionalität der handelnden Subjekte, zum anderen ist sie nicht teleologisch, weil die Ziele gerade nicht vorgezeichnet sind, sondern nur eine allgemeine Richtung mit der Potentialität gegeben ist.

Nun läßt sich das eben zur Bereitstellung von Potenzen Entwickelte mit der zuvor betrachteten Funktionserfüllungsmöglichkeit verknüpfen, denn sie muß ja auch im Falle der Potentialität gesichert sein: Das Ziel, auf das hin eine computergesteuerte programmierbare (d.h. in dieser wichtigen Eigenschaft *modal* charakterisierte) Fertigungsanlage entwickelt wird, beseht in der Bereitstellung von Potenzen! Natürlich gilt dies in einfachster Form auch für die Herstellung einer Steinaxt, denn durchbohrt wird sie nicht zum Fällen eines bestimmten Baumes, sondern von Bäumen allgemein; insofern stellt jedes Werkzeug Potenzen bereit. Doch während bei ihnen die Entwicklung im Hinblick auf einen abgrenzbaren Anwendungsbereich erfolgt, geht es heute um Potenzen, die grundsätzlich offen sind: Technisches Denken und Wissen hat damit eine völlig neue modale Form angenommen, betreffen doch die Funktionserfüllungsmöglichkeiten nicht mehr eine konkrete, für einen wohlbestimmten Zweck einzusetzende Maschine, sondern die Gewährleistung offener, potentieller, hinsichtlich der noch zu bestimmenden Ziele nicht festgelegter Möglichkeiten, wie sie jeder Computer unmittelbar vor Augen führt. Diese neue Form des Denkens und Wissens wiederum garantiert die Freiheitsspielräume, die sich öffnen, Freiheitsspielräume, deren Ausfüllung nicht vorhersagbar ist und darum jede vorausschauende Technikbewertung an unüberwindbare Grenzen stoßen läßt, zugleich aber Freiheitsspielräume, die dem einzelnen wie der Gesellschaft in nie dagewesener Breite die Möglichkeit öffnen, sich selbst zu bestimmen und die Kultur, in der wir leben, fortzugestalten.

›Machbarkeit‹ ist eine Handlungsmöglichkeit; sie verbindet also die ontische mit der epistemischen Möglichkeit unter Voraussetzung der Willens- und Handlungsfreiheit des Homo faber. In der Leibniz-Wolff-Kant-Tradition wird bezüglich der Realisierbarkeit von Möglichkeit die Frage aufgeworfen, worin denn das *Complementum possibilitatis* bestehe, das zur rein begrifflich gefaßten ontologischen Möglichkeit hinzutreten müsse, um das Wirklichwerden herbeizuführen. Für Leibniz ist dies ein göttliches Fiat, während Kant ein solches *complementum* zurückweist. Hier nun steht man vor genau dem selben Problem: Was tritt beim Machen, bei der Realisierung zur Idee hinzu? Mit aller Deutlichkeit muß man zugeben: ein menschliches Fiat – und keine Eigendynamik der Technik. Voraussetzung aller Technik ist der Homo faber, der Möglichkeiten als Möglichkeiten und als gänzlich Neues, nie Dagewesenes zu denken und in Freiheit eine dieser Möglichkeiten wertend auszuwählen und zu verwirklichen vermag. So ist technisches Wissen in seiner komplexen Struktur nicht nur ein Wissen darum, wo mit dem Hammer zuzuschlagen ist, wenn der Motor nicht läuft, sondern es bildet zugleich die Voraussetzung menschlicher technischer Kreativität.

Autoren

GÜNTER ABEL Professor für Philosophie, Technische Universität Berlin. Publikationen (Auswahl): *Nietzsche. Die Dynamik der Willen zur Macht und die ewige Wiederkehr*, 1984; *Interpretationswelten. Gegenwartsphilosophie jenseits von Essentialismus und Relativismus*, 1993; *Sprache, Zeichen, Interpretation*, 1999; *Zeichen der Wirklichkeit*, 2004.

SERGIO BELARDINELLI Professor für Kultursoziologie, Universität Bologna. Publikationen (Auswahl): *Il gioco delle parti. Identità e funzioni della famiglia in una società complessa*, 1996; *La comunità liberale. La libertà, il bene comune e la religione nelle società complesse*, 1999; *La normalità e l'eccezione. Il ritorno della natura nella cultura contemporanea*, 2002; *Contro la paura. L'Occidente, le radici cristiani e la sfida del relativismo*, 2005.

GIUSEPPE CANTILLO Professor für Philosophie, Universität ›Federico II.‹ Neapel. Publikationen (Auswahl): *L'eccedenza del passato. Per uno storicismo esistenziale*, 1993; *Le forme dell'umano. Studi su Hegel*, 1996; *Introduzione a Jaspers*, 2001; *Introduzione a Troeltsch*, 2004; *Natura umana e senso della storia*, 2005.

RENATO CRISTIN Professor für Philosophie, Universität Triest; z.Zt. Direktor des Italienischen Kulturinstituts Berlin. Publikationen (Auswahl): *Heidegger e Leibniz. Il sentiero e la ragione*, 1990; *Fenomeno storia. Fenomenologia e storicità in Husserl e Dilthey*, 1999; *Die Phänomenologie und Leibniz*, (Hg. mit K. Sakai), 2000; *La rinascita dell' Europa. Edmund Husserl e il destino della cultura occidentale*, 2001.

FRANCESCO D'AGOSTINO Professor für Rechtsphilosophie, Universität ›Tor Vergata‹ Rom. Publikationen (Auswahl): *Bioetica, nella prospettiva della filosofia del diritto*, 1998; *Una filosofia della famiglia*, 1999; *Diritto e Giustizia*, 2000.

PAWEŁ DYBEL   Professor für Philosophie, Polnische Akademie der Wissenschaften. Publikationen (Auswahl): *Dialog i respresja. Antynomie psychoanalizy Sigmunda Freuda* (Dialog und Repression. Die Antinomien der Psychoanalyse von Sigmund Freud), 1994; *Urwane ścieżki. Przybyszewski, Freud, Lacan* (Unterbrochene Wege), 2001; *Die Krise des Subjekts?* (Hg. mit H. J. Sandkühler), 2003; *Granice rozumienia i interpretacji* (Die Grenzen des Verstehens und Interpretation. Einführung in Gadamers Hermeneutik), 2004.

FERDINAND FELLMANN   Professor für Philosophie, Technische Universität Chemnitz. Publikationen (Auswahl): *Das Vico-Axiom: Der Mensch macht die Geschichte*, 1976; *Phänomenologie und Expressionismus*, 1982; *Gelebte Philosophie in Deutschland*, 1983; *Das Paar. Eine erotische Rechtfertigung des Menschen*, 2005; *Phänomenologie zur Einführung*, 2006.

WOLFRAM HOGREBE   Professor für Philosophie, Universität Bonn. Publikationen (Auswahl): *Metaphysik und Mantik*, 1992; *Ahnung und Erkenntnis*, 1996; *Frege als Hermeneut*, 2001; *The Real Unknown*, 2002; *Echo des Nichtwissens*, 2006.

ZDZISŁAW KRASNODĘBSKI   Professor für Soziologie, Universität Bremen und Universität Warschau. Publikationen (Auswahl): *Postmodernistyczne rozterki kultury* [Post-Modernistic Dilemmas of Culture], 1996; *Kulturelle Identität und sozialer Wandel in Osteuropa: das Beispiel Polen* (Hg. mit K. Städtke, S. Garsztecki), 1999; *Sendung und Dichtung: Adam Mickiewicz in Europa* (Hg. mit S. Garsztecki), 2002.

HANS POSER   Professor em. für Philosophie, Technische Universität Berlin. Publikationen (Auswahl): *Zur Theorie der Modalbegriffe bei G. W. Leibniz*, 1969; *Wissenschaftstheorie. Eine philosophische Einführung*, 2001; *René Descartes. Eine Einführung*, 2003; *Gottfried Wilhelm Leibniz zur Einführung*, 2005.

ANDRZEJ PRZYŁĘBSKI   Professor für Philosophie, Universität Posen. Publikationen (Auswahl): *Oblicza hermeneutyki* (Profiles of Hermeneutics), 1995; *Uniwersalny wymiar hermeneutyki* (The universal Dimension of Hermeneutics), 1998; *Die europäische Philosophie im 20.Jh.*, 1999; *Europas neue Einheit?*, 2001.

OSWALD SCHWEMMER   Professor für Philosophie, Humboldt-Universität zu Berlin. Publikationen (Auswahl): *Die Philosophie und die Wissenschaften. Zur Kritik einer Abgrenzung*, 1990; *Ernst Cassirer. Ein Philosoph der europäischen Moderne*, 1997; *Die kulturelle Existenz des Menschen*, 1997; *Kulturphilosophie. Eine medientheoretische Grundlegung*, 2005.

MAREK SIEMEK   Professor für Philosophie, Universität Warschau. Publikationen (Auswahl): *Hegel i filozofia*, 1998; *Vernunft und Intersubjektivität: Zur philosophisch-politischen Identität der europäischen Moderne*, 2000; *Von Marx zu Hegel: Zum sozialpolitischen Selbstverständnis der Moderne*, 2002.

FRANCO VOLPI   Professor für Philosophie, Universität Padova. Publikationen (Auswahl): *Heidegger e Aristotele*, 1984; *Il nichilismo*, 1996; *Guida a Heidegger* (Hg.), 1997; *Großes Werklexikon der Philosophie* (Hg.), 1999; *N. Gómez Dávila: El solitario de Dios*, 2005; *Storia della filosofia* (mit E. Berti), 2006.

Personenregister

Abel, Günter 137
Achill 27
Adorno, Theodor 37, 39, 126, 191ff., 195f., 198ff., 202
Agamemnon 27
Albert, Karl 212
Alberti, Leon Battista 111
Allen, John 52
Anaximander 50
Anders, Günther 37
Apel, Karl-Otto 212
Apoll 27
Arcand, Denys 125
Arendt, Hannah 21, 168, 176, 209
Aristoteles 18, 31, 45, 85, 87, 219, 221, 223, 230, 232

Bach, Johann Sebastian 122
Baudrillard, Jean 189, 197
Beck, Heinrich 218, 225
Becker, Oskar 121
Belting, Hans 108
Benedikter, Roland 38
Benjamin, Walter 37
Bloch, Ernst 192
Blumenberg, Hans 63ff., 69, 71
Boehm, Gottfried 108, 118
Boltzmann, Ludwig 28
Borsche, Tillmann 137
Brandt, Willy 212
Broch, Hermann 21
Brzozowski, Stanisław 62
Bultmann, Rudolf 151

Camus, Albert 50f.
Caracciolo, Alberto 153
Cassirer, Ernst 135, 137, 214
Chaitin, Gregory 33
Chastel, André 111

Cicero, Marcus Tullius 29
Cicero, Quintus Tullius 29
Clausius, Robert I. E. 28
Comte, Auguste 38

Danto, Arthur C. 127
Davidson, Donald 215
De Groot, Johann Jakob Maria 30
Deleuze, Gilles 197
Derrida, Jacques 78, 198
Descartes, René 66, 135, 181, 196
Dessauer, Friedrich 217, 220f., 231
Dilthey, Wilhelm 135ff., 140, 157ff.
Don Quichotte 188
Dostojewskis, Fjodor Michajlowitsch 50
Dürer, Albrecht 126
Durkheim, Emil 74ff.
Dusek, Val 38

Einstein, Albert 12, 33, 85
Ellul, Jacques 35, 37
Epikur 31
Euklid 209
Evans-Pritchard, Edward E. 32

Facio, Bartolomeo 45
Fellini, Federico 58
Fellmann, Ferdinand 137, 147
Fichte, Johann Gottlieb 135
Flaiano, Ennio 58
Fohler, Susanne 38
Foucault, Michel 197
Frankl, Viktor Emil 49
Freud, Sigmund 156f., 197

Gadamer, Hans-Georg 56f., 135ff., 141ff., 149, 212
Galilei, Galileo 66, 129, 140, 209

Galimberti, Umberto 38
Gehlen, Arnold 37, 40
Gethmann, Carl Friedrich 83
Giere, Ronald N. 95
Goodman, Nelson 117
Gramsci, Antonio 206
Guardini, Romano 37, 157, 159f.

Habermas, Jürgen 66, 74, 76, 78, 192, 202, 205f., 211ff.
Händel, Georg Friedrich 122
Hegel, Georg Wilhelm Friedrich 56, 135, 147, 172
Heidegger, Martin 16, 31, 37, 40, 42, 44, 47, 50, 63f.69, 72f.84, 135ff., 140f., 143ff., 149, 168, 184, 196, 199f., 210, 212, 214, 218
Heisenberg, Werner 210
Hentschel, Martin 126f.
Heraklit 120f.
Herder, Johann Gottfried 40
Herodot 30, 33f.
Hermes 85
Hesiod 27
Hilbert, David 129
Homer 27f.
Horkheimer, Max 37, 39, 126, 191ff., 195f., 198ff., 202
Hottois, Gilbert 35, 39
Husserl, Edmund 13, 17, 21ff., 63ff., 83, 135, 138ff., 155, 157, 179ff., 188f., 206, 208ff.
Hutchins, Edwin 95

Imdahl, Max 109, 121
Irrgang, Bernhard 219

James, William 208
Jaspers, Karl 54, 151ff., 160, 162ff.,
Jesus Christus 50, 58
Jonas, Hans 37, 112
Jünger, Ernst 37
Jünger, Friedrich Georg 37

Kalchas 26ff.
Kant, Immanuel 46, 100, 135, 154f., 165, 172, 194, 219f., 232f.

Kierkegaard, Sören 50, 168, 173
Kolmogorov, Andrej N. 33
Kopernikus, Nicolaus 185
Kornwachs, Klaus 100
Krasnodębski, Zdzisław 72
Kriszat, Georg 207

Lacan, Jacques 197
Ladrière, Jean 221
Lask, Emil 140
Le Breton, David 49
Lec, Stanislaw Jerzy 14
Leibniz, Gottfried Wilhelm 16 , 205, 219f., 222, 232
Lenk, Hans 137, 221
Leonardo da Vinci 16?, 111f., 124
Leopardi, Giacomo 52
Lévinas, Emmanuel 19
Löwith, Karl 49
Losurdo, Domenico 72
Lukács, Georg 192
Luhmann, Niklas 19, 53f.
Lukrez, Titus Lucertius Carus 31
Lyotard, Jean-Francois 197

Mallarmé, Stephan 34
Manetti, Giannozzo 45
Mann, Thomas 122f.
Mannheim, Karl 157, 160f.
Marcuse, Herbert 39, 192
Markl, Hubert 63
Marx, Karl 48, 192f., 197, 201f.
Marx, Werner 147ff.
McLuhan, Marshall 213f.
Merleau-Ponty, Maurice 117f.
Miller, Kaarlo 227
Mittelstraß, Jürgen 83f., 104
Monet, Claude 122
Mumford, Lewis 228

Natoli, Salvatore 56
Newton, Isaac 85, 186
Nietzsche, Friedrich 44, 46, 50, 136, 167f., 199
Nizan, Paul 71

Odysseus 194, 197

Personenregister

Olivier, Reinhard 33
Ortega y Gasset, José 37, 40

Patočka, Jan 181, 183
Pico della Mirandola, Giovanni 45
Platon 16, 31, 58, 114, 220
Plessner, Helmuth 20f., 72, 123
Polanyi, Michael 118
Polke, Sigmar 126ff.
Popper, Karl Raimund 104
Poser, Hans 100
Prigogine, Ilya 20
Prometheus 39

Rahner, Karl 49
Rolf, Thomas 208, 211
Rosenzweig, Franz 71
Rothko, Mark 122
Rousseau, Jean-Jacques 37

Salamun, Kurt 135
Sartre, Jean-Paul 46, 71
Scharff, Robert C. 38
Scheler, Max 21, 44, 55
Schlegel, Friedrich 127
Schleiermacher, Friedrich Daniel Ernst 136
Schnädelbach, Herbert 202
Schütz, Alfred 13, 181
Schwemmer, Oswald 137
Searle, John R. 227
Sennett, Richard 211
Séris, Jean-Pierre 35
Severino, Emanuele 38
Sfez, Lucien 52

Simmel, Georg 61f., 140, 157
Simon, Josef 137
Sloterdijk, Peter 69, 73, 77
Sokrates 58
Sombart, Werner 37
Storch, Klaus 26
Swięcicka, Krystyna 140

Tolstoj, Lew Nikolajewitsch 58
Troeltsch, Ernst 157, 208
Tuomela, Raimo 227
Twombly, Cy 124

Uexküll, Jakob von 206ff., 214

Vattimo, Gianni 78
Vico, Giambattista 154
Virillio, Paul 77
Voegelin, Eric 67
Vostell, Wolf 229

Waldenfels, Bernhard 66, 181
Weber, Max 40, 50, 74, 152, 157, 167f., 170, 176, 205, 228
Weiß, Kai 217, 226
Whitehead, Alfred North 119f.
Wiesheu, Otto 25
Wiesing, Lambert 107
Wisser, Richard 154
Wittgenstein, Ludwig 83f., 86
Wolff, Christian 219f., 232
Wolfram, Stephen 33

Xerxes 33f.